W0083300

9783832160234

München
mit Kind

Alles, was ihr mit Kindern in München
und Umland unternehmen könnt:
Natur, Kultur, Spiel, Sport und Spaß.
Mehr als 500 Tipps und Ideen
für jedes Alter, Wetter und Interesse.

muenchenmitkind.de

© HIMBEER Verlag
3. komplett aktualisierte Neuausgabe, Mai 2022
Covergestaltung: Claudia Steigleder

Inhalt

Drei Fragen an ...

Lieblingsorte der Redaktion

Und sonst so?

38 / Filmreif

81 / Münchner Theater für Kinder

Geburtstag feiern

163 Die besten Shops in allen Bezirken

96 / Camping in Ambach

141 / Heavens Gate

Shopping-Vielfalt

Editorial

Liebe Leute mit Kindern,
wie schön, dass ihr unseren Familien-Guide
in den Händen haltet. Bunt, kreativ und
vielseitig wie München soll er euch als Inspirationsquelle für zahlreiche wundervolle
Erlebnisse mit euren Kinder dienen. Egal,
ob ihr mit Kleinkindern, Teens oder mit
Familienbesuch Stadt und Umland erkundet, ob bei Sonnenschein oder Dauer-
regen – es gibt zu jeder Jahreszeit immer
wieder Neues zu entdecken. Wir sind
dankbar für das bunte kreative Programm,
das die Kulturschaffenden und viele Initiativen für Kinder in München auf die Beine
stellen, für die solidarischen und die grünen
Oasen der Stadt und freuen uns sehr,
wenn nun alles wieder so richtig erblühen
kann! Wir wünschen euch gute Zeiten!

Anja Ihlenfeld und Claudia
Steigleder, Herausgeberinnen

Geschichte erleben

Vom Marktort zur Residenzstadt

Die bayrische Hauptstadt steckt voller spannender Geschichten aus der Vergangenheit, die sich in ihren Bau- und Kunstwerken widerspiegeln.

Münchner Kindl
Hoch oben auf dem Rathausturm wacht die Münchner Wappenfigur über ihre Stadt. In personalisierter Form kann man sie beim Umzug der Wiesnwirte zu Beginn des Oktoberfests erleben. *oktoberfest.de*

Seit Jahrhunderten laufen Menschen an den beeindruckenden Baudenkmälern der Stadt vorbei, überqueren die Isar, nehmen Motive und Begriffe als „typisch München" wahr. Die Geschichten dahinter zu entdecken, ist nicht nur für Kinder spannend. Also schnappt euren Nachwuchs und macht euch gemeinsam auf die Spurensuche! Schon für Kinder ab fünf Jahren bietet das Münchner Stadtmuseum mit „Das Münchner Kindl geht auf Reisen in die Vergangenheit" eine Führung an, die Geschichten von damals und heute nachspürt.

Was haben ein Säckchen mit Salz, eine Brücke und ein Pferdefuhrwerk mit der Stadtgründung Münchens zu tun? Im Stadtmuseum gibt es noch mehr Rätsel zu lösen: Wann feiern die Münchner ihren Stadtgeburtstag? Was ist ein gebackener Stein? Auch der Viktualienmarkt und das Alte Rathaus am

Altes und Neues Rathaus

Im historischen Zentrum der Stadt locken am Neuen Rathaus gleich mehrere Attraktionen wie das Glockenspiel mit dem Schäfflertanz und die Aussichtsplattform auf 85 Metern Höhe, von der aus man die Wahrzeichen der Stadt im Blick hat. *Sehenswürdigkeiten ab Seite 86*

Marienplatz sind das Ziel dieser Führung durch die Münchner Stadtgeschichte. Das Museumspädagogische Zentrum MPZ und die Münchner Volkshochschule bieten noch viele weitere spannende Führungen und Familienaktionen an, die Kunst und Kulturgüter der Stadt für Klein und Groß lebendig vermitteln. Aber auch andere Anbieter:innen haben tolle Kinderstadtführungen im Angebot, einige davon als Rallyes konzipiert. Aber woher kommt nun eigentlich der Name „München"?

Offiziell beginnt die Stadtgeschichtsschreibung mit der ersten urkundlichen Erwähnung im Jahre 1158, als Heinrich der Löwe, eine Weiterführung der Salzstraße über die Isar errichtet und einen Markt gründet. Der tatsächliche Ursprung der Münchner Geschichte liegt jedoch wohl deutlich früher, wie Ausgrabungen und eine im Jahr 782 getätigte Schenkung an das Kloster Schäftlarn, einem der bayerischen Urklöster, nahelegen. Heute befindet sich dort ein Gymnasium und Internat, es eignet sich mit seinem idyllischen Prälatengarten, Klosterbräustübel,

Bienenhaus und Klosterladen auch gut als Ausflugsziel. Münchens Ortsname wird jedenfalls schon im Mittelalter auf „Mönch" zurückgeführt, so zeigt das erste überlieferte Stadtsiegel aus dem Jahr 1239 den Kopf eines Mönchs mit übergezogener Kapuze. Ab 1304 wird ein stehender Mönch mit Tonsur, Segenshand und Evangelienbuch dargestellt. Später wurde dieser angesichts missverständlicher Darstellungen als Kind gedeutet und so zum „Münchner Kindl", das bis heute als Stadtwappen und Stadtsiegel gebräuchlich ist.

Münchner Stadtmuseum

Das Museum, das sich mit der Dauerausstellung „Typisch München" der Stadtgeschichte widmet, ist selbst ein wenig in die Jahre geraten, eine inhaltliche und bauliche Neukonzeption soll ab 2025 umgesetzt werden. Nichtsdestotrotz finden hier in der historischen Mitte Münchens spannende Veranstaltungen im und ums Museum für Kinder statt. *Mehr Infos auf Seite 62*

Historische Stadtführung

Speziell für Kinder mit Interesse am Mittelalter führt „Der Nachtwächter" von Ludwig & Lola auf einem abendlichen Rundgang durch die Altstadt. *Stadtführungen ab Seite 89*

Für Fans des Rittertums

Ein großes Spektakel ist das Ritterturnier, das 2022 an den letzten drei Juli-Wochenenden auf Schloss Kaltenberg stattfindet. Im Bayerischen Nationalmuseum lockt zudem bis November 2022 die Sonderausstellung „Turnier" mit Begleitprogramm für Kinder. *ritterturnier.de, Bayerisches Nationalmuseum, Seite 54*

Prachtvolle Innenräume der
Residenz München

Glanzvolle Zeiten

München wird nicht grundlos nördlichste Stadt Italiens genannt. Was sich vor allem auf die südländische Atmosphäre des sommerlichen Treibens in den Straßen, Biergärten und Parks bezieht, hat seine Ursprünge auch in der Geschichte der Stadt. Nachdem sich München im Mittelalter vom kleinen Marktort bis zur kaiserlichen Residenzstadt entwickelt, wandelt sich ab Mitte des 16. Jahrhunderts das Bild der Stadt.

Es entstehen zahlreiche barocke Bauten für den Hof, die Staatsverwaltung und vor allem etliche Kirchen, die italienischen Vorbildern nachahmen. München wird zum „Deutschen Rom". Davon zeugen bis heute die 1583-1597 erbaute Renaissancekirche St. Michael, in deren Fürstengruft der „Märchenkönig" Ludwig II. (1845-1886) begraben liegt und die 1675 geweihte St. Kajetan, besser bekannt als Theatinerkirche, am Odeonsplatz.

Bayerische Schlösserverwaltung

Insgesamt hat die Schlösserverwaltung ca. 60 Denkmalanlagen an mehr als 30 Orten in Bayern unter ihren Fittichen. Sie selbst hat ihren Sitz an einem der schönsten Orte Münchens, im Schloss Nymphenburg. Bei Führungen und Workshops können Kinder dort in den Prunk vergangener Zeiten eintauchen und mehr über das Leben der bayrischen Fürst:innen und König:innen erfahren. *Bayerische Schlösserverwaltung, Seite 86, Schloss Nymphenburg, Seite 88*

In der Fürstengruft der einstigen Hofkirche sind ebenfalls etliche Familienmitglieder der Wittelsbacher zur letzten Ruhe gebettet. Wie prunkvoll es diese Adeligen zu Lebzeiten hatten, kann man gleich in mehreren Prachtbauten in München und Umland besichtigen. In Familienführungen oder mittels Audioguides erfährt man mehr über ihre Geschichte und die Geschichten, die sich in pompösen Schlossanlagen wie in Schleißheim oder am Chiemsee abgespielt haben.

Für Kinder besonders spannend ist Schloss Nymphenburg, das als Geschenk des bayerischen Kurfürsten Ferdinand (1636-1679) an seine aus Turin stammende Ehefrau Adelheid von Savoyen von 1664 bis 1675 zunächst nach dem Vorbild einer italienischen Landvilla erbaut und erst später von deren Sohn Maximilian II. Emanuel (1662-1726) zum barocken Prunkbau erweitert wurde. Mitten in der Stadt findet ihr ein weiteres beeindruckendes Baudenkmal riesiger Ausmaße: Die Münchner Residenz entwickelte sich aus einer kleinen 1358 erbauten Wasserburg zu dem prächtigen Komplex, der von 1508 bis 1918 als Wohn- und Regierungssitz der bayerischen Herrscher:innen diente. Das Antiquarium, der von 1568 bis 1571 errichtete, älteste erhaltene Raum des Palastes, ist mit 66 Metern Länge einer der prächtigsten Renaissancesäle nördlich der Alpen.

Auer Dult

Charmant und kinderfreundlich ist der dreimal jährlich auf dem Mariahilfplatz stattfindende Kunst-, Antiquitäten- und Geschirrmarkt mit seiner jahrhundertelangen Tradition, der vor allem als Volksfest mit Kasperletheater und seinen nostalgischen Fahrgeschäften von Kettenkarussel, Riesenrad bis Schiffsschaukel Kinder begeistert. *Mehr Infos: muenchen.de*

Residenz Münchnen

Der herrschaftliche Komplex ist mit mehr als 40.000 Quadratmetern Grundfläche das größte Stadtschloss Deutschlands und zählt zu den bedeutendsten Schlossmuseen Europas. Kinder und Erwachsene können sich kaum sattsehen an der prunkvollen Ausstattung der Räume. *Mehr Infos: Seite 68*

Neue Areale für Kunst, Kultur und Bildung

„Volkstheater" wie das 1865 eröffnete
Gärtnerplatztheater setzen sich auch mit
ihrem Repertoire vom Hoftheater ab.

Erst Ende des 18. Jahrhundert entwickelt sich München zur Großstadt, mit der Ernennung zur Hauptstadt des Königreichs Bayern durch Napoleon beschleunigt sich die Stadtentwicklung im 19. Jahrhundert im Zuge der Industrialierung zusehends. Während die Einwohner:innenzahl erst 1852 die 100.000 überschreitet, leben zu Beginn des 20. Jahrhunderts bereits eine halbe Million Menschen in der Stadt, die führend im Maschinen- und Lokomotivbau ist und sich in dieser Zeit auch ihren Ruf als Weltmetropole des Bierbrauens erwirbt. In der verdichteten Stadt gewinnen Naherholungsgebiete, wenngleich damals noch nicht so genannt, an Bedeutung. 1789 wird der Englische Garten als Volkspark gegründet.

Zahlreiche Eingemeindungen Ende des 19. und zu Beginn des 20. Jahrhunderts vergrößern das Stadtgebiet rasant. Das hat auch Schattenseiten, aus der Beobachtung des Elends in den

Staatliche Antikensammlungen und Glyptothek

Die Glyptothek ist Münchens ältestes öffentliches Museum, mit den gegenüber am Königsplatz liegenden Antikensammlungen zählt es zu den international führenden Museen für antike Kunst. *antike-am-koenigsplatz. Seite 68*

MPZ

Das Museumspädagogische Zentrum ist nicht nur für Pädagog:innen die Anlaufstelle für Workshops und Führungen durch Münchens Museen wie die Alte Pinakothek, sondern auch für Familien, die sie mit Kindern erkunden möchten: *mpz.bayern.de, Seite 65*

Mietskasernen der Industriearbeiter:innen zieht der dort aufgewachsene Karl Valentin seinen teils bitteren Humor. Gleichzeitig wird München unter der Regentschaft von König Ludwig I., Max II. und Prinzregent Luitpold im 19. Jahrhundert zu einer weithin bekannten Kulturstadt und gilt als Mekka für Künstler:innen – die im 18. und 19. Jahrhundert in München entstandenen Kunstwerke lassen sich im Lenbachhaus bewundern, das auch ein tolles Kinderprogramm anbietet.

Viele Straßenzüge und Gebäude aus dieser Zeit zählen zu den prägendsten Wahrzeichen der Stadt. Allen voran das Kunstareal, das seinen Ursprung in der Eröffnung der Ludwig-Maximilians-Universität (1826) sowie der Glyptothek (1830) hat und heute 18 Museen und Ausstellungsräume umfasst – ein lohnenswertes Ziel für unzählige Familienausflüge, bei denen sich stets etwas Neues entdecken lässt.

Münchens Prachtstraßen

Das 1843 bis 1850 erbaute Siegestor mit der Quadriga markiert die Grenze zwischen Leopold- und Ludwigsstraße, die neben Brienner- Maximilian- und Prinzregentenstraße einer der prägenden Prachtboulevards Münchens ist und von Ludwig I. selbst konzipiert wurde. Unter seiner Regentschaft entstanden zudem etliche der bedeutendsten Kunst- und Bildungsinstitutionen Münchens.

Vom Feld auf den Tisch

**Bio, regional, saisonal –
Öko-Kisten und Lieferdienste
aus dem Umland sind eine
gute Idee für Familien, die
sich nachhaltig und gesund
ernähren möchten.**

Amperhof

Nicht nur Abokiste, sondern ein
wöchentlicher Biolieferdienst mit
umfangreichem Sortiment. Nahezu
alles, was man für ein nachhaltiges
Familienleben braucht, kann man
beim Ökokisten-Pionier bestellen.
amperhof.de

Frischepost

Zwar ist nicht alles Bio, aber alles
regional, was ihr euch flexibel
nach Hause oder in einen der
OHNE-Läden liefern lassen könnt.
muenchen.frischepost.de

Die Nachfrage nach Bio-Abokisten steigt nicht nur in München
seit Jahren und hat in der Pandemiezeit nochmal einen deut-
lichen Aufschwung erfahren, auch bundesweit konnten
Anbieter:innen 2021 phasenweise keine Neukund:innen mehr
annehmen. Die Vorteile liegen schließlich auf der Hand:
Direkt von den regionalen Erzeuger:innen nach Hause geliefert
kommt so regelmäßig frische Biokost auf den Familientisch.
Dazu verpackungsarm und oft sogar günstiger als im Bioladen
oder vergleichbare Bioware auf dem Wochenmarkt. Wir haben
uns umgehört, welche Vor- und vielleicht Nachteile so ein
Abo haben kann, und welche Modelle es für Münchner Familien
gibt. Soviel vorweg: Es gibt hier ein vielfältiges Angebot,
da sollte für jede:n das Passende dabei sein. Es ist auch eine

Isarland Ökokiste

Neben den wöchentlichen
Ökokisten mit Obst- & Ge-
müse könnt ihr bei Isarland
aus einem Biovollsortiment
bestellen, vieles stammt
aus regionalen Betrieben.
isarland.de

Typfrage: Möchte man möglichst flexibel sein, genau bestimmen, was in der Kiste geliefert wird oder möchte man sich auch
mal von Zutaten überraschen lassen, die man vielleicht noch
nie verwendet hat? Möchtet ihr nur Gemüse und Obst oder ein
breites Sortiment an Bioprodukten bestellen? Gibt es bestim-
mte Ernährungslagen, die berücksichtigt werden sollen? Einige
der Biokisten-Lieferdienste bieten spezielle Schonkost- oder
Mutter und Kind-Kisten an, die besonders für Schwangere und
stillende Mütter geeignet sind.

Um herauszufinden, welcher Service einem am besten gefällt,
kann man sich erstmal durchtesten, die meisten bieten Schnup-
perkisten oder die Möglichkeit, einmalig zu bestellen. Generell
gilt, dass auch die Mehrzahl der Abomodelle ziemlich viel Flexi-
bilität erlauben – man kann pausieren, umbestellen oder zu
einem anderen Lieferrhythmus wechseln. Einzig die Liefertage
und -zeiten sind manchmal nicht so flexibel, aber die Familien
mit Abo, die wir gesprochen haben, lassen sich die Kisten bei
Abwesenheit einfach vor die Wohnungstür stellen oder es gibt
Nachbar:innen, die sie entgegennehmen.

Der größte Nachteil, von dem uns berichtet wurde, ist zugleich
der größte Vorteil: Hat man sich für ein festes Abo der saisonalen, regionalen Gemüse entschieden, sieht man sich manches
Mal vor die Herausforderung gestellt, daraus dann auch etwas
zu machen und neue Rezepte auszuprobieren.

Köstlichen regionalen Schaf-,
Kuh- und Ziegenmilchkäse
könnt ihr von regionalen Er-
zeuger:innen wie der Bio-
land-Käserei Anderlbauer im
Chiemgau beziehen, die
man auch besichtigen kann:
anderlbauer.de

Der Amperhof wird seit
1980 nach den Bioland-
Richtlinien betrieben und
versorgt euch neben Obst
und Gemüse auch mit
Bio-Molkereiprodukten,
Eiern und Fleisch.

Frischer und nachhaltiger geht es kaum: Äpfel, Eier und mehr direkt von regionalen Biohöfen beziehen.

Kartoffelkombinat

Um in den Genuss von Gemüse und Brot des Kartoffelkombinats zu kommen, wird man Genossenschaftsmitglied und wird Teil eines tollen Projekts! In jährlich 46 Kisten erhält man den Ernteanteil. *kartoffelkombinat.de*

Ökokiste Kirchdorf

Ihr könnt gezielt aus dem umfangreichen Biosortiment bestellen oder euch für eine der verschiedenen Sortimentskisten entscheiden. Für stillende Mütter oder Familien mit kleinen Kindern gibt es spezielle Kisten. *oekokiste-kirchdorf.de*

etepetete

Krummes Gemüse, nicht normgerechtes Obst – alles, was der reguläre Handel aussortieren würde, füllt die verschiedenen etepetete-Bioboxen, die euch klimaneutral nach Hause geliefert werden und euren Speiseplan bereichern. *etepete-bio.de*

Was eine echte Bereicherung für den Familienspeiseplan bedeuten kann. Zudem lernt man nebenbei mehr über saisonale Erntezeiten und die Diversität der Obst- und Gemüsesorten. So findet man auf der Website der Ökokiste Kirchdorf unter „Mehr-Wert" neben einem Obst & Gemüse A-Z mit Tipps und Wissenswertem auch eine umfangreiche Sammlung an Rezepten, was man aus den Biokisten-Inhalten alles an köstlichen saisonalen Gerichten zaubern kann.

Das Kartoffelkombinat ist ein spannendes Projekt für alle, die sich für eine solidarische Landwirtschaft, nachhaltige Agrarwende sowie vegane Ernährung interessieren und gerne Teil einer solidarischen Gemeinschaft werden möchten. Um Mitglied der Genossenschaft zu werden, testet man das Kartoffelkombinat sechs Wochen lang in einer der Testphasen aus, bevor man sich entscheidet, einen Genossenschaftsanteil zu erwerben und sich dauerhaft mit dem in der genossenschaftseigenen Naturland-Gärtnerei angebauten Gemüse zu ernähren. Noch ein Tipp für alle, die Avocados, Papayas, Drachenfrucht oder andere exotische Früchte lieben: Die Viktualienmarkt-Institution Trübenecker liefert nicht nur heimisches Bio-Obst und Gemüse einzeln oder im Abo, sondern auch Fair Trade exotische Früchte: truebenecker.de.

Gutes Klima für Kinder

Von Veggieburgern bis Vertical Farming – in München gibt es viel Vergnügliches und manch Visionäres für eine klimagerechtere Stadt. Ein paar Tipps, wie wir alle dazu beitragen können.

Grüne Stadt

München soll klimaneutral werden, die Stadt hat sich das als ambitioniertes Ziel für 2035 vorgenommen und will bis dahin vollständig auf erneuerbare Energien umsteigen. So sollen die Stadtwerke schon ab 2025 den Stromverbrauch zu 100 Prozent mit Ökostrom aus eigenen Anlagen decken können. Schwieriger sieht es bei der Wärmeversorgung und der Reduktion von Emissionen der Wirtschaft sowie des Verkehrs aus. Die Altstadt soll in den kommenden Jahren autofreier werden, Projekte wie der durch den Radentscheid angestoßene Altstadt-Radlring zu mehr Möglichkeiten, sich emissionsfrei und sicher durch die Stadt zu bewegen, führen. Infos rund um Verkehrswende und klimafreundliche Mobilität findet ihr beim Verein GREEN CITY, einem der Initiator:innen des Radentscheids. *greencity.de*

Schützt die Natur vor der Haustür

Was haben wir für ein Riesenglück, in einer der grünsten Großstädte Deutschlands zu leben, um dessen prachtvolle Parks und idyllische Isar uns viele beneiden. Ganz zu schweigen von den vielseitigen Naturlandschaften im Umland. Sie und die Stadtnatur zu schützen und ihr mehr Raum zu verschaffen, sorgt dafür, dass das Stadtklima trotz des Klimawandels in Zukunft erträglich bleibt. Events, naturpädagogische Angebote und Möglichkeiten, sich am Schutz unserer Umwelt zu beteiligen, findet ihr beim Ökologischen Bildungszentrum München (ÖBZ). Auch der BUND Naturschutz in Bayern veranstaltet einiges an Seminaren, Exkursionen, Kinder- und Familien-Aktionen in der und für die Natur. Wie wichtig Biodiversität ist, lässt sich auch im HeideHaus, der Umweltstation im Naturschutzgebiet Garchinger Heide im Münchner Norden erleben. *ÖBZ, Seite 107, HeideHaus, S. 106; BUND Bayern, bund-naturschutz.de*

Guter Start in ein bewusstes Leben: Von Klein auf zu erfahren, woher unser Essen kommt, was saisonal wächst und was man daraus herstellen kann.

Tauscht, trödelt, teilt

In der Gemeinschaft sind wir stärker – und brauchen weniger Neuanschaffungen! Vieles lässt sich tauschen, teilen oder gebraucht erwerben. Der Verein Kreislaufschränke München hat sich im Juli 2020 gegründet, inzwischen gibt es immer mehr der Tauschorte für alle gut erhaltenen Alltagsgegenstände wie Kinderspielzeug, Küchenutensilien oder Geschirr. Zu große Tauschobjekte wie beispielsweise Küchengroßgeräte werden per Verabredung am schwarzen Brett getauscht. Eine tolle Gelegenheit, Gebrauchtes zu finden oder weiterzugeben und dabei die Nachbarschaft besser kennenzulernen, bieten die regelmäßig stattfindenden Hofflohmärkte in der ganzen Stadt. *Alle Standorte und Termine unter: hofflohmaerkte.de; kreislaufschraenke.de*

Checkt euren Energieverbrauch

Manchmal hat man zu Hause stromfressende Geräte wie defekte Kühlschränke, ohne es zu ahnen. Energie zu sparen war nie so wichtig wie heute! Die Verbraucherzentrale bietet kostenlose Basis-Checks zu Strom- und Wärmeverbrauch an. Auch die Stadtwerke beraten zu Energieverbrauch und verleihen kostenfrei Strom-Messgeräte. *Verbraucherzentrale Bayern: T: 0800-809802400, verbraucherzentrale-bayern.de; Stadtwerke: T: 23612030, swm.de*

Burg Schwaneck

Säen, Pflegen, Ernten in der Gemeinschaft sind wertvolle Naturerfahrungen für Stadtkinder!

Gemeinschaftsgärten ab Seite 102

Fördert Klimaretter:innen

Die Fridays For Future-Generation hat eine Menge guter Ideen für eine nachhaltigere Zukunft – Geld für die Umsetzung ihrer Projekte, die sich nachhaltigeren Lebensstilen oder dem Klimaschutz im Landkreis München widmen, können Kinder, Jugendliche und junge Erwachsen (bis 27 Jahre) beim Naturerlebniszentrum Burg Schwaneck beantragen, das das Förderprogramm unter dem Motto „Klimaretter:innen gesucht" koordiniert. Pädago:innen finden hier zudem Ideen und Beratung zu Umweltbildungs- und Klimaschutzprojekten für Kita- und Schulkinder. An Wochenenden und in den Ferien finden im Naturerlebniszentrum ökologische Workshops und Erlebniswochen statt. *Naturerlebniszentrum Burg Schwaneck, Burgweg 10, 82049 Pullach, naturerlebniszentrum.org*

Trinkt Wasser

Nachhaltiger als jeder noch so fair produzierte Drink, immer ohne Einkaufsstress und Geschleppe verfügbar, kommt das gesündeste, bestkontrollierte Getränk aus dem Wasserhahn. Das Münchner Trinkwasser stammt aus Gesteinsformationen im bayerischen Voralpenland, die ein klares Quellwasser hervorbringen. Zudem ist das gesamte öffentliche Trinkwassernetz Münchens seit langem frei von Bleirohren. Falls ihr euch Sorgen macht, dass dies in eurer Wohnung nicht der Fall oder das Wasser andersweitig belastet sein könnte, besteht die Möglichkeit, es beim Labor der Stadtwerke testen zu lassen. Die Expert:innen dort beraten auch telefonisch. *Labor der Stadtwerke München, Gebäude G, Raum G00,10 EG, Emmy-Noethe Str. 2, 80992 München, T: 23613474, swm.de*

Tretet in die Pedalen

In punkto Ausbau und Sicherheit des Radnetzes kann in München bitte noch einiges passieren, nichtsdestotrotz geht es für viele Münchner:innen am liebsten per perdales zu Kita oder Schule, zum Job oder Einkaufen. Wenn ihr mal mehr transportieren möchtet, gibt es die grandiose Möglichkeit, kostenlos Lastenräder an vielen Standorten bei Freie Lastenradl auszuleihen. *freie-lastenradl.de*

Rettet Lebensmittel

Lebensmittelverschwendung zählt noch immer zu den größten Klimasünden der Welt. Alleine in München werfen die Privathaushalte täglich 165 Tonnen verzehrfähiges Essen in den Müll. Projekte wie „Too Good To Go" oder „Foodsharing München" engagieren sich dagegen. Neu ist die Community Kitchen, in der das Team um Günes Seyfarth aus überschüssigen Lebensmitteln wechselnde Gerichte für einen

Kinder wachsen schnell – Kleidung zweiter Hand zu kaufen und verkaufen schont Ressourcen.

Secondhand-Läden ab Seite 181

kostengünstigen und köstlichen Mittagstisch zubereiten. Zudem liegen hier jeden Morgen frische Pausenstullen für Schüler:innen bereit. *toogoodtogo.de; foodsharing-muenchen.de; Community Kitchen München: Fritz-Schäffer-Str. 9, 81737 München-Neuperlach, com-kit.de*

Beschützt die Bienen

Bienen sind unverzichtbar für die Biodiversität. Immer mehr Freizeit-Imker:innen tragen mit ihren Bienenvölkern dazu bei, der Gefährdung der Wild- und Honigbienen entgegenzuwirken. Und wir alle können uns daran beteiligen:

OHNE – Der verpackungsfreie Supermarkt

Tipps und Infos zum Imkern und bienenfreundlichen Gärtnern findet ihr bei „München summt" oder „Stadtbienen". *stadtbienen.org; muenchen.deutschland-summt.de*

Kauft plastik- und verpackungsfrei

Es ist doppelt nachhaltig – nicht nur, dass man dazu beiträgt, Verpackungsmüll zu reduzieren, man kann auch die Mengen nach dem tatsächlichen Bedarf abfüllen, wenn man in einem der verpackungsfreien Läden in München einkauft. Die OHNE-Läden bieten außerdem einen praktischen Lieferservice per Lastenrad an. Sich zusammenzuschließen, um gemeinsam nachhaltiger und günstiger Lebensmittel, Getränke, Haushalts- oder Kosmetikprodukte einkaufen zu können, ist der Gedanke hinter den genossenschaftlich organisierten Läden wie dem ÖkoEsel oder nebenan & unverpackt. *OHNE der verpackungsfreie Supermarkt, Schellingstr. 42, 80799 München-Maxvorstadt, Rosenheimer Str.85, 81667 München-Haidhausen, ohne-laden.de; abgefüllt und unverpackt, Fraunhoferstr. 23, 80469 München-Isarvorstadt, T: 99122370, aundu.net; naturverpacktes WestendPUR, Heimeranstr. 51A, 80339 München-Schwanthaler Höhe, T: 89063940, westendpur. de; Servus Resi – natürlich unverpackt, Kistlerhofstr. 111, 81379 München-Sendling, T: 0176-23534854, servus-resi.de, ÖkoEsel, Helene-Weber-Allee 17, 80637 München-Neuhausen, T: 38153986, oekoesel.de; Nebenan & Unverpackt, Willibaldstr. 18, 80687 München-Laim, T: 54637600, nebenan-unverpackt.de*

Aktiv und glücklich

Begegnungen, Berührungen Bewusstsein für die eigenen Bedürfnisse – ein Gespräch mit Cécile-Claire Perret de Avilés darüber, was wirklich wichtig ist, wenn ein Baby in euer Leben tritt.

das kleine paradies

Von Anfang an ein Ort zum Wohlfühlen – in Céciles Zentrum für Schwangere, Mamas und Babys findet eine Vielzahl von Kursen und Treffs von Schwangeren-massage bis Stoffwindelbe-ratung, vor allem aber Austausch und Gemein-schaft statt.

Blutenburgstr. 79, Hinterhof,
80634 München-Neuhausen,
T: 0172-6641084,
das-kleineparadies.de

„Aloha e komo mai" was auf Hawaiianisch bedeutet „Du bist willkommen" — diesen besonders passenden Leitspruch hat sich Cécile für ihr kleines Paradies auf die Fahnen geschrieben, in dem sich Babys und Mütter wohl und geborgen fühlen sollen. Ihre Liebe zu Hawaii drückt sich aber nicht nur in diesem Motto aus, aufmerksame Beobachter:innen erkennen sie auch in den Tattoos der warmherzigen Gründerin und der Gestaltung ihrer schönen Hinterhof-Räume unweit des Rotkreuzplatzes in Neu-hausen. Zweimal war Cécile in Hawaii und hat sich dort sofort in Land, Leute und deren tiefgründige Kultur und Spiritualität ver-liebt. Wie sie sagt, hatte sie dort das erste Mal in ihrem Leben, das Gefühl, ganz bei sich zu sein.

Dieses Gefühl möchte sie im „kleinen paradies" anderen Frauen, vor allem werdenden und jungen Müttern, ermöglichen. Im Januar 2020 eröffnete sie es als Zentrum für Schwangere, Mamas und Babys und wurde dann prompt von der Pandemie

Orte wie das kleine paradies helfen, körperlich und mental Stabilität in der neuen Rolle zu finden.

ausgebremst, nachdem der Start zunächst so vielversprechend lief. Innerhalb kürzester Zeit hatte Cécile ein Team von 20 verschiedenen Kursanbieterinnen um sich geschart, die Leben und das Gemeinschaftsgefühl in die Räume brachten, das für sie so bedeutsam ist.

„Sich als Teil einer großen Familie zu fühlen, einer ‚ohana‘ ist immens wichtig, wenn man ein Kind geboren hat!"

Ihre eigenen Erfahrungen nach der Geburt ihres heute vierjährigen Sohnes gaben den letzten Anstoß zur Gründung. Schon gut 20 Jahre hatte der Gedanke, etwas Eigenes erschaffen zu wollen, in Céciles Kopf herumgespukt, lange träumte sie von einer Hacienda in Südamerika, wo Menschen eine Auszeit vom Alltag nehmen und zu sich selbst finden können. Wenn man es heute betrachtet haben wohl letztlich all ihre Wege sie zum „kleinen paradies" geführt: ihre Ausbildungen in Körperarbeit, ihre Erfahrungen aus anderen Kulturen und nicht zuletzt ihre eigenen Depressionen nach der Geburt ihres Kindes. Auch wenn sie ihren Mann, ihre Mutter und Freundinnen hatte, fühlte sie sich schrecklich allein, überfordert und unglücklich in der neuen Rolle allein mit Baby. Céciles Mann stammt aus Peru, in seiner Familie und Kultur ist keine Frau nach der Geburt alleine mit ihrem Kind, sondern immer umgeben von helfenden, tröstenden, heilsamen Händen.

„Ich habe mich so alleine gelassen gefühlt, obwohl das gar nicht der Fall war."

So furchtbar Cécile es heute noch findet, es auszusprechen, sie mochte anfangs nicht alleine mit ihrem Kind sein. Diese Erfahrungen und die Sehnsucht nach einer unterstützenden Gemeinschaft, in der man sich geborgen und verstanden fühlen kann, brachten sie dazu, selbst einen Raum dafür zu schaffen. Und dann ging alles schnell und fast wie von selbst: Cécile begann, in einer Praxis für Stillberatung und Babymassage ihre Schwangerenmassagen anzubieten, die sofort ausgebucht waren. Das gab ihr den Drive, nach eigenen Räumlichkeiten zu suchen — und wie Cécile es empfindet, war das Universum dabei auf ihrer Seite. Sie war gerade direkt gegenüber, als das Angebot für die Blutenburgstraße auf einem Immobilienportal aufpoppte, die Vermieterin vor Ort, beide hatten ein gutes Bauchgefühl und urplötzlich stand Cécile mit einem Mietvertrag da. Ohne Namen, ohne Konzept,

Businessplan oder Team. Aber mit einem guten Gefühl, dass sie dort das erschaffen kann, wovon sie geträumt hatte.

„Der Fokus liegt bei uns nicht auf dem Sportlichen, sondern auf dem Motto ,Zusammen ist man weniger allein!' "

Cécile ist gut vernetzt in der Stadt und kennt wundervolle andere Orte in München für Schwangere und junge Mütter, die sich während der Schwangerschaft und nach der Geburt wohl in ihrem Körper fühlen möchten. Doch das „kleine paradies" möchte mehr sein. Daher finden sich in dem vielfältigen und inzwischen wieder wachsendem Team und Angebot von Aromaworkshops über Kurse zu Babymassage, Bauchtanz, Erste-Hilfe, Fenkid, Hypnobirthing bis hin zu Beratung zu Schlafproblemen oder

Auch Cécile kennt es, wenn sich die Tage alleine mit Baby zu Hause zäh wie Hechtsuppe anfühlen.

Cécile hat einen Ort der Gemeinschaft gegründet, an dem sich Babys und Mütter begegnen und befreunden können.

Elterngeld Ansprechpartnerinnen für alle Lebenslagen und — fragen mit Baby(bauch).

„Keine andere Mutter, kein:e Mediziner:in, kein Buch der Welt kann dir sagen, was du richtig für dein Kind tust. Du machst, was du für richtig hältst. Geh in dein erstes Gefühl!"

Cécile selbst leitet den Schwangerentreff und genießt es, den Frauen Hilfestellungen geben zu können, in ihre eigene Stärke zu finden. Viele der Schwangeren seien verunsichert und ängstlich, etwas falsch zu machen. Dem Wunsch mancher nach einer klaren Ansage, was richtig sei, kommt Cécile aber nicht nach. Ihrer Erfahrung nach sind die individuellen Bedürfnisse, Körper, beteiligten Menschen und Lebenssituationen so unterschiedlich, dass es keine Patentrezepte gibt. Was sie den Frauen stattdessen vermitteln möchte, ist, auf die eigene Intuition zu vertrauen, von dem Erfahrungsschatz anderer zu profitieren, aber den eigenen Weg zu finden.

So ist das „kleine paradies" ein Ort des guten Bauchgefühls — im wahrsten Sinne des Wortes gilt das nicht zuletzt für die fantastischen Schwangerschafts- und Wochenbettmassagen, für die es inzwischen ziemlich bekannt ist.

Fotos: Manuel Miethe, Text: Anja Ihlenfeld

Die paradiesischen Räume könnt
ihr übrigens auch privat mieten:
workshopraum-muenchen.com

Mit Baby unter Leute kommen

Wenn die Kleinsten den Tag bestimmen, ist es umso wichtiger, Orte zu haben, wo man sich austauschen, arbeiten, abhängen kann.

Mit Freund:innen frühstücken oder Kaffee trinken gehen, in Ruhe gemütlich quatschen – darauf muss man mit kleinen Kindern nicht verzichten. Spielcafés, in denen die Minis nicht nur willkommen sind, sondern von eigens für sie eingerichteten Spielbereichen erwartet werden, sind dafür die beste Wahl. Gut tut es auch, bei Kursen Gleichgesinnte zu treffen, Noch nicht sonderlich zahlreich in München, aber eine gute Alternative zum heimischen Schreibtisch sind für arbeitende Eltern kleiner Kinder Orte, die das Coworking mit Kind ermöglichen. Unsere liebsten Spots, wo ihr mit Babys und Kleinkindern willkommen seid:

Café Glückskind

An einer ruhigen Seitenstraße in Haidhausen gelegen, mit einer großen Terrasse an einem grünen Hof gesegnet, kann man sich hier als Glückskind fühlen, wenn die Kleinen froh im Hof herumtollen oder in der Spiel- und Krabbelecke durch die Bilderbücher und Spielsachen stöbern und man selbst die Leckereien des hübschen Cafés genießt. Seeriederstr. 9, 81675 München-Haidhausen, T: 41171667, cafe-glueckskind.de

dolcilicious

Gleich beim Elisabethplatz findet ihr nicht nur deliziöse nachhaltige vegetarische und vegane Speisen, sondern auch eine Spielecke mit Kinderküche, Büchern und Spielsachen, das sich die Kleinen bei gutem Wetter auch mit nach draußen zur Kinder-Bierbank nehmen können. Besonders beliebt beim Nachwuch sind die frischen Waffeln, die plastikfreie Bio-Version des Überraschungseis und die Fair Trade Bio-Schokolollys von Zotter. Aber auch

die Erwachsenen kommen im dolcilicious auf ihre kulinarischen Kosten – die Speisekarte variiert nach Jahreszeit und beruht auf regionalen Produkten. Die tollen Kuchen könnt ihr auch für zu Hause bestellen, besonders die Kinderkuchen sind der Hit! *Agnesstr. 2, 80801 Berlin-Schwabing, T: 95879096, dolcilicious.de*

Feierwerk Funkstation und Dschungelpalast

In der Funkstation könnt ihr euch zur regelmäßigen „Café und Spielzeit" treffen, plaudern und im Spielzimmer spielen. Bei schönem Wetter lässt es sich entspannt draußen auf der Terrasse sitzen, während die Kleinen mit Bobby Cars, Rollern, Sandsachen und Straßenkreide herumtollen. Mit etwas älteren Kindern lockt dann das sonntägliche Familien-Café im

Dschungelpalast, wo bei Kaffe und Kuchen ein wöchentlich wechselndes Bastelprogramm für Kinder ab drei Jahren geboten wird. *Funkstation: Margarete-Schütte-Lihotzky-Str. 36, 80807 München-Schwabing-Freimann, T: 55298061, Dschungelpalast: Hansastr. 41, 81373 München-Sendling-Westpark, T: 72488240, feierwerk.de*

Hofreiter Beerencafés

In den Erntemonaten locken die Hofreiter Felder zum Selberenten von Gemüse und Beeren, was immer ein riesiges Vergnügen mit Kindern ist. Mindestens genauso toll sind die Beeren-Cafés mit Spielplatz, in Johanneskirchen und Lochhausen sorgen Maislabyrinthe für zusätzlichen Spaß! *Öffnungszeiten und Standorte unter hofreiter.de*

Wohlfühlorte

Es tut gut, aus den eigenen vier Wänden rauszukommen, erst recht, wenn der Ort so schön gestaltet ist wie im dolcilicious oder im Zuckertag (kleines Bild).

Treffpunkte zum Spielen, Sporteln, Schlemmen – tut, was euch gut tut!

Kleine Sportgeister

Im Münchner Eltern-Jargon wird es gerne einfach nur „das Turncafé" genannt. Ein toller kinderfreundlicher Ort, an dem Kurse stattfinden und die offene Turncafé-Zeit allen (mit Anmeldung) offensteht, deren Kleine sich viel bewegen und ausprobieren möchten. Für Kinder von null bis drei Jahren ist der Bewegungs- und Spielraum ein echtes Paradies, das sich auch für private Gruppen mieten lässt. *Hiltenspergerstr. 43, 80796 München-Schwabing, T: 01575-2893660, kleine-sportgeister.de*

Leonardo Royal Hotel Munich

Ein empfehlenswertes Ziel für sonntägliche Brunchfreuden mit Kindern ist der „Lazy Sunday Brunch" in dem Hotel am Olympiapark, das nicht nur mit kulinarischen Köstlichkeiten, sondern auch mit super Spielmöglichkeiten und Bastelangeboten in der Kinderbetreuung aufwartet. *Moosacher Str. 90, 80809 München-Moosach, T: 2885380, leonardo-hotels.de*

Zuckertag

Das Zuckertag bietet auf seinen 400 Quadratmetern so viel mehr als das Kindercafé mit Spielzimmer und Outdoor-Spielplatz: Baby- und Kinderbetreuung, Coworking-Space für Eltern und Anlaufstelle für alle, die nach einem reichhaltigen Kursangebot von „Babyglück nackedei" bis zu Trage-Workshops suchen. Auch Kindergeburtstage können dort schön gefeiert werden. *Ehrengutstr. 10, 80469 München-Isarvorstadt, T: 20320719, zuckertag.de*

Filmreif

Wie läuft es ab, wenn Kinder zum Film möchten? Die Zwillinge Alma und Smilla sind schon in einige Rollen und Kostüme für Film und Fernsehen geschlüpft. Für uns haben sie sich mit ein paar Freund:innen schick gemacht.

Aniela, links
Kleid: Atelier Parsmei
Strumpfhose: Collegien
Schuhe: Salt Water Sandals

Smilla, mitte
Kleid: Bebe Organic
Socken: Collegien
Schuhe: Young Soles

Lukas, rechts
Pullover und Hose: Paade Mode
Schuhe: Eli1957

Stofftiere: alle von Senger Naturwelt

Wenn Kinder zum Film möchten

Alma und Smilla wurden zufällig entdeckt, ihr erster Dreh war gleich die Familienserie „Ku'damm". Wir haben mit ihrer Mutter Nicolle über den Weg von Kindern in die Filmwelt gesprochen.

Wie sind Alma und Smilla zur Schauspielerei gekommen?
Es war ganz unspektakulär und mehr oder weniger ein Zufall. Mein Mann war mit den Mädels in einer Autowerkstatt bei uns in der Nachbarschaft und der Werkstattmeister meinte, er hätte auch Zwillingsnichten, die Werbung machen und das wäre doch vielleicht auch etwas für Alma und Smilla.

Ich hatte im Vorfeld tatsächlich schon mal darüber nachgedacht, mich nach einer Kindermodelagentur umzuschauen, denn die beiden hatten immer riesigen Spaß, wenn sie fotografiert wurden. Es gibt ja einige Kindermodelagenturen und so bin ich auch ziemlich schnell fündig geworden. Die Mädels waren beim Sedcard-Shooting und direkt am Tag darauf kam schon die Mail mit der Castingeinladung für „Ku'damm 59". Die Aufregung war riesig bei uns allen, aber das Casting lief super und so hat alles angefangen.

Bild, links
Alma
Kleid: Eirene

Bild, rechts
Smilla, links
Blazer, Shirt und Rock
Alma, rechts
Blazer und Rock: Ledum
Shirt: Paade Mode
Haarschmuck: Bebe Organic

Bild, oben
Momo
Weste und Kleid: Ledum
Socken: Collegien
Schuhe: Eli1957

Bild, rechts
Aniela, links
Shirt und Kleid: Ledum
Socken: Collegien
Schuhe: Eli1957
Noah, rechts
Hemd und Hose: Paade Mode
Socken: Collegien
Schuhe: Salt Water Sandels

Worauf sollte man achten, wenn die eigenen Kinder gerne zum Film möchten?
Ich denke, dass zunächst ein Gespräch mit dem Kind ganz wichtig ist, damit es weiß, was das Schauspiel alles mit sich bringt. Sowohl Kinder als auch Eltern sollten sich aber bewusst sein, dass die Schauspielerei ein sehr zeit- und arbeitsintensives Hobby ist. Außerdem ist eine gute Agentur das A und O.

Die Schauspielagenturen laden die Kinder zum Casting ein, für das eine oder mehrere Spiel-szenen vorbereitet werden. Mittlerweile wird auch oft auf E-Castings zurückgegriffen. Das heißt, man nimmt die Szene(n) zu Hause auf und schickt sie der Agentur. Für die Auf-nahmen reicht ein Mobiltelefon aus. Man muss sich also keinesfalls für die technische Ausrüs-tung in Unkosten stürzen. Der nächste Schritt wäre dann ein persönliches Treffen. Wenn auf beiden Seiten alles passt, gibt es einen Agentur-vertrag. Die Agenturen bekommen eine Pro-vision bei jeder Buchung. Allerdings würde ich die Finger von Agenturen lassen, die einen festen Jahresbeitrag aufrufen, der unabhängig von den Buchungen erhoben wird.

Es ist wichtig, keine zu hohen Erwartungen zu haben. Hier sollten die Eltern nah am Kind sein und schauen, wie es damit umgeht. Es gibt Kinder wie unsere, die stecken diese vermeint-lichen Misserfolge ganz easy weg und nehmen sich Absagen nicht so sehr zu Herzen. Schwie-rig wird es, wenn der Leidensdruck zu groß wird. Dann sollte man sich gemeinsam mit dem Kind überlegen, ob es das wert ist, weiterzu-machen. Am Ende soll es ja Spaß bringen und nicht frustrieren.

Hatten Alma und Smilla Schauspielunterricht?
Schauspielunterricht hatten sie nicht. Bei vielen Projekten gibt es aber einen Kindercoach, quasi das Bindeglied zwischen Regisseur:in und dem Kind. Bei den etwas größeren Rollen hatten Alma und Smilla sechs bis sieben Coachings im Vorfeld. Der Coach ist auch immer mit am Set und ganz nah bei den Kindern. Wenn die Regie Wünsche oder Korrekturen hat, die das Kind betreffen, läuft das immer über den Kindercoach. Das gibt beiden Seiten eine gewisse Sicherheit. Das Kind kennt den Coach und hat durch die Zusammenarbeit eine Vertrauensbasis aufgebaut und die Regie kann mit einem erwachsenen Kindercoach Klartext reden und muss keine Rücksicht auf die zerbrechliche Gefühlswelt eines Kindes nehmen.

Wie läuft es ab, wenn die beiden drehen?
Es ist jedes Mal aufs Neue eine Herausforderung – für die ganze Familie. Sobald eine Zusage kommt, geht's auch schon los mit der Organisationsplanung. Der erste Schritt sind immer die Unterschriften von Schule, Arzt, Jugendamt und Eltern. Diese benötigt die Produktion, um die Drehgenehmigungen für die Kinder zu beantragen.

Ich begleite die Kinder immer zum Set und kann mir momentan auch nicht vorstellen, dass ich sie mal alleine fahren lasse. Dafür sind sie einfach noch zu jung. Ein typischer Drehtag sieht dann beispielsweise so aus, dass Smilla und ich morgens zum Set geholt werden. Kinder dürfen in ihrem Alter fünf Stunden am Set sein und drei Stunden vor der Kamera stehen. Das Nadelöhr sind aber meist die fünf Stunden Setzeit. Als die Mädels noch in der Kita waren,

Bild, links
Momo
Haarband, Kleid und
Socken: Paade Mode
Schuhe: Eli1957

Bild, oben
Lukas, links
Pullover und Hose:
Paade Mode
Noah, rechts
Hemd und Weste:
Paade Mode

ging es mit den Drehs noch etwas unkomplizierter. Mit dem Eintritt in die Schule ist dazugekommen, dass sie die Aufgaben für die Tage, an denen sie drehen, zu Hause erledigen müssen. Das hat bis jetzt immer hervorragend geklappt. Meist arbeiten sie sogar vor, damit sie an den Drehtagen den Kopf frei haben. Glücklicherweise waren ihre Klassenlehrerinnen bislang dem Thema gegenüber positiv eingestellt und unterstützen die Mädchen. Das ist nicht selbstverständlich.

Was waren die schönsten Erlebnisse?
Es gibt ganz, ganz viele kleine Dinge, die die Mädels toll fanden – zum Beispiel die leckeren Schokopfannkuchen, die bei den Ku'damm-

Lukas
Hemd: Paade Mode
Hose: Atelier Parsmei

Drehs immer extra für sie zum Mittag gemacht wurden. Neue Freundschaften, spannende Begegnungen mit vielen tollen Schauspieler:innen, Regisseur:innen und ganz vielen herzlichen und aufmerksamen Menschen aus den vielen anderen Bereichen wie Coaching, Kostüm, Maske, Ton, Licht, Catering und noch ganz viele andere – besonders viel Spaß hatten sie immer mit den Fahrer:innen.

Auf der „Lindenberg – mach dein Ding"-Premiere haben wir dann auch Udo persönlich kennengelernt und er ist genauso wie ihn das große Publikum kennt – wunderbar nahbar und in seiner bezaubernden Abgefahrenheit doch irgendwie herrlich normal und so einzigartig lässig. Durch diese Bekanntschaft kam

es letzlich auch zu der Begegnung mit Detlev Buck, woraus sich ein Blitzauftritt der Mädels im „Tatort" ergab. Abschließend würde ich noch ein wunderbares Projekt erwähnen, welches Ende 2022 in die Kinos kommt. Wir dürfen leider noch nichts über den Film verraten, aber die Mädels hatten einen Riesenspaß. Sie spielen zwei unterschiedliche Figuren (keine Zwillinge, nur Schwestern) und haben zudem noch zwei jüngere Halbschwestern und die Vier haben zusammen ordentlich gerockt.

Was haben sie in der Zeit alles gelernt?
Faktisch wissen sie mittlerweile, wie der Hase beim Film läuft. Sie wissen, dass jede Szene mehrere Takes pro Einstellung benötigt, dass es fast immer mindestens einen Umbau gibt, um den Gegenschuss zu bekommen, sie wissen, wo die kleinen Mikros am besten angebracht werden, damit man diese im Film später nicht sieht. Da Alma und Smilla eher zurückhaltend bis schüchtern waren und vom Typ her immer noch sind, hat sie die Schauspielerei selbstbewusster gemacht.

Bei jedem Casting, jedem Dreh treffen sie viele neue Leute, stellen sich vor, beantworten Fragen, stellen selbst Fragen und geben ein Stück ihres Seins und ihrer Seele preis, wenn sie eine Szene spielen. Jedes Mal ist da Aufregung, Spannung und sicher auch ein bisschen Angst dabei. Sie überwinden all das, liefern ab und das zahlt auf ihr inneres Selbstsicherheitskonto ein.

Fotos: Emily Kornya, Interview: Anja Ihlenfeld

Von links nach rechts

Smilla
Bluse und Kleid: Bebe Organic
Socken: Collegien
Schuhe: Eli1957

Aniela
Haarschmuck: Milledeux
Bluse und Kleid: Atelier Parsmei
Socken: Collegien
Schuhe: Eli1957

Lukas
Shirt, Weste und Hose:
Bebe Organic
Schuhe: Eli1957

Noah
Hemd und Hose: Atelier Parsmei
Socken: Collegien
Schuhe: Salt Water Sandals

Alma
alles von: Bebe Organic
Socken: Collegien
Schuhe: Young Soles

Momo
Bluse und Kleid: Bebe Organic
Socken: Paade Mode
Schuhe: Salt Water Sandals

Damit es
allen
schmeckt

Chris Lehner

Der umtriebige Wirt (Park Café & das Bad) ist als Tausendsassa und Gaudibursch der Münchner Gastroszene bekannt, seit den 1990er-Jahren bei vielen Events aktiv, „monaco"-Kolumnist für die Abendzeitung München, Kochbuchautor und Vater. *parkcafe089.eu*

Was rät der Gastro-Experte, wenn man Münchens Restaurantszene mit Kindern erkunden möchte?

Welchen Stellenwert hat Kinderfreundlichkeit in der Gastronomie? Gerade in einer vermeintlich schicken Stadt wie München ist das Thema Kinder nur teilweise angekommen. Es gibt immer noch Szenebetriebe, Hipsterläden und Burgerbuden, die noch gar nicht kapiert haben, dass sie hier die Gäste der Zukunft und zugleich deren konsumfreundliche Eltern verpassen.

Ich habe in meinen Häusern bereits Anfang des Jahrtausends Kinderstühle, Wickeltische, Malstifte und Co angeschafft. Eltern mit Kindern sind im Regelfall tolle Gäste. Wenn man es erreicht, das Lieblingslokal der Kinder zu werden, kommen die Familien immer gerne wieder.

Gibt es da einen Wandel in den letzten Jahren? Seit 2007 das generelle Rauchverbot in der Gastronomie eingeführt wurde, hat es nochmal einen richtigen Schub gegeben. Nachdem keine Aschenbecher mehr auf den Tischen stehen, ist es auch Indoor absolut normal, auch mit kleinen Kindern in ein ordentliches Restaurant zu gehen.

Woran erkennt man kinderfreundliche Restaurants? Im Regelfall schon bei der ersten Kontaktaufnahme. Im Idealfall am Telefon. „Haben Sie Kinderstühle im Haus?" – sollte als

Hieu

10 Jahre

Wo gehst du gerne essen?

Ich gehe nicht so gerne essen, da sind immer so viele Leute.

Was isst du am liebsten?

Ich mag eigentlich alles. Und ich probiere gerne neue Gerichte. Am liebsten mag ich italienische Nudeln und Chinapfanne.

Hast du schon mal selbst etwas gekocht?

Ja, ich kann Chinapfanne selber machen. Öl, Reis, Eier in die Pfanne, fertig. Und ich hab' schonmal eine Suppe in der Schule gekocht.

erstes Signal genügen. Auch auf den Social Media-Kanälen kann man oft schon auf den ersten Blick erkennen, ob das Restaurant so eng bestuhlt ist, dass man mit einem Kinderwagen gar nicht durchkommt.

Was sollte man beim Essengehen mit Kindern beachten?

Wer mit Kindern Essen geht, kann diese nicht automatisch beim Servicepersonal abgeben. Das heißt, man sollte schon aufpassen, dass die Kinder nicht unter oder zwischen den Tischen herumtollen, nicht im Laufweg des Servicepersonals auf dem Boden spielen oder ihr Spielzeug kreuz und quer im Restaurant verteilen. Ein klein wenig Erziehung, Aufsicht und normaler Anstand reichen im Regelfall aus.

Welche Verhaltensweisen werden als störend empfunden?

Kinder spielen nun mal. Man sollte als Eltern allerdings aufpassen, dass der Betrieb nicht gestört wird. Hier ist ganz simples Mitdenken gefragt.

Was sind die positiven Aspekte des gemeinsamen Essengehens?

Wenn man in Italien Urlaub macht, sieht man, wie schön es ist, mit der ganzen Familie auszugehen. Hier freuen wir uns immer

Alma

7 Jahre

Wo gehst du gerne essen?

Bei Italiener, da gibt es sehr leckere Pizza und andere Sachen. Und die sind da sehr nett zu Kindern.

Was isst du am liebsten?

Pizza und Spinatnudeln. Gnocchi und Tortellini mag ich überhaupt nicht. Das Komischste, was ich mal gegessen habe, waren Senfeier.

Hast du schon mal selbst etwas gekocht?

Ich kann Pfannkuchenteig selber machen.

über das wundervolle Miteinander in der Gastronomie. Die Kinder können und wollen Gastronomie auch genießen. Das können wir doch auch hier bei uns hier in München!

Familien sind wundervolle Gäste, für die Gastronom:innen bietet sich auch ein nicht zu unterschätzender Aspekt: Meistens sind Familien schnell wieder weg, so kann der Tisch noch mal besetzt werden.

Abseits von Pizza, Pasta, Pommes – was sind deiner Erfahrung nach die spannendsten Gerichte für Kinder?
Ich würde das ganz nicht so verallgemeinern. Es ist einfach zu trivial, Kinder auf die typischen Kindergerichte zu reduzieren.

Meine Kinder haben alle Jahre wieder neue Leibgerichte, das kann von einem saftigem Burger bis hin zu kreativen Gerichten wie spanische Paella einfach alles sein. Meine Tochter liebt zum Beispiel einen klassischen Steckerlfisch beim Biergartenbesuch.

Kann man mit Kindern auch Sternerestaurants besuchen?
Es kommt einfach auf die Kinder an. Es gibt Kinder, die einfach nur satt werden wollen. Wenn Kinder einen gewissen Spaß am

Lore

5 Jahre

Wo gehst du gerne essen?

Beim Italiener, da waren die Kellner nett und haben mir Malsachen gegeben. Wir durften nicht rumlaufen, aber das war nicht schlimm.

Was isst du am liebsten?

Hühnerfrikassee. Hackfleisch mag ich gar nicht. Ich probiere aber gerne neue Sachen – gerade habe ich zum ersten Mal Feigen gegessen.

Hast du schon mal selbst etwas gekocht?

Mit Mama ein Ei gebraten. Und ich hab' mal Kekse mit bunten Streuseln gemacht.

Essen, am Kochen und an Lebensmitteln haben, kann man schon mit seinen Kindern einen Versuch starten. Sie sollten dafür aber mindestens zwölf bis 14 Jahre alt sein. Kleineren Kindern fehlt oft das „Sitzfleisch" für ein mehrgängiges Menü. Und es ist niemandem geholfen, wenn die Kindern dann herumzappeln oder man das Menü abbrechen muss. Die Kinder mit einem Tablet und Kopfhörern am Tisch ruhig zu stellen, halte ich für eine schreckliche Unart.

Ab welchem Alter ist es sinnvoll, Kinder mit gehobener Küche und gegebenenfalls vornehmeren Essmanieren vertraut zu machen? Generell sollte man den Kindern schon vermitteln wie man mit Besteck isst. Es ist zum Teil erschreckend, wenn man 16-Jährige sieht, die schön zubereitete Gerichte förmlich reinschaufeln.

Hier sind die Eltern gefordert, einfach immer dran zu bleiben und das Level sukzessive zu erhöhen. Mein Sohn hat mit acht Jahren auf einer Hochzeitsfeier ein komplettes Fünf-Gänge-Menü genossen, während neben ihm ein 14-Jähriger Pommes mit Ketchup bestellt hat.

Interview: Anja Ihlenfeld

KULTUR

Museen und Ausstellungshäuser

Alpines Museum

Bergfeeling auf der Praterinsel mitten in München! Bis zum Herbst 2023 wird das Alpine Museum allerdings noch umgebaut. Große wie kleine Freund:innen der Bergwelt können solange online in die Ausstellung „Die Berge und wir" eintauchen. Nach der Wiedereröffnung wird dann auch die Höllentalangerhütte im schönen Museumsgarten wieder zu bewundern sein, die vor 120 Jahren noch in fast 1.400 Metern Höhe stand. *Praterinsel 5, 80538 München-Lehel, T: 2112240, alpines-museum.de*

Alte Pinakothek

Schon allein das Gebäude ist großartig. In manche Räume würden kleine Reihenhäuser passen. Einfach riesig! Das gilt auch für die Kunstwerke von Rembrandt, Leonardo da Vinci oder Albrecht Dürer sowie vielen anderen Meistern aus dem Mittelalter bis zur Mitte des 18. Jahrhunderts. Die Alte Pinakothek wurde 1836 eröffnet und ist bis heute eine der bedeutendsten Gemäldegalerien der Welt. Über 700 Werke sind in 19 Sälen und 47 Kabinetten untergebracht. An den Wochenenden finden hier spannende Familienführungen und Workshops für Groß und Klein statt. *Barer Str. 27, 80333 München-Maxvorstadt, T: 23805216, pinakothek.de*

Archiv Geiger

In den ehemaligen Atelierräumen betreut das Archiv Geiger das künstlerische Werk von Rupprecht Geiger. Sehr beliebt sind die hier regelmäßig stattfindenden Workshops in der Siebdruck-Werkstatt. Der Kooperationspartner KuKi – Kunst für Kinder e.V. – bringt jungen Interessierten die farbintensive, abstrakte Kunst des Künstlers auf einer emotionalen Ebene näher. Bei einem Kindergeburtstag kann die kleine Gesellschaft nach einem spielerischen Rundgang durch Archiv und Werkstatt eine Stunde lang mit selbst mitgebrachten Kuchen und Getränken in der gemütlichen mongolischen Jurte im schönen Garten feiern. *Muttenthalerstr. 26, 81477 München-Solln, T: 72779653, archiv-geiger.de*

Bauernhausmuseum Amerang

Das Bauernhausmuseum des Bezirks Oberbayern, im Landkreis Rosenheim gelegen, stellt das Alltagsgeschehen anno dazumal im ländliche Chiemgau und Rupertiwinkel eindrücklich dar. Ob Bauernhof, Bienenhaus, Seilerei oder Schmiede – die historischen Gebäude bieten charmante Einblicke in das Leben der Bewohner:innen vergangener Zeiten. Am Originalstandort abgebaut und im Museum wieder errichtet, vermitteln sie auch heute noch anschaulich, wie Menschen und ihre Tiere früher gelebt und gearbeitet haben. Beliebte Veranstaltungen wie das Ostereiersuchen, die Pflanzentauschbörse, der Mühlentag oder stimmungsvollen Märchenerzählungen machen der ganzen Familie Freude. Das Bauernhausmuseum öffnet seine Tore von Ende März bis Anfang November. *Hopfgarten 2, 83123 Amerang, T: 08075-915090, bhm-amerang.de*

Bauernhofmuseum Jexhof

Die Seele baumeln lassen – im Bauernhofmuseum Jexhof im Landkreis Fürstenfeldbruck ist's möglich. Der denkmalgeschützte Dreiseithof ist an seinem ursprünglichen Standort noch wunderbar erhalten. Dazu gehören ein Wohnhaus, das im Kern aus dem 18. Jahrhundert stammt, ein Pferde- und Kuhstall, ein Getreidestadl und ein Backhaus mit Remise, in dem noch regelmäßig frisches Brot gebacken wird. Ein besonderer Glücksfall ist es, dass die Einrichtungsgegenstände vom Butterfass bis zum Sautrog aus dieser Zeit fast lückenlos erhalten sind. Wer Lust hat auf Säen, Brot backen, naturkundliche Wanderungen oder einen idyllisch verbrachten Großelterntag, findet diese und weitere Veranstaltungen im abwechslungsreichen Jahresprogramm. Seit März 2022 sorgt die Gastronomie unter neuer Führung wieder für das leibliche Wohl. *Jexhof 1, 82296 Schöngeising, T: 08153-93250, jexhof.de*

Bayerisches Nationalmuseum

Das Bayerische Nationalmuseum zählt zu den größten Museen in Deutschland. Das Schatzhaus an der Eisbachwelle präsentiert Kunst von der Spätantike bis zum Jugendstil und erzählt auf einzigartige Weise europäische Kulturgeschichte in Bayern. Gemälde, Goldschmiedekunst, Porzellan und auch Textilien sind hier zu sehen, der historische Kern der Sammlungen basiert auf dem Kunstbesitz der Wittelsbacher Herrscherdynastie. Wer schon immer mal einen Ritterhelm aufsetzen, das Gewicht eines Kettenhemds spüren oder ein Barockkleid anprobieren wollte, ist hier goldrichtig. Für Kindergeburtstage oder an Familientagen stehen spannende Führungen mit Materialien zum Anfassen und Ausprobieren, Kostümfeste, Rallyes oder Aktivitäten in der Museumswerkstatt auf dem Programm. Anlässlich seines 200. Geburtstags wird aktuell dem beliebten Wittelsbacher Prinzregent Luitpold (1821–1912) mit einer Sonderausstellung gehuldigt. *Prinzregentenstr. 3, 80538 München-Lehel, T: 2112401, bayerisches-nationalmuseum.de*

Eiszeitlicher Spaß

Lokschuppen Rosenheim

Ab 3 Jahren, mind. 10 Kinder,
max. 20 Kinder, 13,50 Euro je Kind

Rathausstr. 24, 83022 Rosenheim,
T: 08031-3659036, lokschuppen.de

Nicht nur, wenn es draußen eisig ist – das Ausstellungszentrum in Rosenheim ist zu jeder Jahreszeit eine gute Idee, um mit Kindern zu feiern. Auch im Rahmen der aktuellen Ausstellung „Eiszeit – Mensch. Natur. Klima" locken Kreativworkshops für Kindergeburtstagsgesellschaften nicht nur Ice Age-Fans. Bereits Dreijährige können unter dem Motto „Eiszeit-Klang" echte Klanggeräte zaubern, die zu den ältesten der Menschheitsgeschichte zählen. Echte Hingucker lassen sich bewundern, wenn Kinder ab sechs Jahren aus Muscheln, Tierzähnen, Holzstückchen und Lederbändern ihren individuellen „Eiszeit-Schmuck" basteln. Zu Höhlenforscher:innen können Kinder über acht Jahren werden und ihre eigene „Eiszeit-Kunst" auf echte Solnhofener Steinplatten malen wie einst die Eiszeitmenschen. An Kinder ab zehn Jahren richtet sich das Angebote „Eiszeit-Beutel" aus Leder zu gestalten. Coole Sache!

Bergbaumuseum Peißenberg

Hier lässt sich Bergbau hautnah erleben! Zuerst im 670 Meter langen Stollen, dann während einer simulierten Explosion und abschließend geht es zum Rundgang durch das Museum. Bis 1971 wurden in Peißenberg im Laufe von mehr als 100 Jahren 32 Millionen Tonnen Braunkohle zu Tage befördert. Neben einer Ausstellung über die Geschichte der Kohleförderung, die in dem Ort bis ins 16. Jahrhundert zurückgeht, gilt der Gang in den Tiefstollen als besonderes Highlight. Der harte Alltag der Kumpel unter Tage wird im Inneren des Berges anschaulich dargestellt. Seit März 2022 öffnet das Museum wieder seine Türen an jedem ersten und dritten Sonntag im Monat, in den Sommermonaten zusätzlich auch mittwochs. *Tiefstollen 2, 82380 Peißenberg, T: 08803-5102, peissenberg.de*

Bergwerksmuseum Penzberg

Etwas versteckt im Untergeschoss der örtlichen Realschule schufen sich ehemalige Bergleute nach der Bergwerksschließung 1966 mit diesem Museum einen Raum der Erinnerung an ihr Berufsleben. Eine über die Jahre gewachsene Sammlung von originalen Arbeitsgeräten, Dokumenten und Fotografien wurde so bewahrt. Die originalgetreuen Streckenausbauten der Bergknappen sind das Kernstück der Ausstellung. Zusammen mit Hunten (Förderwagen), Grubentelefonen, Signalstationen, einer simulierten Sprengung und einem Blindschacht aus der Grube, vermitteln all diese Dinge ein realistisches Bild ihres Arbeitslebens unter Tage. Dank Audioguide wird das Ganze für Kinder gut verständlich und der Besuch im Bergwerksmuseum zum besonderen Geschichtserlebnis. *Karlstr. 36, 82377 Penzberg, T: 08856-813128, bergwerksmuseum-penzberg.de*

TIPP BIOTOPIA Lab im Botanischen Garten

Wir sind Fans des zunächst als Zwischenlösung entstandenen BIOTOPIA Labs, wo zukunftsträchtige Themen und Fragen mit spannenden kostenlosen Workshops für Kinder behandelt werden. Der neue Museumsbau entsteht am Nordflügel des Schlosses Nymphenburg, wo das künftige BIOTOPIA-Naturkundemuseum Bayern als Nachfolger des Museums Mensch und Natur voraussichtlich 2025/2026 eröffnen wird. Das Lab am Botanischen Garten gibt bereits Einblicke in das künftige Konzept: BIOTOPIA soll weltweit das erste Museum sein, das Verhaltensweisen sowie Natur- und Lebensprozesse, die alle Lebewesen in den Mittelpunkt stellt: „Essen", „Schlafen" oder „Fortpflanzen". Solange besuchen wir gerne 350 Quadratmeter des Labs, die Platz für kleine Ausstellungen und Workshops sowie einen Laborbereich, Küche und weitere Events bietet. *Menzinger Str. 67, 80638 München-Nymphenburg, T: 17861422, biotopia.net*

TIPP Buchheim Museum der Phantasie

Das Museumskonzept von Lothar-Günther Buchheim vereint nicht nur Gemälde, Zeichnungen und Druckgrafik der Expressionist:innen neben Kunsthandwerk aus aller Welt unter einem Dach. Das Museum – nördlich von Bernried direkt am Ufer des Starnberger Sees gelegen – ist auch Zentrum ständiger Aktivitäten. Wer das Museum besucht, erlebt es aus drei Perspektiven: Kunst, Architektur und Natur. Der lang gestreckte, zum Teil in den Hang eingelassene Baukörper, endet in einem zwölf Meter über dem See schwebenden Steg. Schon ein Spaziergang durch den Park ist ein einzigartiger Natur- und Kunstgenuss. In den Ferien werden Wochen- und Tageskurse für Schüler:innen angeboten, in denen erfahrene Kunstpädagog:innen mit viel Spaß und Know-how für Inspiration sorgen. *Am Hirschgarten 1, 82347 Bernried am Starnberger See, T: 08158-997020, buchheimmuseum.de*

Burgmuseum Grünwald

Das Burgmuseum Grünwald, ehemaliges Wittelsbacher Jagdschloss, ist heute Zweigmuseum der Archäologischen

Staatssammlung. In den letzten Jahren wurde es umfangreich saniert und erstrahlt nun in neuem Glanz. Mit der
baulichen Erweiterung ging auch eine inhaltliche Neuge-
staltung der Dauerausstellung mit dem Thema „Burgen in
Bayern" einher. Im Mittelpunkt steht dabei die umfangreiche Geschichte der Burg Grünwald, aber auch Burgen aus
dem Isartal und aus ganz Bayern werden hier vorgestellt
– von der frühmittelalterlichen Fliehburg bis zur romanti-
schen Ritterburg. Hands on-Stationen und Inszenierungen
laden ein, sich mit der Welt des Mittelalters vertraut zu
machen. In den aktuell geplanten Veranstaltungen für
Familien 2022/2023 wird der Burgimker in die geheimnisvolle Lebensweise der emsigen Burgbienenvölker einwei-
hen: Honig wird nicht ohne Grund seit der Antike als „flüs-
siges Gold" bezeichnet. Die Sommernacht im Innenhof
lädt bei festlicher Burgbeleuchtung zu Musik, Speis und
Trank und am Greifvogeltag kreisen Raubvögel im freien
Flug über den Zinnen. Toll ist auch der Ausblick vom Burg-
turm über das Isartal. *Zeillerstr. 3, 82031 Grünwald, T:
125996910, archaeologie-bayern.de*

Dachauer Galerien und Museen

Zur Künstler:innenkolonie wurde Dachau im Jahre 1880,
als sich die ersten Maler:innen inspiriert von der reizvollen
Mooslandschaft an der Amper niederließen. Auch Christian Morgenstern, Carl Spitzweg, Eduard Schleich d. Ä.
oder Max Liebermann kamen im Lauf der Jahre, um hier
kreativ zu werden. Gleich drei Häuser im Herzen der Stadt
bewahren dieses kulturelle Erbe oder nehmen zeitgenössi-
schen Bezug: In der Gemäldegalerie wird mit etwa 200
Werken die Entstehung und Entwicklung der Künstler:in-
nenkolonie dokumentiert. Das Bezirksmuseum im ehemaligen Rentamtsgebäude stellt die Kulturgeschichte des
alltäglichen Lebens eindrücklich dar. Auch die Neue Galerie mit zeitgenössischer Kunst, die an die Blütezeit in Dachau um 1900 anknüpft, befindet sich in fußläufiger Entfernung. Ferienprogramme und Veranstaltungen für
Familien bieten alle drei Museen regelmäßig an. *Gemäldegalerie Dachau: Konrad-Adenauer-Str. 3, 85221 Dachau;
Bezirksmuseum Dachau: Augsburger Str. 3, 85221 Dachau;
Neue Galerie Dachau: Konrad-Adenauer-Str. 20, 85221 Dachau, T: 08131-56750, dachauer-galerien-museen.de*

TIPP Deutsches Museum

Ein echter Klassiker für die ganze Familie, der nie langwei-
lig wird! Künstliche Blitze, die ersten Flugzeuge unserer
Zivilisation, antike Schiffe aus den letzten Jahrhunderten,
seltene Mineralien, Kraftmaschinen, Windräder oder das
im Original nachgebaute Bergwerk – es gibt einfach so
viel zu bestaunen und zu erkunden, dass hier alle locker

einen ganzen Tag verbringen möchten. Alle warten auf die
Wiedereröffnung der Mitmach-Ausstellung „Kinderreich",
doch bis dahin sind auch die insgesamt 28 Ausstellungen
mit anschaulichen Aktionen aus der faszinierenden Welt
von Naturwissenschaft und Technik für kleine Forscher:in-
nen ein unvergessliches Erlebnis. Kuratierte Familientou-
ren werden hilfreich über die Deutsche Museums-App
angeboten, es können aber Exklusivführungen für Familien
oder Gruppen gebucht werden. *Museumsinsel 1, 80538
München-Isarvorstadt, T: 2179333, deutsches-museum.de*

NEU Deutsches Museum Nürnberg

Wie werden wir in zehn, 20 oder 50 Jahren leben? Wie
entwickelt sich Technik weiter – und vor welche Herausforderungen stellt uns das als Gesellschaft? Im Herzen der
Nürnberger Altstadt, in der Zweigstelle des Deutschen
Museums, können Besucher:innen in die Welt der Cy-
borgs, in die Smart City oder den Weltraum eintauchen
und sogar ein ISS-Andockmanöver nacherleben. Die Welt
wird digital: Roboter, KI, Big Data, Social Media und das
Internet der Dinge, das physische Objekte wie Geräte und
Maschinen global miteinander und dem Internet vernetzt,
machen unser Leben leichter, nehmen uns die Arbeit ab,
sammeln aber auch sensible Daten und überwachen uns.
Zahlreiche Installationen, Mitmachstationen und buchbare
Laborangebote bringen hier erstaunliche Einblicke. Das im
September 2021 neueröffnete Zukunftsmuseum lohnt
unbedingt einen Ausflug nach Nürnberg, zumal sich der
Besuch durch die Lage ideal mit einem Stadtbummel ver-
binden lässt. *Augustinerhof 4, 90403 Nürnberg, T: 0911-
21548880, deutsches-museum.de/nuernberg*

Feuerwehrmuseum Bayern

Etwa 60 Kilometer östlich von München finden kleine und
große Feuerwehr-Fans eine große Ausstellung zu mehr als
150 Jahren Feuerwehrgeschichte in Bayern. Insgesamt
sind hier 100 Fahrzeuge und rund 5.000 liebevoll insze-
nierte Kleinexponate zu bestaunen – von der Feuerwehr-
uniform des 19. Jahrhunderts bis zum modernen LED-
Blaulicht. Audioguide-Stationen und eine digitale
Schnitzeljagd für Kinder machen Informationen leicht
verständlich und viel Spaß beim Entdecken der tollen
Dinge rund um Feuer und Löscharbeiten. Am 9. April
2022 eröffnet das Feuerwerkmuseum endlich wieder an
Wochenenden und Feiertagen. *Duxerstr. 8, 84478 Wald-
kraiburg, T: 08638-8841112, feuerwehrmuseum-bayern.de*

TIPP Franz Marc Museum

So ein Ausflug an den Kochelsee lohnt sich nicht nur im
Sommer bei schönstem Badewetter. Das Kunstmuseum

wartet das ganze Jahr über mit Werken des Künstlers und seiner Wegbegleiter:innen auf. Die Frage nach der Bedeutung der oberbayerischen Voralpenlandschaft als Inspirationsquelle der Gruppe des Blauen Reiters war Ausgangspunkt für die Gründung des Museums 1986 in Kochel am See. Mit der Eröffnung des Neubaus im Jahr 2008 wurde die Ausstellung um den „Brücke"-Expressionismus und Werke der Nachkriegsabstraktion erweitert. Der so reizvolle Museumsstandort mit Blick auf den See und die Bergkulisse im Hintergrund lässt die Werke des deutschen Expressionismus in neuem Licht erscheinen. Ein Audioguide von Kindern für Kinder geleitet schon die Jüngsten altersgerecht durch die Ausstellungen. In den bayerischen Schulferien bieten Museumspädagog:innen hier kreative Kurse und Workshops an. *Franz-Marc-Park 8-10, 82431 Kochel am See, T: 08851-924880, franz-marc-museum.de*

TIPP Freilichtmuseum Glentleiten

Abwechslungsreich und fundiert wird an der Glentleiten das ländliche Leben in Oberbayern der vergangenen Jahrhunderte vermittelt. Zu entdecken sind rund 60 historische Häuser, Werkstätten, Mühlen und Almgebäude mit Wiesen, Weiden und ihren vierbeinigen Bewohner:innen. Die Sonderausstellung „Tanken an der Deutschen Alpenstraße" huldigt seit März 2022 Deutschlands ältester Ferienroute Richtung Bella Italia. Im „Haus zum Entdecken" können Kinder spielerisch und interaktiv an Rätselstationen das Leben vor 100 Jahren entdecken oder selbst ausprobieren, wie damals auf dem Holzherd gekocht und am Waschbrett gewaschen wurde. Zwei Museumsguides zum Vor- und Selberlesen „Zeig mir, wie es früher war!" (ab fünf) und „Das Geheimnis hinter den Türen" (ab acht Jahren), knüpfen hier an. Auch Geburtstagskinder können mit einer kleinen Feiergesellschaft in die Geschichte eintauchen. *An der Glentleiten 3, 82439 Großweil, T: 08851-1850, glentleiten.de*

Haus der Kunst

Das Haus der Kunst ist ein lebendiges Museum für zeitgenössische Kunst und zählt zu den renommiertesten Ausstellungshäusern der Welt. Sound, Videokunst, Performance und Installationen sind hier die vermittelnden Medien. In wechselnden Ausstellungen stehen Kunstwerke im Fokus, die aktuelle gesellschaftspolitische Themen bearbeiten, wie etwa unser Umgang mit der Natur oder mit digitalen Medien. In speziellen Führungen – im Klassenverband oder mit der Familie – wird an die Lebenswelten junger Besucher:innen angeknüpft und es werden Themen diskutiert, die für sie von Bedeutung sind. Wer die Kunst lieber selbstständig entdeckt, kann zu einzelnen

Ausstellungen an einem Quiz teilnehmen oder sich mit einer Kinderführung auf dem Audioguide durch die Räume leiten lassen. Entspannung finden alle danach auf der weitläufigen Terrasse und in der Goldenen Bar bei einem leckeren Getränk oder Snack. Auch grüne Oasen sind nicht weit, denn das riesige Gebäude liegt direkt neben dem Eisbach, zwischen Innenstadt und Englischem Garten. Für Kinder unter zwölf Jahren ist der Eintritt hier übrigens kostenlos. *Prinzregentenstr. 1, 80538 München-Lehel, T: 21127113, hausderkunst.de*

Hofbräuhaus-Kunstmühle

Die Kunstmühle ist die einzige noch aktive Getreidemühle in München. Sie grenzt östlich an das Gelände an, auf dem sich das Hofbräuhaus befindet. Der Malzmühlbach floss noch bis 1967 unter der Mühle hindurch und musste dann dem Bau der U-Bahn weichen. Also wurde das Mühlrad abgebaut und die Energieversorgung auf Elektrizität umgestellt. Jeden Freitag um 16:00 Uhr können Einzelpersonen spontan ohne Voranmeldung an einer Führung durch die behutsam modernisierte Mühle mit ihren zahlreichen Stockwerken teilnehmen. Bei größeren Gruppen bedarf es einer Anmeldung. Danach wissen alle, dass neben Mehl in einer Mühle auch Schrote, Grieße, Dunste und Kleien erzeugt werden. Einfach kurz vor Start im kleinen Ladengeschäft melden und nebenan in der sehr guten Backstube noch Proviant einkaufen. *Neuturmstr. 3, 80331 München-Altstadt, T: 294222 , hb-kunstmuehle.de*

Holzknechtmuseum Ruhpolding

Inmitten der Chiemgauer Alpen gelegen, widmet sich dieses Museum dem Leben und Arbeiten der Holzknechte, also einstigen Waldarbeiter und Forstwirte im ehemaligen Salinengebiet Traunstein. Auch im angrenzenden Freigelände zeigen Holzknechthütten, Inszenierungen zur Holzarbeit und interaktive Stationen die damals vollbrachten Mühen und Herausforderungen. Das museumspädagogische Programm ist in erster Linie auf Kinder ausgerichtet, die hier auch Geburtstag feiern können. Holzdetektiv:innen sind gefragt, Hüttentouren werden unternommen, eine Hui-Maschine kann zum Leben erweckt und Traumhäuser gestaltet werden. Eine Spielhütte lädt anschließend zum Herumtollen und Bauen ein. *Laubau 12, 83324 Ruhpolding, T: 08663-639, holzknechtmuseum.com*

TIPP Internationale Jugendbibliothek Schloss Blutenburg

Im malerischen Schloss Blutenburg in München residiert die weltweit größte Bibliothek für internationale Kinder- und Jugendliteratur. Dort erwarten euch zudem vier ver-

Mit Enkel-kindern unterwegs

—

Lieblings-Aktivitäten mit Großeltern

1

Speisen mit Ausblick

Ein besonderes Erlebnis ist der Besuch des Olympiaturms auch, wenn man nur die Aussichtsplattformen erklimmt, aber im Drehrestaurant 181 zu Lunch, Kaffee und Kuchen oder Sunset Dinner einzukehren, ist eine Freude für alle Generationen! *Restaurant 181, Spiridon-Louis-Ring 7, 80809 München, restaurant181.com, Oympiaturm, Seite 88*

2

Kinder kreativ erleben

Das Offene Programm im Kinderkunsthaus ist eine tolle Gelegenheit für Großeltern, ihre Enkelkinder an einem der schönsten Orte Münchens für Kinder dabei zu begleiten, wie diese sich kreativ ausleben! *Kinderkunsthaus, Seite 73*

3

Sternstunden

Gemeinsam das All und die Welt der Sterne zu entdecken, ist eine feine Sache. Einziger Wermutstropfen: Die Kindervorstellungen in der Volkssternwarte sind so beliebt, dass man sich die Tickets unbedingt frühzeitig sichern sollte. *Volkssternwarte München, Seite 72*

4

Herumgondeln

Für ein Wochenendvergnügen, das in Erinnerung bleibt, geht es ins Werksviertel zum größten mobilen Riesenrad der Welt. Bei der 30-minütigen Fahrt bieten sich tolle Ausblicke auf die Stadt und bis zu den Alpen. *UMADUM – das Münchner Riesenrad, Seite 89*

5

Bei Tierkindern vorbeischauen

Die Anschaffung von Jahreskarten lohnt, sich, wenn man Spaß daran hat, regelmäßig mit den Enkeln zu schauen, wie sich der tierische Nachwuchs in Hellabrunn entwickelt. Der Tierpark hat jedenfalls jede Menge für Menschenkinder zu bieten, sodass man immer wieder Neues dort erleben kann. *Tierpark Hellabrunn, Seite 105*

Lesen, lachen, Luft holen

—

Internationale
Jugendbibliothek

Es gibt kaum einen Ort in München, der so
viel von dem vereint, was wir schätzen: Kinder-
und Jugendliteratur, die uns die kulturelle
Vielfalt aus aller Welt ebenso nahebringt wie
das ausgezeichnete Programm mit Lesungen.
Workshops und Ausstellungen. Und ein
wirklich schönes Ausflugsziel ist das Schloss
Blutenburg noch dazu. *Seite 58*

schiedenen dauerhaften Ausstellungen: Bücher-Fans können im Binette-Schroeder-Kabinett, im James-Krüss-Turm, im Michael-Ende-Museum oder im Erich-Kästner-Zimmer nach Herzenslust schmökern und Zeichnungen, Fotos und Illustrationen der bekannten Autor:innen und Illustrato:innen bewundern. Die wechselnden Sonderausstellungen sind ebenso spannend wie das umfangreiche Veranstaltungsprogramm für Kitagruppen, Schulklassen , Ferienkinder und Familien. Von Mai 2022 bis Februar 2023 widmet sich die Sonderaustellung „Ich weiß etwas, was du nicht weißt" dem Weltwissen für junge Menschen vom 18. Jahrhundert bis heute im Spiegel historischer und aktueller Jugendsachbücher. Und ganz abgesehen von diesen inhaltlichen und literarischen Lockungen ist die spätmittelalterliche Schlossanlage auch als solche einfach ein tolles Ausflugsziel. *Seldweg 15, 81247 München-Obermenzing, T: 8912110, ijb.de*

Jagd- und Fischereimuseum

Wild, Wald und Wasser mitten in München! Das ungewöhnliche Museum in der ehemaligen Augustinerkirche zeigt alles rund um die Themen Jagd und Fischerei im deutschsprachigen Raum. So können sich große und kleine Besucher:innen in den „Wasserwelten-Fischgeschichten" auf einen Spaziergang unter Wasser begeben oder auf dem „Waldpfad" mehr über die heimische Tierwelt erfahren. Mit Chipkarte ausgerüstet wird das zu einem individuellen Erlebnis: Einfach die eigene Schwierigkeitsstufe festlegen und auf Safari durchs Museum gehen. An kleinen Zwischenstationen können alle ihr Wissen in Sachen Naturschutz, Ressourcennutzung oder Lebensweise der Wildtiere aufpolieren und später bei einem Rate-Buzzer-spiel sogar gegeneinander antreten. *Neuhauser Str. 2, 80331 München-Altstadt, T: 220522, jagd-fischerei-museum.de*

Jüdisches Museum

Der Sankt-Jakobs-Platz im Angerviertel ist ein Ort der Begegnung – dort befindet sich neben dem Münchner Stadtmuseum und der Synagoge Ohel Jakob auch das Jüdische Museum. Ein lebendiger Ort, der für die Vielfalt jüdischer Geschichte und Kultur, für die Unterschiedlichkeit jüdischer Lebenswelten, Identitäten und Teilhabe steht. Regelmäßig werden hier Familienführungen und Kinderworkshops zur jeweils aktuellen Ausstellung und zu den jüdischen Feiertagen angeboten. Noch bis Oktober 2022 könnt ihr auf Spurensuche gehen, auf der Alp und im Kibbuz. Die Ausstellung „Heidi in Israel" findet in Kooperation mit dem Heidiseum in der Schweiz statt. Super praktisch: Direkt neben dem Museumscafé Exponat mit Sonnenterrasse ist ein kleiner Kinderspielplatz in Sicht-weite. Und wer sich für jüdische Literatur interessiert, findet in der Literaturhandlung im Foyer reichlich Lesestoff. *St.-Jakobs-Platz 16, 80331 München-Altstadt, T: 23396096, juedisches-museum-muenchen.de*

Kallmann Museum Ismaning

Das Museum liegt im Schlossgarten Ismaning und ist von München aus gut mit dem Bus erreichbar. Hier wird der umfangreiche Nachlass des Malers und Zeichners Hans Jürgen Kallmann (1908–1991) bewahrt, der sich gerne Tiere zum Motiv nahm, denen er mit feinem Pinselstrich eine eigene Persönlichkeit verlieh. Musikalisch wird's mit der beliebten Reihe „Konzerte im Kallmann", die vor allem Jazz-Musiker:innen regelmäßig eine Bühne bietet. Bei „KuK – Kinder und Kallmann" darf ausgiebig gestaunt, erforscht und ausgetestet werden. Die kreativen Kurse für Kinder zwischen fünf und zwölf Jahren starten hoffentlich bald wieder nach der pandemischen Pause. *Schloß-str. 2, 85737 Ismaning, T: 9612948, kallmann-museum.de*

TIPP Kindermuseum München

Das Kindermuseum ist ein Welterforschungsort, der jede:n einlädt, mitzumachen, mitzuspielen, zu experimentieren und zu werkeln. Ein Museum, das erst mit seinen Besucher:innen, ihren Ideen und ihrer Fantasie zu leben beginnt. Schrank, Tisch oder Stuhl – viele Dinge, die wir aus dem täglichen Leben kennen, sind aus Holz, waren also einmal Bäume. In der noch bis Juni 2022 laufenden Ausstellung „Holz" dreht sich alles um diesen natürlichen und vielseitigen Rohstoff. Die Auswahl der Themen ist immer eng mit unserer Lebenswelt verknüpft und ganz nebenbei entsteht durch Freude am Entdecken und Neugier am Experimentieren ein wertvoller Lerneffekt. Das macht nicht nur Kindern Spaß. *Arnulfstr. 3, 80335 München-Max-vorstadt, T: 54046440, kindermuseum-muenchen.de*

Kunsthalle der Hypo-Kulturstiftung

Zwischen Marienplatz und Odeonsplatz gelegen, organisiert die Kunsthalle jährlich drei Ausstellungen und hat damit internationalen Ruf erlangt. Wie unterschiedlich die Themen sein können, zeigt das aktuelle Ausstellungsprogramm: Noch bis August 2022 entführt „Stille Rebellen" alle Besucher:innen in die polnische Malerei der Jahrhundertwende. Eine Welt der Mythen und Legenden, träumerische Landschaften und alte Traditionen tun sich hier auf. Darauf folgt die bisher größte Retrospektive des französischen Künstlers JR (*1983) in Deutschland. Zu seinen jüngsten Projekten gehören die großflächige Beklebung eines Hochsicherheitsgefängnisses in Kalifornien, ein Titelbild auf dem TIME-Magazine über Waffen in Amerika und eine riesige Installation am Grenzzaun zwischen den USA und Mexiko. „FLOWERS FOREVER" schließt an und widmet sich von Februar bis Juli 2023 der Kunst- und Kulturgeschichte der Blume vom Altertum bis heute. Baby und Kunstgenuss sind hier dank babygerechter Führungen für Eltern kein Widerspruch, auch Kinderführungen für 6- bis 12-Jährige stehen auf dem Programm der Kunsthalle. *Theatinerstr. 8, 80333 München-Altstadt, T: 224412, kunsthalle-muc.de*

TIPP Lokschuppen Rosenheim

In Rosenheim lädt der Lokschuppen in der aktuellen Sonderausstellung bis Ende 2022 dazu ein, unsere Urahnen durch ein Eiszeit-Jahr zu begleiten. Nah an den Elementen, im Einklang mit der Natur. Ein 1.500 Quadratmeter großes Gesamtkunstwerk aus Originalfunden, hochwertigen Tierrekonstruktionen, Präparaten, Repliken und eindrucksvollen Skeletten kann erkundet werden. Highlight ist das einzigartige Eiszeit-Skelett des „Mannes von Neuessing". Mammut Molli hält zahlreiche Mitmachstationen für Kinder in der Ausstellung bereit – erfühlen, entdecken und spielen unbedingt erwünscht! Auch im Außenbereich gibt es Aktionen und ein Spielgelände. Und welches Forscherkind würde nicht gerne hier Geburtstag feiern? Dazu stehen verschiedene Kreativ-Workshops für Familien und Kinder ab fünf Jahren zur Auswahl, auch während der Ferien. *Rathausstr. 24, 83022 Rosenheim, T: 08031-3659036, lokschuppen.de*

Markus Wasmeier Freilichtmuseum Schliersee

Eintauchen in das Landleben, wie es einst war: Das Markus Wasmeier Freilichtmuseum ist ein riesengroßer Erlebnisspielplatz inmitten der Schlierseer Berge. Mit seinem privat geführten Museum macht der ehemalige Skirennläufer das bäuerliche Leben des frühen 18. Jahrhunderts erlebbar. Hier könnt ihr buttern, filzen, Specksteine schleifen, Holzofenbrote backen und viel über altes Handwerk, Tiere und Kräuter erfahren. Auch zu Geburtstagen lässt sich an Ort und Stelle eine ganz besondere Reise in die Vergangenheit unternehmen. Sein altbayerisches Dorf besteht aus mehr als zehn zum Teil denkmalgeschützten Gebäuden, nebenan lädt ein uriger Biergarten zum Verweilen ein. *Brunnbichl 5, 83727 Schliersee/Neuhaus, T: 08026-929220, wasmeier.de*

TIPP MUCA – Museum of Urban and Contemporary Art

Nur einen Steinwurf vom Marienplatz entfernt, befindet sich im ehemaligen Umspannwerk der Stadtwerke auf rund 2.000 Quadratmetern Gesamtfläche das erste Museum of Urban Art in Deutschland. Die Fassade des MUCA wurde vom renommierten Street Art-Künstler Stohead gestaltet und ist damit selbst Kunstobjekt. Drinnen angekommen könnt ihr die Werke zeitgenössischer Künstler wie Banksy, Os Gêmeos oder Herakut bestaunen. Nach langer Corona-Pause finden auch wieder generationsübergreifende Familienführung statt. Die Menschen hinter MUCA glauben daran, dass Kunst das Potenzial hat, die Wahrnehmung auf die Welt zu verändern. Darum werden auch schon junge Interessierte ins Boot oder vielmehr ins Museum geholt, um an Workshops und Kreativprogrammen in Kooperation mit dem KUNSTLABOR 2 teilzunehmen. *Hotterstr. 12, 80331 München-Altstadt, T: 215524310, muca.eu*

Münchner Kaiserburg

Für kleine Geschichtsfans und neugierige München-Entdecker:innen ist die Kaiserburg im Alten Hof in der Altstadt ein echter Geheimtipp. In den historischen Gewölben im Untergeschoss lernt ihr die Bedeutung und Entwicklung des Alten Hofes und dessen prominentestem Bewohner, Kaiser Ludwig den Bayern, kennen. Interaktive Stationen und ein Film über das Herrscherhaus Wittelsbach erwecken bayerische Geschichte zum Leben. Ein Highlight: Im Gewölbe kann man einen freigelegten Teil der Burgmauer mit einer Füllung aus Isarkieseln begutachten. *Alter Hof 1, 80331 München-Altstadt, T: 21014050, muenchner-kaiserburg.de*

TIPP Münchner Stadtmuseum

Typisch München! In den fünf historisch gegliederten Abschnitten geht die Dauerausstellung zur Geschichte Münchens der Frage nach, was seit wann und vor allem warum so charakteristisch ist für die Stadt Die umfangreiche Ausstellung zur Stadtgeschichte wird unterstützt durch einen Kinder-Audioguide, auch ein Juniorkatalog samt Museumsquiz stehen zur Verfügung. Die Sonderausstellung „Nachts. Clubkultur in München" ist bis Januar 2023 verlängert. Hier wird die Clubkultur als sozialer Katalysator dieser Stadt beleuchtet und mit atmosphärischen Installationen und Fotografien aus acht Jahrzehnten erlebbar gemacht. Neben Führungen und Workshops mit praktischem Teil gibt es auch Veranstaltungen wie zeitgenössisches Puppentheater oder Konzerte. Im historischen Marstallhaus zeigt das Filmmuseum München täglich Filme in Originalfassung. Die inhaltliche und bauliche Neukonzeption des Münchner Stadtmuseums, verbunden mit einer Schließung und Generalsanierung, wird voraussichtlich erst ab 2025 realisiert. *St.-Jakobs-Platz 1, 80331 München-Altstadt, T: 23322370, Filmmuseum: T: 23396450, muenchner-stadtmuseum.de*

Museum Brandhorst

Schon von außen spektakulär: Die Fassade des Kunst-
museums besteht aus 36.000 bunten Keramikstäben. Im
Inneren nicht weniger beeindruckend: Die europaweit
größte Kollektion von Werken des Künstlers Andy Warhol
und die weltweit einzigartigen Bestände von Cy Twombly
sind die Eckpfeiler der Sammlung Brandhorst. Die Ausstellung „Future Bodies from a Recent Past" (Juni 2022
bis Januar 2023) macht ein bisher wenig beachtetes
Phänomen in der Kunst erlebbar: die wechselseitige
Durchdringung von Körper und Technologie. Da sich das
Museum als Ort der Kreativität und des freien Denkens
versteht, hat es sich zur zentralen Aufgabe gemacht,
schon Kindern und Jugendlichen die Auseinandersetzung
mit Gegenwartskunst an den Originalen zu ermöglichen.
Von speziellen Führungen über Kreativhefte, mit denen
Kinder individuell auf Entdeckungstouren gehen können,
bis zu Workshops für Familien, Kinder und Jugendliche –
das Programm ist so lehrreich wie unterhaltsam. Frisch
gebackene Eltern können sich auch schon mit Baby
einer der Känguru-Führungen anschließen. *Theresienstr.
35a, 80333 München-Maxvorstadt, T: 238052286,
museum-brandhorst.de*

Museum Erding

Mit über 160 Jahren Sammlungsgeschichte zählt dieses
Haus zu den ältesten kommunalen Museen Bayerns.
Im Altbau wird die Vor- und Frühgeschichte sowie die Entwicklung der Stadt Erding seit ihren Anfängen präsentiert. Der Neubau ist zwei bedeutenden Handwerken gewidmet: dem Glockengießen und der Lodenherstellung.
Mit gold-schimmernden Platten schmiegt sich der schmu-
cke Bau von 2010 an die historischen Gemäuer und verbindet so Vergangenheit mit der Gegenwart. Eine Bilder-
wand mit rund 1800 Fotos ist Teil des Gesamtkonzeptes
„Lebendiges Museum", hier ist Platz für Sonderausstellungen
und Aktionen. Altersgerechte Führungen richten sich
an Kindergärten, Schulklassen und Privatpersonen. Auch
Workshops und Ferienkurse werden angeboten: Jugendliche ab zwölf Jahren können beim Erdinger Escape Game
versteckten Hinweisen und Spuren folgen, um dem Mu-
seumsgespenst Haribaldi zu entkommen. *Prielmayerstr. 1,
85435 Erding, T: 08122-408 158, museum-erding.de*

Museum Fünf Kontinente

Für einen Nachmittag in die Südsee aufbrechen, nach
Schweden reisen oder die Geheimnisse des Orients
entdecken: Im Museum Fünf Kontinente werden in zahlreichen Einzelausstellungen Dinge des alltäglichen Lebens,
rituelle Objekte oder Kunstwerke gezeigt und der kulturelle

Rollen-
bilder

—

Schauburg

Im Herzen der Stadt werden Herz und Hirn
schon der jüngsten Theaterbesucher:innen
erfreut und angeregt: Eigene Inszenierungen
und Gastspiele an der Schauburg widmen
sich ihren konkreten Lebensumständen ebenso wie gesellschaftlichen Themen, immer
kunstvoll, intelligent und unterhaltsam.
Seite 81

Reichtum der Menschheit vergegenwärtigt. Hier lernt die ganze Familie mitten in München Gemeinsamkeiten und Unterschiede der Kulturen aus Afrika, Amerika, Asien, Australien, Ozeanien, dem Orient und Europa kennen. An der Museumskasse dürfen sich Kinder verschiedene kostenlose Rallyes mitnehmen und knifflige Rätsel rund um die Kontinente lösen. Regelmäßige Familienführungen, Workshops, Themen- und Familientage sowie Filmnachmittage sind Highlights für alle Weltenbummler:innen. Auch Kindergeburtstage werden hier im Museum zum Abenteuer, wenn es auf Schatzsuche in die Südsee geht, den Ureinwohner:innen Nordamerikas nachgespürt oder Schmuck aus fernen Ländern gebastelt wird. *Maximilianstr. 42, 80538 München-Lehel, T: 210136100, museum-fuenf-kontinente.de*

Museum Fürstenfeldbruck

Wo einst Mönche Bier brauten, befindet sich heute ein Museum. Herzstück ist die Abteilung „Zisterzienserkloster Fürstenfeld" mit Originalkunstwerken, neuen Medien und interaktiven Stationen. „Leben in Bruck um 1900" schildert den Alltag der Erwachsenen und Kinder vor hundert Jahren und die archäologische Abteilung blickt noch weiter zurück: auf die Kelten, Römer und Bajuwaren von der Steinzeit bis in die Gegenwart. Jeden letzten Samstag im Monat können Interessierte ab sechs Jahren im Museum eine kostenlose Spezialführung mit anschließendem Workshop besuchen. Liebevoll arrangiert werden hier auch Themen-Geburtstage für Kinder jeden Alters: Märchenfeste, Römische Gelage, Werkzeug-, Kulissenbau oder Buchdruck machen den schönsten Tag im Jahr noch außergewöhnlicher. *Fürstenfeld 6, 82256 Fürstenfeldbruck, T: 08141 611313, museumffb.de*

TIPP Museum Mensch und Natur

Das beliebte Museum Mensch und Natur sollte eigentlich im September 2021 schließen, doch da sich Umbau und Erweiterung zum BIOTOPIA – Naturkundemuseum Bayern bekanntlich verzögern, bleibt es wohl mindestens bis Ende 2022 geöffnet. Währenddessen ist das BIOTOPA Lab am Botanischen Garten bereits als Vorbote geöffnet und gibt einen Ausblick darauf, wie das neue innovative Museum und Forum für Lebens- und Umweltwissenschaften konzipiert ist. Nicht ganz so innovativ sind die noch bestehenden Ausstellungen, widmen sich aber nicht weniger spannenden und wichtigen Themen und Fragen rund um Mensch und Natur. Auch Kindergeburtstage können 2022 hier noch gefeiert werden, was eine tolle Idee für Dinofans, Vulkanolog:innen, Fossilienforscher:innen oder Tierfreund:innen ist. *Schloss Nymphenburg, 80638 München-Nymphenburg, T: 1795890, musmn.de*

Museum Penzberg – Sammlung Campendonk

Der Zwillingsbau des Museums ist mit seiner lebendigen dunklen Klinkerfassade zu einer Attraktion im Stadtbild geworden. Im Inneren widmet sich die Dauerausstellung dem Werk von Heinrich Campendonk. Das jüngste Mitglied des Blauen Reiters stand lange im Schatten von Marc und Kandinsky, doch seine gesteigerte Farbwahrnehmung und ein oftmals ekstatischer Schaffensprozess ließen ihn eine eigene künstlerische Entwicklung nehmen, die hier im Stadtmuseum Penzberg Raum und Wirkung findet. Der Familien-Audioguide ist hilfreicher Begleiter durch die Sammlung deutscher Expressionist:innen, zeitgenössischer Kunst und der Stadtgeschichte. *Am Museum 1, 82377 Penzberg, T: 08856-813480, museum-penzberg.de*

Museumspädagogisches Zentrum (MPZ)

Das Museumspädagogische Zentrum München, kurz MPZ, veranstaltet in den kunst- und kulturhistorischen sowie den naturwissenschaftlichen Museen Bayerns Programme für Kinder und Jugendliche. Schließlich soll Museum Spaß machen! Ferienangebote können auf der Homepage gezielt gesucht und gefunden werden. *Infanteriestr. 1, 80333 München-Maxvorstadt, T: 954115220, mpz-bayern.de*

Museum Mineralogia München

Überall glänzt und funkelt es in allen erdenklichen Farben aus den gläsernen Schaukästen. Rohe und geschliffene Edelsteine, Edelmetalle wie Gold, Silber und Platin und sogar echte Meteoriten lassen hier nicht nur Kinderherzen höher schlagen. Das Museum Mineralogia ist der öffentlich zugängliche Teil der Mineralogischen Staatssammlung München und zeigt und erklärt großen und kleinen Besucher:innen die Welt der Kristalle. Führungen für Schulklassen und auch Kindergeburtstage zum Thema „Wenn Steine vom Himmel fallen" oder „Vulkanismus" können hier vereinbart werden. *Theresienstr. 41, 80333 München-Maxvorstadt, T: 21804312, mineralogische-staatssammlung.de*

Museum Starnberger See

Das Museum Starnberger See pflegt eine historisch gewachsene Sammlung von regionalem Alltagsgut und bildender Kunst. Besonders sehenswert ist das historische Lochmannhaus: Eingebettet in einen alten Obstgarten steht das Bauern- und Fischerhaus seit über 400 Jahren an seinem Platz. In direkter Verbindung mit dem historischen Haus steht der moderne Museumsneubau, in dem das einzige vollständig erhaltene Gondelschiff „Delphin" der königlich-bayerischen Prunkschiffe zu besichtigen ist. *Possenhofener Str. 5, 82319 Starnberg, T: 08151-4477570, museum-starnberger-see.de*

TIPP ## Museum Villa Stuck

Hier werden Familien und Kinder am Wochenende kreativ. Ein Gesamtkunstwerk ist diese vom Künstler bis ins Detail selbst entworfene Villa, in der die Verbindung von Architektur, Kunst, Musik, Theater und dem Leben Franz von Stucks am Originalschauplatz erfahrbar gemacht wird. Schon die historischen Räume sind toll, noch dazu beherbergen sie Kunst um 1900 sowie zeitgenössische Werke. Das eigens konzipierte Kinder- und Jugendprogramm FRÄNZCHEN, das offene JUGENDzimmer und die regelmäßig am letzten Sonntag des Monats stattfindenden Elternzeit-Familienworkshops machen das Haus samt Künstlergarten zu einem einladenden, besonders kinderfreundlichen Ort. *Prinzregentenstr. 60, 81675 München-Haidhausen, T: 45555510, villastuck.de*

TIPP ## Museum Wald und Umwelt

Was den Umgang mit der Natur angeht, befindet sich unsere Gesellschaft in einem Lernprozess. Das Museum auf der Ebersberger Ludwigshöhe leistet dazu einen Beitrag. Die Dauerausstellung auf zwei Etagen mit rund 300 Quadratmetern Ausstellungsfläche verbindet anschaulich die Geschichte der Waldnutzung und schlägt die Brücke zum gegenwärtigen Klimawandel. Das Jagerhäusl aus dem 18. Jahrhundert versetzt Besucher:innen in vergangene Zeiten, in denen der Wald noch Lebensgrundlage war. Hier lässt sich die immense Bedeutung des Waldes für unsere Vorfahren, die heutige Welt und für nachfolgende Generationen hautnah erkunden und erleben. Mit allen Sinnen können Schulgruppen hier ganz eigene Walderfahrungen machen und Geburtstagsfeiern sind das ganze Jahr über möglich. *Ludwigshöhe 2, 85560 Ebersberg, T: 08092-825552, museumwaldundumwelt.de*

MVG Museum

Eine Straßenbahn von unten angucken oder mal in einem echten U-Bahn-Fahrerstand am Fahrsimulator stehen – all das ist im Museum der Münchner Verkehrsbetriebe möglich. Da erwarten große und kleine Besucher:innen auf 5.000 Quadratemter Ausstellungsfläche historische Omnibusse, Tramwagen aus den verschiedensten Epochen, auf echten Gleisen, wohlgemerkt. Fahrzeugmodelle in unterschiedlichen Maßstäben und ein interaktiver Netzplan machen die Entwicklung des Verkehrs anschaulich. *Ständlerstr. 20, 81549 München-Giesing, T: 344226600, mvg-mobil.de/museum*

Neue Pinakothek

Die Neue Pinakothek wird saniert und bleibt voraussichtlich bis 2025 geschlossen. Auf die wichtigsten Werke des Hauses, das vor allem Kunst des 19. Jahrhunderts zeigt, müssen wir aber nicht gänzlich verzichten. Die Sammlung Schack zeigt eine Auswahl, weitere Gemälde und Kunstobjekte ziehen im Sommer 2022 in den Ostflügel der Alten Pinakothek. Darunter grandiose Meisterwerke wie Van Goghs Sonnenblumen, Spitzwegs Armer Poet oder Pilotys Triumphzug des Germanicus. *Barer Str. 29, 80333 München-Maxvorstadt, T: 23805195, pinakothek.de*

NS-Dokumentationszentrum München

Als Gründungsort der NSDAP ist München wie kaum eine andere Stadt mit dem Aufstieg des Nationalsozialismus verbunden. Seit 2015 gibt es hier einen zentralen Lern- und Erinnerungsort, der in der Dauerausstellung „München und der Nationalsozialismus" an die Verbrechen der NS-Diktatur erinnert und sich mit ihren Ursachen, Ausprägungen und Folgen bis in die Gegenwart auseinandersetzt. Was führte zu Ausgrenzung, Krieg und Vernichtung? Kann man aus der Katastrophe des Nationalsozialismus lernen? Wer nach Antworten sucht, kann sie auf historischem Boden finden. Das NS-Dokumentationszentrum steht auf dem Gelände des "Braunen Hauses", der einstigen Parteizentrale der NSDAP. Als Stätte offener Information und lebendiger Diskussion erfährt dieser Ort nun eine Neubestimmung. Vermittlungsangebote und Führungen für Schulklassen und Familien werden regelmäßig angeboten. *Max-Mannheimer-Platz 1, 80333 München-Maxvorstadt, T: 23367000, ns-dokumenationszentrum-muenchen.de*

Paläontologisches Museum

Mammut, Riesenhirsch und Säbelzahntiger, Dinosaurier-Knochen und im Mittelpunkt das Skelett des Mühldorfer Urelefanten – im Paläontologischen Museum können Kinder eine Zeitreise in die Vergangenheit unternehmen. Das Museum ist der öffentlich zugängliche Teil der Bayerischen Staatssammlung für Paläontologie und Geologie und widmet sich der Entwicklungsgeschichte der Erde und des Lebens auf ihr. Multimedia-Vorführungen, ein Kinderquiz und Führungen für Familien und Gruppen gehören hier auch zum Angebot. *Richard-Wagner-Str. 10, 80333 München-Maxvorstadt, T: 21806630, palmuc.de/bspg*

TIPP ## Pinakothek der Moderne

Großartige Kunstwelt, die sich in vier Bereiche unterteilt: Die Pinakothek der Moderne gehört zu Münchens größten Attraktionen und den bekanntesten Ausstellungshäusern der Welt. Sie vereint auf über 12.000 Quadratmetern vier voneinander unabhängige Museen, die in einer einzigartigen Konstellation Kunst, Grafik, Architektur und Design

Der richtige Ton

—

Lieblings-Musikschulen für Kinder

1
Freies Musikzentrum München

In der 1899 erbauten Haidhauser Villa wird seit 1927 musikalische Geschichte geschrieben. Wo einst die Trapp'sche Musikschule beheimatet war, können heute schon Babys elementare Musikerfahrungen machen, Kinder und Jugendliche Singen und alle möglichen Instrumente spielen lernen. *Ismaninger Str. 29, 81675 München-Haidhausen, T: 4142470, freies-musikzentrum.de*

2
Münchner Klangwelt

Bei der musikalischen Früherziehung in der Schwabinger Musikschule erlernen Kinder zwischen vier und sechs Jahren auf spielerische und kindgerechte Art den Umgang mit Musik lernen und erfahren die Freude am gemeinsamen Musizieren. Dies können sie dann beim Instrumentenunterricht fortsetzen. *Dietlindenstr. 15, 80802 München-Schwabing, T: 18934290, musikschule-muenchner-klangwelt.de*

3
Klaviori Musikschule

Der Name lässt es vermuten, in dieser Musikschule wird Klavierunterricht schon für die Jüngsten ab dreieinhalb Jahren großgeschrieben. Aber auch an Geige oder Gitarre können sie sich hier heranwagen. *Winzererstr. 30A, 80797München-Maxvorstadt, T: 0152-53044823, klaviori.com*

4
Music Academy

An zwei schönen Standorten unterrichten die professionellen MA-Lehrer:innen Kinder ab zwei Jahren in der Musikalischen Früherziehung. Für Kinder und Jugendliche steht ein breites Kursangebot von Akkordeon bis Querflöte bereit. *Tumblingerstr. 21, 80337 München-Ludwigsvorstadt, T: 76754612, Richildenstr. 4, 80639 Münche-Neuhause-Nymphenburg, T: 93003636, music-academy.commatenklang.de*

5
Munich Vocal Coaching

Kinder ab acht Jahren, deren liebstes Instrument ihre eigene Stimme ist, finden hier tolle Gesangslehrer:innen, unterrichtet wird in Sendling, Haidhausen oder am Ostbahnhof. Drei- bis Sechsjährige können bei der musikalischen Früherziehung in Kleingruppen zusammen singen, tanzen, Klänge und Instrumente kennenlernen. *Pariser Str. 21, 81667 München-Haidhausen, T: 0176-20165492, munichvocalcoaching.de*

abdecken. Die transdisziplinäre Programmatik ist visionär und weithin einmalig, auch wenn Künstlerinnen hier leider unterrepräsentiert bleiben. Klingende Namen wie Marcel Breuer, Le Corbusier, Max Beckmann oder Neo Rauch gehören mit ihren Werken zur ständigen Sammlung. Allein das Gebäude mit berühmter Rotunde, mit offenen und luftigen Räumen und beeindruckender Glaskuppel ist Sehenswürdigkeit für sich. Am Wochenende locken Familienführungen samt Kinderprogramm. *Barer Str. 40, 80333 München-Maxvorstadt, T: 23805360, pinakothek.de*

TIPP Residenz München

Der herrschaftliche Bau in der Residenzstraße war einst Münchner Stadtschloss und Residenz der bayerischen Herzöge, Kurfürsten und Könige. In den prächtigen Räumen kann man sich in die Welt der fürstlichen und königlichen Familien zurückversetzen. In der Schatzkammer funkeln Kronen, juwelenbesetzter Schmuck, aber auch feines Besteck aus Gold oder andere alltägliche Gegenstände aus edlen Materialien um die Wette. Im Residenzmuseum kann man die herrschaftlichen Räumlichkeiten des Adels durchschreiten. *Residenzstr. 1, 80333 München-Altstadt, T: 179080, residenz-muenchen.de*

Sammlung Schack

Die Sammlung Schack zeigt die bis heute unveränderte Gemäldesammlung des Literaturhistorikers Graf von Schack (1815-1894). Mit wenigen Ausnahmen besteht diese überwiegend aus Landschafts- und Historienbildern sowie Sagen und Mythen des 19. Jahrhunderts. Ein idealistischer Kunstbegriff ist hier bestimmend: Besucher:innen werden mit Gemälden wie Böcklins „Villa am Meer" oder Schwinds „Morgenstunde" in eine außergewöhnliche Welt der Sehnsüchte und Träume dieser Ära entführt. Dank frühpädagogischem Kunstvermittlungsprogramm „Kunst und Spiele" können sich bereits Kitakinder ab zwei Jahren auf eine magische Welt einlassen. *Prinzregentenstr. 9, 80538 München-Lehel, T: 23805224, pinakothek.de*

Schlossmuseum Ismaning

Das Schlossmuseum bietet einen Einblick in mehr als 1200 Jahre Ismaninger Geschichte. Hier könnt ihr erfahren, wie das kleine Bauerndorf zu einem Schloss kam, warum der Ort erst 1802 bayerisch wurde und was Napoleon damit zu tun hatte. Auch das Ismaninger Kraut – über 500 Jahren lang das bedeutendste landwirtschaftliche Erzeugnis – wird im Museum gewürdigt. Modelle der alten Bahnhofsanlage, der Seidl-Säge und der „kleinsten Papierfabrik der Welt" versetzen euch zurück in die Zeit um 1950. Willi Wasserturm, Madame Spuki und Gustl Krautkopf begleiten

Familien im Schlossmuseum bei einer Museums-Rallye. Dank vorbereiteter Museumstasche können sich Kinder im Grundschulalter selbstständig auf einen spannenden Rundgang durch das Museum begeben. *Schloßstraße 3a 85737 Ismaning, T: 960900153, schlossmuseum-ismaning.de*

Schlossmuseum Murnau

Natur, Kunst und Kultur gehen in Murnau Hand in Hand. Das den Ortskern bestimmende Schlossmuseum bietet seinen Besucher:innen eine erlesene Sammlung. Herzstück sind Werke von Gabriele Münter sowie Arbeiten der Künstler:innen der „Neuen Künstlervereinigung München" und des „Blauen Reiter" von Kandinsky, Marianne von Werefkin oder Alexej von Jawlensky. Die Exponate veranschaulichen, wie die Künstler:innen seit 1908 in Murnau und Umgebung ihre Bildmotive fanden, die bayerische Volkskunst – insbesondere die Hinterglasmalerei – kennenlernten und hier der entscheidende künstlerische Schritt zu einer neuen expressiven Malerei gelang. Ferienprogramme, Mitmachaktionen und ein digitales Angebot für zu Hause bereichern das Programm für Familien. *Schloßhof 2-5, 82418 Murnau a. Staffelsee, T: 08841-476-201, schlossmuseum-murnau.de*

Spielzeugmuseum

Im alten Rathausturm, direkt am Münchner Marienplatz, versteckt sich das kleine Spielzeugmuseum. In den Gemäuern des Turms, die selbst ein wenig einer Puppenstube ähneln, sind zahlreiche Spielsachen aus den unterschiedlichsten Epochen der letzten beiden Jahrhunderte ausgestellt, die ältesten Stücke stammen aus dem Jahr 1800. Puppen, Holzspielzeug, aufziehbare Figuren, aber auch Spielburgen, Roboter und Tier- und Comicfiguren warten hier auf neugierige Besucher:innen. *Marienplatz 15, 80331 München-Altstadt, T: 294001, spielzeugmuseummuenchen.de*

Staatliche Antikensammlung und Glyptothek

Kinder und Jugendliche können in den Museen am Königsplatz auf vielfältige Art und Weise in das Leben der Antike eintauchen. Das Spektrum der Veranstaltungen reicht von individuellen Touren mit Material für Entdecker:innen, Führungen mit anschließenden Kreativangeboten über Kindergeburtstage bis hin zu mehrtägigen Workshops, die über das Museumspädagogische Zentrum MPZ gebucht werden können. Glauki, die Museumseule, begleitet Interessierte via Mediaguide witzig, wissbegierig und bisweilen auch tollpatschig durch die Glyptothek. Ihr zur Seite steht die allwissende Göttin Athena. In Führungen können Kinder Meisterwerke wie den Kuros von Tenea, den Barberinischen Faun, die Athena von Ägina, den Augustus

Bevilacqua oder den Knaben mit der Gans spielerisch kennenlernen. Das kinderfreundliche Café, die Spielwiese auf dem Königsplatz zwischen den Museen sowie der Spielplatz auf der Westseite der Glyptothek sorgen nach dem Museumsbesuch für leibliches Wohl und Entspannung. *Königsplatz 1 und 3, 80333 München-Maxvorstadt, T: 28927502, antike-am-koenigsplatz.mwn.de*

TIPP Staatliches Museum Ägyptischer Kunst

Das SMÄK im Zentrum des Kunstareals nimmt euch mit auf Entdeckungsreise durch fünf Jahrtausende Kunst und Kultur des Alten Ägypten und des Antiken Sudan. Schon die Architektur lässt Assoziationen mit Königsgräbern und Tempelanlagen aufkommen: Die Räume des 2013 eröffneten Neubaus liegen komplett unterirdisch und eine 17 Meter hohe Portalwand markiert den imposanten Eingang gegenüber der Alten Pinakothek. Antike Kulturen mit ihren Schätzen und Mythen haben auf Groß und Klein eine faszinierende Ausstrahlung – entsprechend beliebt sind die Familienführungen mit anschließenden Workshops, die jeden zweiten und vierten Sonntag im Monat zu wechselnden Themen stattfinden. Wer sich den archäologischen Rucksack ausleiht, kann ganz individuell mit verschiedenen Aufgaben im Gepäck auf Expedition gehen. Das Haus versteht sich ausdrücklich als familienfreundlich, so sind auch Leih-Tragetücher und -Buggys an der Museumskasse erhältlich. Stillen ist in der gesamten Ausstellung ausdrücklich erlaubt. *Gabelsbergerstr. 35, 80333 München-Maxvorstadt, T: 28927630, smaek.de*

Stadtmuseum Freising

Aufgrund von Sanierungsarbeiten bleibt das Museum noch bis voraussichtlich 2023 geschlossen. Das neue, von 250 auf 750 Quadratmeter erweiterte Stadtmuseum im ersten Stock des Asamgebäudes soll dann nicht nur eine facettenreiche Kultureinrichtung sein. Vielmehr auch ein Ort des Genusses, der Emotion und der Inspiration, der dazu dient, die heutige Stadt Freising als altehrwürdigen Geschichtsplatz zu verstehen. Für Schulklassen und andere interessierte Gruppen bietet das Stadtmuseum Freising während seiner Schließzeit das mobile Programm „Der rollende Koffer". *Marienplatz 7, 85354 Freising, T: 08161-5444555, freising.de/kultur-freizeit/stadtmuseum*

TIPP Städtische Galerie im Lenbachhaus und Kunstbau München

„WAS TUN!" ist das Vermittlungsprogramm des Lenbachhauses mit Aktivitäten für unterschiedlichste Personen-

GASTEIG HP8

Der Gasteig

jetzt in Sendling

Programm für die ganze Familie · gasteig.de

Foto © Tobias Hase

TIPP DER
REDAKTION

Zukunfts-
trächtig

—

BIOTOPIA Lab

Bis das neue Museum gebaut ist, gibt das
BIOTOPIA Lab einen Ausblick darauf, wie
Lebens- und Umweltwissenschaften modern,
interdisziplinär und spannend vermittelt
werden können – wir sind Fans! Und gespannt
auf das Flower Power Festival rund um Natur,
Stadt und Kultur (03.02.–07.10.2023). *Seite 56*

gruppen und deren Bedürfnisse: Kinder, Jugendliche und dürfen sich ebenso angesprochen fühlen wie Senior:innen. Auch Eltern mit Babys werden mit den geführten Rundgang „Frisch gebacken" gezielt eingeladen, mit ihrem Nachwuchs durch die Dauer- oder Wechselausstellungen zu schlendern. Noch bis September 2022 bespielt „Mouse on Mars" den Kunstbau mit einer Sound-Installation. „Rosemary Mayer – Ways of Attaching" wird von Juni bis September 2022 mit faszinierenden Textilskulpturen aufwarten und ab Oktober 2022 zeigt das Lehnbachhaus „Etel Adnan" als eine bedeutende Vertreterin der Moderne im Austausch zwischen der arabischen und westlichen Welt. *Luisenstr. 33, 80333 München-Maxvorstadt, T: 23332000, lenbachhaus.de*

Sudetendeutsches Museum

Ein neues Erlebnis namens Heimat: Das Sudetendeutsche Museum ist zentrale Kulturstätte der deutschsprachigen Bevölkerung in den böhmischen Ländern und spannt einen Bogen über 1.100 Jahre bewegte Geschichte. Dabei entsteht das Bild einer beispielhaften Kulturlandschaft von gesamteuropäischer Bedeutung. Im Oktober 2020 eröffnet, beherbergt das Haus unter anderem das längste Motorrad der Welt von der Marke Böhmerland. Ein modernes Konzept mit interaktiven Medienstationen und viersprachigem Multimediaguide leitet kurzweilig durch die Ausstellung. *Hochstr. 10, 81669 München-Au-Haidhausen, T: 48000337, sudetendeutsches-museum.de*

Südostbayerisches Naturkunde- und Mammut-Museum Siegsdorf

Siegsdorf ist ein Ort, dessen Untergrund aus Ablagerungen von vier verschiedenen, längst vergangenen Meeren besteht. Aus einer kleinen, sumpfigen Stelle wurde dabei eine der wichtigsten Fundstellen Europas. Das Siegsdorfer Naturkunde- und Mammut-Museum verdankt seine Entstehung der Entdeckung von ca. 45.000 Jahre alten Mammut-Knochen, die heute zum besterhaltenen Mammutskelett Europas gehören. Auch der Höhlenlöwe, das Wollnashorn, der Riesenhirsch – und auch schon der Mensch – bevölkerten die Gegend damals. Vier Stockwerke mit Grundlagen zur Geologie, Fossilien, den Giganten der Eiszeit und einem Blick in die Welt der Steinzeit machen einen Besuch zum nachhaltigen Erlebnis. Verschiedene Veranstaltungen für Kinder und Familien wie „Sommer in der Steinzeit", „Steinzeit-Handwerk mit Bernstein" oder „Steinzeitspaß" sorgen für genau diesen. Führungen mit Feuer, Schnupperkurse und ein Alpen-Gletscher-Spezial werden ebenfalls angeboten. *Auenstr. 2, 83313 Siegsdorf, T: 08662-13316, museum-siegsdorf.de, steinzeit-siegsdorf.de*

TimeRide München

Virtuell durch Raum und Zeit reisen? Seit September 2019 könnt ihr euch dank Virtual Reality im Zeitraffer durch über 7.000 Jahre bayerische Geschichte begeben. In einem Pfauenwagen – einem abenteuerlichen Fluggerät, das kein Geringerer als König Ludwig II. erdacht hat – seid ihr unterwegs zu neuen Dimensionen. Von den ersten Siedlungen auf bayerischem Boden über die Geburtsstunde des Oktoberfests 1810 bis zu Ludwigs II. Lebzeiten am Schloss Neuschwanstein. Dieser virtuelle Flug trägt euch durch die Epochen zu historischen Stätten und bedeutenden Ereignissen. *Tal 21, 80331 München-Altstadt, T: 26010116, timeride.de*

Urweltmuseum Neiderhell

Auf über 460 Quadratmetern Ausstellungsfläche werden mehr als 2.800 Fossilien und Mineralien präsentiert. Das Sammeln von Fossilien ist jahrzehntelange Familientradition im Hause Neiderhell, die mit der Eröffnung des Urweltmuseums im Jahr 2001 ihre private Sammlung öffentlich machten. Schautafeln vermitteln kleinen und großen Forscher:innen dabei spannende Informationen. Alle Funde stammen aus den Epochen des Präkambriums bis zum Quartär vor zwei Millionen Jahren. Nach dem Besuch lädt ein Erlebnis-Landgasthof direkt neben dem Museum mit Biergarten unter Kastanienbäumen und Schildkrötenteich zur Einkehr ein. *Steinbrucker Str. 4, 83064 Kleinholzhausen, T: 08034-1894, urweltmuseum.de*

Urzeitmuseum – Sammlung Kapustin

Seltsame Urzeittiere, gigantische Dinosaurier und echte fossile Knochen erwarten euch im Urzeitmuseum im Landkreis Erding. Ein 18 Meter langes Brachiosaurus-Skelett, zwei Messeler Urpferdchen, viele weitere Originale und 20 lebensechte Modelle werden hier neben neuester prähistorischer Forschung attraktiv in Szene gesetzt – in den Innenräumen als auch im Dinogarten. Bei schönem Wetter können sich kleine Forscher:innen im Grabungsfeld austoben oder sich bequem im Dino-Bollerwagen durch die Anlage ziehen lassen. „Lebende Fossilien" aus der Pflanzenwelt sind auf einem paleobotanischer Lehrpfad anschaulich angelegt. *Attinger Weg 9, 84416 Taufkirchen, T: 0151-21483443, urzeitmuseum.de*

Valentin-Karlstadt-Musäum

Das Isartor beherbergt schon seit 1959 das Valentin-Karlstadt-Musäum. Eine Mischung aus informativen Einheiten und kuriosen Überraschungen präsentiert Leben und Wirken von Karl Valentin und seiner kongenialen Partnerin Liesl Karlstadt. Besonders beliebt ist auch das Kino und

die Volkssänger:innenausstellung. Eine der Sonderausstellung geht noch bis November 2022 der Frage nach,
ob Karl Valentin als Olympionike 1972 am Radrennen
teilgenommen hat. Selbst eine Neubewertung der ersten
Mondlandung ist hier nicht ausgeschlossen. Immer mal
wieder bietet das Musäum auch Veranstaltungen für Kinder über das MPZ an. *Tal 50, 80331 München-Altstadt,
T: 223266, valentin-musaeum.de*

Technik und Naturwissenschaften

Bayerische Volkssternwarte

Kinder ab etwa fünf Jahren können bei einem Besuch der
„Sternstunden für Kinder" in der Volkssternwarte große
Augen machen. Bei altersgerechten Führungen geht es
in Gruppen durch die Ausstellung mit Modellen und
echtem Meteorit, durch das Planetarium mit Sternenhimmel und auf die Besucherplattform zu den Teleskopen.
Flappi, die neugierige Fledermaus, stellt viele Fragen zum
Himmel, aber auch die Märchenstunde unterm Sternenhimmel oder die Betrachtung kosmischer Weltallrekorde
für Kinder bis zwölf Jahre sind beliebte Veranstaltungen
im Kinderplanetarium und über die Homepage buchbar.
*Rosenheimer Str. 145h, 81671 München-Berg am Laim,
T: 406239, sternwarte-muenchen.de*

TIPP BMW Welt und BMW Museum

Die BMW Welt vereint futuristische Architektur mit fes-
selnden Einblicken in Gegenwart und Zukunft der Mobilität. Neben der Dauerausstellung mit rund 120 Original-
Exponaten finden in der Rotunde und „Museumsschüssel"
Wechselausstellungen zu unterschiedlichen Themen-
schwerpunkten statt. Für Kinder ab fünf Jahren gibt es
Workshops und Ferienangeboe im Rahmen des BMW
Group Junior-Programms – von der Social Media-Bilder-
jagd über Designworkshop und Bastelaktion bis zum Ausflug ins Future Lab ist alles dabei. *Petuelring 130, 80788
München-Milbertshofen, T: 125016001, bmw-welt.com*

Deutsches Museum Flugwerft Schleißheim

Von der historischen Flugwerft zum Museum für Luft- und
Raumfahrt: Die Flugwerft Schleißheim wurde 1912-1919
für die Bayerischen Fliegertruppen gebaut und zählt heute
zu den ältesten erhaltenen Flugplatzbauten in Deutschland. In der gläsernen Restaurierungswerkstatt lässt sich
beobachten, wie Flugzeuge noch heute restauriert wer-

den. Bei verschiedenen Führungen lernen Kinder Flug-
zeuge, Hubschrauber, Motoren und Triebwerke aus der
Nähe kennen. *Effnerstr. 18, 85764 Oberschleißheim,
T: 2179333, deutsches-museum.de*

Deutsches Museum Verkehrszentrum

Von der Pferdekutsche über die Dampflok und die historische Tram bis zum E-Bike: Das Verkehrszentrum des
Deutschen Museums bietet eine einzigartige Ausstellung
zur Geschichte und Gegenwart von Verkehr und Mobilität. Als Ort der Reflexion über geschichtliche Entwicklun-
gen ist das Museum bestens geeignet, über Verkehrs-
probleme von heute und Lösungsansätze für morgen zu
informieren. Dank Führungen und Workshops sind auch
Kinder eingeladen, sich tiefer mit der Materie zu beschäf-
tigen oder mit Forscher:innenbögen bunte Touren und
einen Erfinder:innenpfad selbst zu erkunden. *Am Bavariapark 5, 80339 München-Schwanthalerhöhe, T: 2179333,
deutsches-museum.de/verkehrszentrum*

TIPP ESO Supernova Planetarium und Besucherzentrum

Wolltet ihr schon immer mal wie echte Astronaut:innen
den Blick ins All richten? Beim ESO Supernova Planetarium
– dem hochmodernen astronomischen Zentrum für die
Öffentlichkeit – kommt ihr den Sternen sehr nah. Im April
2018 wurde das größte Besucherzentrum für Astronomie
Europas eröffnet. Die Dauerausstellung beschäftigt sich
auf 2.200 Quadratmetern mit den Fragen nach Leben im
Universum im weitesten Sinne. Sehenswert sind auch
die in die Kuppel projizierten Shows: „Die Abenteuer von
Rosetta und Philae", „Dort Draußen – die Suche nach
fremden Welten" oder „Jenseits der Sonne". Auch regelmäßig stattfindende Workshops stellen elementare Fragen zum Thema Raum und Zeit: Wie sammelt man Ster-
nenlicht? Wie können wir Unsichtbares sehen? Der Eintritt
in die Ausstellung ist während der Öffnungszeiten kostenlos, Zeitfenster-Tickets lassen sich online reservieren.
Für Kindergeburtstage gibt es zwar kein spezielles Angebot, ihr könnt dafür jedoch eine der Führungen buchen
und dann den Picknickbereich und die angrenzende Sonnenterrasse zum Kuchenessen nutzen. *Karl-Schwarzschild-
Str. 2, 85748 Garching, T: 32006900, supernova.eso.org*

HABA Digitalwerkstatt München

Es war schon vorher sichtbar, doch die Corona-Pandemie
hat uns die Notwendigkeit und Vorteile der Digitalisierung klar vor Augen geführt. In der HABA Digitalwerkstatt
werden Kinder zwischen sechs und zwölf Jahren auf an-
schauliche Art und Weise an einen kreativen und vor allem

Kunstvoll feiern

Kinderkunsthaus

Ab 5 Jahren, max. 12 Kinder,
ab 130 Euro

*Römerstr. 21, 80801 München-Schwa-
bing, T: 33035770, kinderkunsthaus.de*

Wir sind ausgesprochene Fans dieses Ortes, der die Kreativität von Kindern feiert und fördert. Wenig überraschend also, dass man auch den schönsten Tag im Jahr mit Kindern am kunstvollsten im Kinderkunsthaus feiern kann. Dort stehen Räumlichkeiten, Materialien, Werkzeuge und vor allem die Expertise der Kursleiter:innen bereit, um Geburtstagskindern und ihren Freund:innen eine wundervolle Zeit mit kreativen Aktionen zu bereiten. Freitag nachmittags sowie Samstag und Sonntag vormittags und nachmittags können hier im Rahmen eines Geburtstagsworkshops coole Selbstporträts gezeichnet, kleine Objekte modelliert, verschiedene Stoffe bestempelt, originelle Stop-Motion-Filme produziert, farbenfrohe und aussagekräftige Plakate, Poster oder Karten entworfen und gestaltet werden.

bewussten Umgang mit den digitalen Möglichkeiten herangeführt. *Nymphenburger Str. 120, 80636 München-Neuhausen, digitalwerkstatt.de*

Planetarium im Deutschen Museum

In einer sehr klaren Nacht könnte man theoretisch von München aus mehr als 3.500 Himmelskörper sehen. Doch Luft- und Lichtverschmutzung verhindern einen optimalen Blick in den Sternenhimmel. Im Planetarium im Deutschen Museum dagegen können sich Besucher:innen nicht nur einen perfekten Münchner Nachthimmel ansehen, sondern auch das Himmelszelt über jedem beliebigen Punkt der Erde. Oder so, wie er um Christi Geburt ausgesehen hat – oder wie er in 1.000 Jahren aussehen wird. Dafür sorgt der hochmoderne Lichtfaser-Sternenprojektor Zeiss-Skymaster ZKP4. Wer also Planeten anfliegen und unser Sonnensystem oder die Milchstraße mal betrachten möchte, ist hier goldrichtig. *Museumsinsel 1, 80538 München-Isarvorstadt, T: 21791, deutsches-museum.de*

TIPP Sternenpark Winklmoosalm

Auf der Winklmoosalm bei Reit im Winkl wurde im Mai 2018 der erste anerkannte Sternenpark der Alpen eröffnet. Sternenparks bieten aufgrund der sehr geringen Lichtverschmutzung außergewöhnliche Naturlandschaften und einen atemberaubenden Blick in den Nachthimmel. Sie helfen, die faszinierende Schönheit des Sternenhimmels als wertvolles Gut und Kulturgut zu erhalten und schützen auch den Lebensraum für viele tag- und vor allem nachtaktive Tiere. Was ist ein Stern, wie entsteht er, warum leuchtet er, warum und wie stirbt er? Oder ist das, was man da sieht, ein Planet? Laienverständlich und auf lockere Art erklärt der Physiker Manuel Philipp Erwachsenen und Kindern ab acht Jahren das Weltall, die Sternenführungen finden von Mai bis Oktober statt. *83242 Reit im Winkl, T: 0174-3049099, abenteuer-sterne.de*

TIPP Walchenseekraftwerk

Eindrucksvoll fügt sich seit 1924 das Walchenseekraftwerk an den Berghang zwischen Kochel-und Walchensee. Die langen Rohre reichen vom sogenannten Wasserschloss bis hinunter zum Kraftwerk. Der Höhenunterschied von rund 200 Metern wird zur umweltfreundlichen Energiegewinnung durch Wasserkraft genutzt. Es lässt sich nur erahnen, mit welcher Kraft das Wasser hier herunterstürzt, um die Turbinen unten am Kochelsee anzutreiben. Ein interaktives Informationszentrum ergänzt dieses Technik-Monument anschaulich auch für Kinder und Jugendliche. *Informationszentrum Walchenseekraftwerk, Altjoch 21, 82431 Kochel am See, T: 085177225, walchenseekraftwerk.de*

Bühnen

Alexander Krist Theater

Der Zauber des Augenblicks lässt sich in diesem besonderen Table Magic Theater hautnah erleben. Im Stil eines Amphitheaters sitzen die Zuschauer:innen um den Tisch des Magiers und können alle Tricks und Kniffe aus einer Entfernung von weniger als fünf Metern verfolgen. Drei komplett verschiedene Kinder-Zaubershows stehen im Magischen Salon auf dem Programm – Mitmachen und Staunen ist die Devise, wenn Lothar Vogt als Zauberer Beruza alle Gäste von vier bis acht Jahren zum Mitzaubern einlädt. Mit der Eröffnung des KRISTELLI Theaters am Münchner Olympiapark gibt es ab sofort eine weitere Adresse für magische Unterhaltung aus dem Hause Krist. *Unter Anger 3, 80331 München-Altstadt, T: 54809950, magic-theater.de*

ars musica

Im schönen Stemmerhof kommen auf der Konzert- und Kleinkunstbühne ars musica auch regelmäßig Kindertheaterstücke zur Aufführung, vor allem Improtheater für Kinder ab vier Jahren, bei dem die Schauspieler:innen mit dem Publikum zusammen spontan Ideen aufgreifen und Geschichten erfinden. Immer neu, immer anders – super für fantasiebegabte Kinder und alle, die sich an Unerwartetem erfreuen. *Plinganserstr. 6, 81369 München-Sendling, T: 66698597, ars-musica-muenchen.de*

TIPP Bayerische Staatsoper – Bayerisches Staatsballett

Wie wird in der Oper das unterschiedliche Licht erzeugt? Wer sagt den Sänger:innen den Text ein? Die „Abenteuer Oper"-Führung beantwortet diese Fragen und macht neugierig auf die Welt der Oper und den riesigen Betrieb, der dahinter steckt. Die Führungen sind ausschließlich für Kinder, für die Eltern findet parallel eine Erwachsenenführung statt. Mit Sitzkissen-Konzerten wendet sich die Staatsoper an Interessierte zwischen vier und sieben Jahren: In der Parkett-Garderobe des Nationaltheaters, auf Sitzkissen und in unmittelbarer Nähe zu den Musizierenden und Erzählenden hören und sehen die Kinder, wie Geschichten in Musik, Gesang und Worten erzählt werden. Ebenso werden umfangreiche Workshops unter dem Titel „SpielOper" bzw. „SpielBallett" angeboten, um das jüngste Publikum auf den Aufführungsbesuch mit den Eltern vorzubereiten. Toll sind stets die Produktionen für Kinder. *Max-Joseph-Platz 2, 80539 München-Altstadt, T: 218501, staatsoper.de, maestro-margarini.staatsoper.de*

Moderne Held:innen

Bayerische Staatsoper

Hunderte Jahre alt und doch segelt das traditionsreiche Opernhaus am Geist der Zeit und bringt mit seinen Inszenierungen für Kinder wie „Max und die Superheld:innen" frischen Wind in Stücke wie Carl Maria von Webers „Der Freischütz". Auch die Familienvorstellungen sind ein super Tipp, dabei lernen selbst die Eltern noch dazu. *Seite 74*

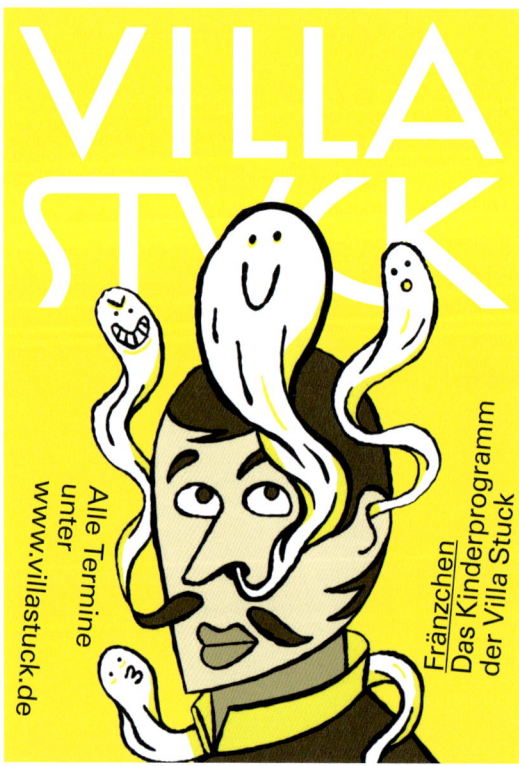
Circus Krone

Fliegende Menschen, Zauber:innen, Akrobat:innen und große wie kleine Tiere – willkommen beim Circus Krone. Der Bau ist das einzige feste Zirkusgebäude im deutschsprachigen Raum und bietet rund 3.000 Menschen Platz – mit barrierefreiem Zugang. Jedes Jahr im Winter führt der Zirkus vom ersten Weihnachtstag bis Anfang April drei unterschiedliche Programme im monatlichen Wechsel auf. Den Sommer über tourt der Zirkus durch Europa. Währenddessen finden in der Manege Konzerte und Shows statt. *Marsstr. 43, 80335 München-Maxvorstadt, T: 5458000, circus-krone.com*

Circus Leopoldini

Der Circus Leopoldini ist eine echte Kinder- und Jugendzirkusschule. Die heute rund sechzig Elf- bis 13-jährigen Artist:innen präsentieren in jedem Jahr, eingebunden in eine spannende Geschichte, ihr stetig wachsendes Können in Vorstellungen vor großem Publikum im Zirkuszelt. Jede:r der Schüler:innen muss in der Leopoldini- Zirkusschule alle Disziplinen durchlaufen. Entsprechend vielseitig können die Nachwuchstalente schon in diesem jungen Alter mit Akrobatik und Artistik verzaubern. *Theater Leo17: Leopoldstraße 17, 80802 München-Schwabing und Zirkuszelt im Westpark, 81373 München-Sendling, circus-leopoldini.de*

Deutsches Theater München

Shows und Musicals wie „Cats", „Rocky Horror Show", „Falco – das Musical", „STOMP" oder Janoschs „Oh, wie schön ist Panama" stehen auf dem Programm für 2022/2023, das auf jeden Fall auch Kinder und Jugendliche begeistert. In der kommenden fünften Saison wird im Deutschen Theater hoffentlich auch wieder der alljährliche Kinderfasching gefeiert werden können, mit kreativen Spielen und Tänzen und großem Konfettiregen. *Schwanthalerstr. 13, 80336 München-Ludwigsvorstadt, T: 55234444, deutsches-theater.de*

FestSpielHaus

Neben seinen Theaterwerkstatt-Projekten mit Jugendlichen und Erwachsenen bietet das FestSpielHaus auch Kindertheater an. Die Yorick's Company, dessen Ensemble für jede Produktion neu zusammengestellt wird, erzählt starke Geschichten: originell, leidenschaftlich, anarchisch, mit Livemusik, Theatermagie und jeder Menge Action. Mit „Alles Klasse!" kommen das Theater oder vielmehr einzelne Schauspieler:innen auch direkt ins Klassenzimmer und bringen Geschichten vom alten Griechen Pythagoras oder Goethes Gedichte gleich mit. *Rosenheimer Str. 192, 81669 München-Ramersdorf, T: 672020, festspielhaus.biz*

Galli Theater

Seit über 30 Jahren zeigt das Galli Theater die beliebtesten Märchen, kindgerecht inszeniert. Kinder lernen über das Miterleben der Geschichten, ihre Gefühle auszudrücken und einzuordnen, und Erwachsene können sich daran erfreuen, dem Alltag eine Weile zu entfliehen. Das Märchen-Karussell setzt sich jeden Sonntag ab 16:00 Uhr in Bewegung. Ferienprogramme und Kindergeburtstag-Mitspieltheater mit Themen für Kleinkinder bis hin zu Belangen Jugendlicher gehören hier ebenfalls zum kreativen Repertoire. *Türkenstr. 86, 80799 München-Maxvorstadt, T: 20324055, galli-amalienpassage.de*

Hofspielhaus

Zwischen Staatsoper, Kammerspielen und dem Marienplatz liegt es leicht versteckt: das Hofspielhaus mit individuell kuratierter Theaterbühne, auf der auch Eigenproduktionen für Kinder zur Inszenierung kommen. Hier ist alles möglich, hier darf alles sein, denn das Hofspielhaus ist nicht nur ein Ort des Theaters, sondern ebenso der Kunst und der Begegnung im Herzen Münchens. Das neue Kinderprogramm „Kinderlachen im HOFSPIELHAUS" jeden ersten Sonntag im Monat reicht von Buchvorlesungen über Quiz bis hin zu Yoga und Improvisationsschauspiel. Im Sommer 2022 sind wieder Open Air-Gastspiele beim Theatersommer Tutzing am Starnberger See geplant. *Falkenturmstr. 8, 80331 München-Altstadt, T: 24209333, hofspielhaus.de*

Kleines Theater Haar

Apotheke, Bettenlager, Kino – die Geschichte des Hauses ist lang. Heute ist das Kleine Theater Haar wieder das, was es immer sein sollte: ein Kulturort mit vielseitigem Programm, bestehend aus Theaterstücken für kleine und große Zuschauer:innen, dazu gibt es Konzerte und Kabarett. Sehr beliebt sind auch die oft musikalischen Feierabend-Veranstaltungen im Café oder auf der Außenbühne mit Garten. Die herrliche Jugendstilvilla, der Theatersaal, das Café oder der Seminarraum lassen sich auch für private Feste und Feierlichkeiten buchen. *Casinostr. 6, 85540 Haar, T: 890569810, kleinestheaterhaar.de*

Kleines Theater im Pförtnerhaus

Seit nun schon 30 Jahren führt der Kasperl im „Kleinen Theater im Pförtnerhaus" Regie. Idyllisch liegt es in einem kleinen Park direkt oberhalb des Stauwehrs. In näherer Umgebung finden sich verschiedene Spielplätze, über einen Fußweg kommt ihr auch schnell ins Grüntal, in die Isarauen oder zum Stauwehr mit Übergang in den Englischen Garten. So lässt sich ein Theaterbesuch prima mit ein wenig Bewegung an der frischen Luft kombinieren. Als Handpuppentheater mit liebevollen Inszenierungen spricht die Bühne besonders jüngere Kinder zwischen drei und neun Jahren an. Highlight sind auch die berühmten Kasperlwaffeln im kleinen Theatercafé. Für Geburtstagsfeiern lässt sich ein individuelles Programm vereinbaren – vom einfachen Theaterbesuch mit Drehorgel-Begleitung oder einer Feier mit Schatzsuche bis zur aufwendigen Themenparty mit Kinderdisco. *Oberföhringer Str. 156, 81925 München-Bogenhausen, T: 953125, kasperlbuehne.de*

Kristelli Theater

Viele kennen Alexander Krist aus seinem charmanten Table Magic Theater in der Münchner Innenstadt. Mit seiner neuen Show „The Greatest Magic im Kristelli" erschafft er nun in Reichweite des Olympiaparks auf großer Bühne und im Theater seiner Träume eine ganz besondere Form der Magie. Es ist keine Show, bei der einfach das Programm abgespielt wird, sondern die vom und mit dem Publikum lebt und Groß und Klein von Anfang an begeistert. *Schwere-Reiter-Straße 15, 80637 München-Schwabing, T: 54809950, krist-live.de*

KulturBunt Neuperlach

Wirft man einen offenen Blick nach Neuperlach, dann entdeckt man hier einladende und bunte Seiten, zum Beispiel das Kulturhaus und das Pepper-Theater. Zwei Orte, die zusammengehören und zusammenspielen – gemeinsam sind sie KulturBunt. Theater, Konzerte und auch immer mehr Vorstellungen und Aktionen für Kinder und Jugendliche füllen das vielfältige, interkulturelle Programm. Kulturhaus: *Hanns-Seidel-Platz, 81737 München-Neuperlach, T: 63891845, PEPPER-Theater: Thomas-Dehler-Str. 12, 81737 München-Neuperlach, T: 63891845, kulturbunt-neuperlach.de*

NEU Marionettentheater Bille

Seit April 2022 spielt das Marionettentheater Bille im Maria Magdalena Haus in Unterschleißheim auf. Nachmittags werden hier Märchenklassiker wie der Froschkönig, Aschenputtel, Rumpelstilzchen, Tischlein deck dich, Peter und der Wolf und vieles mehr gezeigt, abends gibt es Stücke wie für Erwachsene – ebenfalls mit Puppen in den Hauptrollen. Für kleine Theaterfans kann die gesamte Marionettenbühne auch für eine Geburtstagsgesellschaft gebucht werden oder ihr besucht das Theater nach Absprache einfach eine Stunde vor Programmbeginn mit Kuchen und Co. *Raiffeisenstr. 25, 85716 Unterschleißheim, T: 1502168, marionettentheater-ush.de*

Kultur für kleines Geld

Kinder können Kunst

Jeden Sonntag können Kinder zwischen fünf und zwölf Jahren kostenfrei bei Touren und Kreativworkshops die Sammlungen der Pinakotheken erkunden und sich wechselnden von den Exponaten inspirierten Themen widmen. *Pinakotheken, Seite 54, 66*

Gasteig gratis

Kulturelle Teilhabe soll nicht am Geldbeutel scheitern – der Gasteig bietet täglich kostenfreie Kulturerlebnisse: Austellungen, Konzerte, Lesungen, Sprachcafés, Vorträge und Workshops. Auch für Kinder findet sich viel Spannendes im Gratisprogramm, insbesondere zu den jährlichen Highlights Kinderkrimifest und Bücherschau junior. *muenchner-buecherschau-junior.de, kinderkrimifest.de, Gasteig, Seite 85*

KulturKinder

Rund 70 Münchner Kulturveranstalter:innen stellen dem Verein KulturRaum regelmäßig kostenlose Tickets für Kinderkonzerte, Kinderkino, Kindertheater und verschiedenste Workshops zur Verfügung. Kinder unter 13 Jahren, deren Eltern über ein geringes Einkommen verfügen, können als KulturKinder angemeldet werden und dann bei Gelegenheit diese kostenlosen Kulturangebote wahrnehmen. *Infos und Anmeldung unter kulturraum-muenchen.de*

KulturKick

Das kostenlose Angebot von KulturRaum richtet sich an Jugendliche und junge Erwachsene von 14 bis 21 Jahren, die sich anmelden und dann eigenständig einmal im Monat jeweils zwei Tickets auf der KulturKick-Website buchen können. *Infos unter kultur-kick.de*

Ein-Euro-Sonntag

Sonntags ins Museum – dann kostet der Eintritt in Die Pinakotheken, Antikensammlungen oder das Museum Fünf Kontinente für Erwachsene nur einen Euro. Kinder und Jugendliche bis 18 Jahre kommen immer kostenlos in die genannten und etliche weitere der Münchner Museen. *muenchen.de*

KinderKulturSommer

Jedes Jahr im Sommer lockt das mehrtägige Kinderkulturfestival: Auf der großen Bühne und in den Foyers der Alten Kongresshalle, auf der Außenbühne, in Zelten rund um den Schneckenplatz und im Verkehrszentrum des Deutschen Museums lässt sich die Bandbreite kultureller Bildungsangebote für Kinder und Jugendliche eintrittsfrei erleben. An den zwei Tagen davor tourt „KiKS unterwegs" mit Aktionen und Veranstaltungen durch die Stadt. *03.–06.06.2022, kiks-muenchen.de*

Kinder an die Macht

Der Kultur & Spielraum e.V. steckt hinter vielen fantastischen und fantasievollen Projekten für Kinder und Jugendliche. Dazu zählt auch die Spielstadt Mini-München, dem kostenlosen und offenen Ferienprogramm für Kinder zwischen sieben und 15 Jahren. Zwei Wochen lang bespielen sie alljährlich ihre Modellstadt mit allem, was dazugehört. Sie arbeiten und studieren, bauen, konsumieren, gehen ins Kino oder Theater, eröffnen Geschäfte, beobachten und machen Politik. Schon vorher hat das Mini-München-Stadtplanungsbüro einen eigenen Laden im Rathaus, wo sich die Kinder über Mini-München informieren, mitplanen und Ideen entwickeln können. *Mini München: 01.–19.08.2022, Planungsbüro: Dienerstr., Laden 13, 80331 München-Altstadt, mini-muenchen.info*

Technikversum auf der Insel

—

Deutsches Museum

Man kann gut und gerne den ganzen Tag auf der Isarinsel verbringen, die das Deutsche Museum mit seinen umfangreichen Dauerausstellungen zu Technik und Naturwissenschaften, Planetarium und Café beherbergt. Wenn sie wieder öffnet, ist die großartige Mitmachausstellung „Kinderreich" ein super Tipp mit Kleinkindern. Und wir freuen uns auf die „Frau im Mond", das kommende Dachrestaurant!

Seite 57

Münchner Marionettentheater

Seit 1900 hat das traditionsreiche Münchner Marionettentheater sein festes Zuhause in der Blumenstraße, nachdem Gründer Josef Leonhard Schmid (in die Stadtgeschichte als Papa Schmid eingegangen) zuvor schon 42 Jahre die verschiedensten Lokalitäten Münchens bespielt hatte. Die hölzernen Stars des Figurentheaters entführen heute wie damals kleine und große Besucher:innen in märchenhafte Welten. Intendant Siegfried Böhmke hat das Haus geöffnet für alle Mischformen des Figurentheaters, denn es gibt ja noch vieles mehr als nur die schönen Puppen an Fäden. Das Theater für Kinder wird in den Abendstunden durch ein anspruchsvolles Repertoire für Erwachsene ergänzt. *Blumenstr. 32, 80331 München-Altstadt, T: 265712, muema-theater.den*

Münchner Theater für Kinder

Astrid Lindgren, Janosch, Otfried Preußler oder die Gebrüder Grimm – im Münchner Theater für Kinder werden die großen Klassiker der Kinderliteratur aufgeführt. Bereits seit über 50 Jahren bietet das Theater Unterhaltung und abwechslungsreiche Nachmittage für Erwachsene und Kinder ab vier Jahren. Freitags und an den Wochenenden werden jeweils zwei verschiedene Stücke des umfangreichen Programms aufgeführt. Besucher:innen jeden Alters haben die Möglichkeit, in der Pause einer Vorführung an der Theaterkasse ein Schauspieler:in-Gespräch anzumelden, um in persönlichen Austausch zu kommen. *Dachauer Str. 46, 80335 München-Maxvorstadt, T: 597300, mtfk.de*

NEU Münchner Volkstheater

Im Oktober 2021 eröffnete Christian Stückl mit seiner Inszenierung von „Edward II." den neuen Standort des Münchner Volkstheaters. Diese Inszenierung konnte als Ansage gelesen werden, aufzufallen, anzuecken und Persönlichkeit wirken zu lassen. Der Spielplan sieht keine Stücke für Kinder vor, doch mit Heranwachsenden kann man hier spannende Inszenierungen sehen. Hervorzuheben ist das jährlich stattfindende Festival „Radikal jung" im Münchner Volkstheater. Hier lädt die Jury jedes Jahr junge Talente im Bereich der Theaterregie ein, die sich mit ihren Arbeiten in der deutschen und europäischen Theaterlandschaft hervorgetan haben. Das Abo JUNG GANZ VORN richtet sich an Schüler:innen, Student:innen und Auszubildende unter 30 Jahren und ist an der Theaterkasse gegen Vorlage eines gültigen Ermäßigungsnachweises erhältlich. Es kostet 15 Euro und ermöglicht den Eintritt bei freier Platzwahl zu drei Vorstellungen der eigenen Inszenierungen des Volkstheaters. *Tumblingerstr. 29, 80337 München, T: 5234655, muenchner-volkstheater.de*

Residenztheater

Die Münchner:innen nennen ihr Residenztheater liebevoll „Resi". Als Bayerisches Staatsschauspiel vereint es drei Spielstätten, die sich allesamt in Laufdistanz der Münchner Residenz befinden: das Haupthaus am Max-Joseph-Platz, das traditionelle Cuvilliéstheater und den jungen Marstall. Klassiker wie „Hamlet" oder „Leonce und Lena" stehen hier genauso auf dem Programm wie „Ronja Räubertochter". Als partizipatives Theater lädt das „Resi für alle" auch zum Mitmachen in Workshops ein, gewährt Einblicke in den Theateralltag hinter den Kulissen oder besucht Schüler:innen im Klassenzimmer. *Max-Joseph-Platz 1, 80539 München-Altstadt, T: 21851940, residenztheater.de*

TIPP Schauburg

Das renommierteste und spannendste Kinder- und Jugendtheater Münchens liegt im Herzen Schwabings am Elisabethplatz. Die Inszenierungen, vor allem zeitgenössischer Autor:innen oder Neuinterpretationen klassischer Stoffe, richten sich an alle Altersgruppen, das Ensemble spielt Stücke bereits für Mini-Zuschauer:innen ab drei Monaten. Im Untergeschoss der Schauburg ist die Kleine Burg eingezogen, die barrierefrei zu erreichen ist und Theater auf Augenhöhe mit den jüngsten Theaterbesuchern ermöglicht. Wie wichtig dem Theaterteam die Arbeit mit und für die Jüngsten ist, zeigt jedes Jahr auch das Kuckuck-Theaterfestival für Kinder von null bis fünf Jahren. Das Tanz-, Musiktheater- und Performance-Festival Think Big hingegen richtet sich an die etwas älteren Kinder und Jugendlichen, für die das ganze Jahr über eine Vielfalt an Stücken, darunter spannende Premieren, in der Großen Burg auf die Bühne kommen. Im Dachgeschoss residiert das Schauburg LAB. Hier haben Kinder und Jugendliche die Möglichkeit, sich kreativ darstellend auszuprobieren. *Franz-Joseph-Str. 47, 80801 München-Schwabing-West, T: 23337155, schauburg.net*

TIPP Staatstheater am Gärtnerplatz

Ein bisschen königlich fühlt man sich in den ehrwürdigen Hallen des traditionsreichen Hauses am Gärtnerplatz, das auch großartige Inszenierungen für Kinder ab fünf Jahren zeigt und diese mit Workshops begleitet. Bei Familienvorstellungen kommen auch Stücke aus dem „erwachsenen" Programm für den Besuch mit Kindern auf die Bühne. Außerdem gibt es das Mobile Musiktheater und einen Kinderchor ab acht Jahren. Ein großes Anliegen des Hauses ist es, kulturelle Teilhabe zu ermöglichen. So können hier musiktheaterbegeisterte Jugendliche zwischen 15 und 20 Jahren ihre Theaterleidenschaft unter professioneller Leitung in Workshops und Kursen ausleben. Bei KiJu-Vorstellungen gibt es vergünstigte Tickets für Schüler:innen, Studierende, Auszubildende und Freiwilligendienstleistende unter 30 Jahren. *Gärtnerplatz 3, 80469 München-Isarvorstadt, T: 21851960, gaertnerplatztheater.de*

Theater Blaue Maus – dasvinzenz

Solange keine Vorstellungen in der Elvirastraße möglich sind, ist dasvinzenz im MUCCA 31 im Kreativquartier auf dem Gelände der ehemaligen Luitpoldkaserne zwischen Neuhausen, Schwabing und Innenstadt zu Gast. Weiterhin steht modernes Theater zeitgenössischer Autor:innen im Mittelpunkt des Interesses. Mit dem inklusiven „Was wäre wenn – 16 Variationen über den Zufall" für gehörlose und hörende Menschen ab acht Jahren feierte dasvinzenz dort im April 2022 die Uraufführung seines neuesten Kindertheaterstücks. *(Elvirastr. 17a, 80636 München-Neuhausen, T: 182694) im MUCCA 31: Schwere-Reiter-Str. 2, 80793 München-Schwabing-West, dasvinzenz.de*

Theater HochX

Subkultur wird hier hoch und groß geschrieben. Das HochX ist ein sehr spannender Ort, eine Spielstätte für Theater und Live Art. Dabei kommen nicht nur Erwachsene auf ihre Kosten, für Kinder und Familien sind die Aufführungen ebenfalls ausgelegt. Dabei produziert das HochX keine eigenen Inszenierungen, sondern bietet der freien Theater- und Tanzszene eine Plattform. Im Oktober 2022 nutzt ein Doppelfestival die Bühne: Freischwimmen meets Rodeo. Hier zeigt sich die Vielfalt der Münchner Tanz- und Theaterszene. *Entenbachstr. 37, 81541 München-Au, T: 20970321, theater-hochx.de*

Theater im Fraunhofer

Auf den ersten Blick ist es eine uralte Gastwirtschaft, die bereits 1775 ihre Gäste erfreute und berauschte. Wenn man nun jedoch in den Hinterhof geht, erstrahlt dort ein kultureller Hochgenuss – und zwar das Theater im Fraunhofer. Auf dem Programm stehen hier Kabarett, Impro- und Kindertheater sowie Volksmusik im Spielhaus. Sehr bunt, sehr abwechslungsreich und kinderfreundlich. *Fraunhoferstr. 9, 80469 München-Isarvorstadt, T: 20207795, fraunhofertheater.de*

theater VIEL LÄRM UM NICHTS

Das freie Theater in der Pasinger Fabrik stellt sein Faible für Geschichten auf absurde, poetisch-skurrile Weise dar. So feierte Parzival als postheroische Auseinandersetzung und zutiefst menschliche Romanadaption im April 2022 Premiere. Das Theater dient hier als Metapher für Welt- und Selbstfindung. Ein Schauplatz des Sichtbaren und Unsichtbaren, zwischen Kalauer und Tiefsinn. Kein Kinderprogramm, aber für Jugendliche bieten die Stücke einige Denkanstösse *August-Exter-Str. 1, 81245 München-Pasing, T: 8342014, theaterviellaermumnichts.de*

Theaterakademie August Everding

Das große Haus des Prinzregententheaters wurde einst nach dem Vorbild des Bayreuther Richard-Wagner-Festspielhauses erbaut und beherbergt auch die Theaterakademie August Everding. Diese ist ein in dieser Form einmaliges Lehr- und Lerntheater: Hier wird Theater gelehrt, indem Theater gespielt wird. Theorie und Praxis durchdringen sich in den Studiengängen von Schauspiel über Musiktheater, Musical, Bühnenbild bis zu Theater-, Film- und Fernsehkritik. *Prinzregentenplatz 12, 81675 München-Bogenhausen, T: 218502, theaterakademie.de*

Kulturzentren

TIPP Alte Utting

Normalerweise schaukeln Schiffe auf dem Meer oder einem See herum. Nicht so im Schlachthofviertel! Dort hat auf einer alten Bahnbrücke die Alte Utting, die mal durch den Ammersee kreuzte, ihren Anker geworfen. Partys, Konzerte und Theater laufen auf und unter Deck. Für alle Nachwuchs-Seefahrer:innen und Pirat:innen wird an Bord ein kunterbuntes Kinderprogramm geboten: Schiffe basteln, auf Seetauglichkeit prüfen, gemeinsam mit dem Shanty Chor Seemannslieder anstimmen oder aufregenden Geschichten lauschen. Auch kulinarisch wird hier einiges geboten – ein super Ort für vergnügliche Familienzeiten! *Lagerhausstr. 15, 81371 München-Sendling, T: 707770, alte-utting.de*

TIPP Bürgerhaus Glockenbachwerkstatt

Kulturarbeit abseits kommerzieller Interessen, generationenübergreifender Stadtteiltreff, Kinder- und Jugendarbeit, Ferienangebote, Familienbrunchs, Holz-, Töpfer, Fahrrad-Werkstätten, Bolzplatz, Kurse von Capoeira bis Klavierunterricht, Konzerte und Kleinkunst – die Glocke ist eines der ältesten Bürgerhäuser der Stadt, das seinen integrativen Ansatz mit Leben füllt. 1979 gründete eine Elterninitiative den Verein, heute gehören zahlreiche Kindergärten dazu sowie ein Saal im Atelierhaus Baumstraße. Gerade hat die Stadt den Mietvertrag um 20 weitere Jahre verlängert. *Blumenstr. 7, 80331 München-Altstadt, Städtisches Atelierhaus Baumstraße, Baumstr. 8b, Klenzestr. 85, 80469 München-Isarvorstadt, glockenbachwerkstatt.de*

DIE FÄRBEREI und Köşk

Kunst und Kultur haben hier Platz, Kontroverses kann gedeihen. DIE FÄRBEREI ist eine Einrichtung der überregionalen Jugendkulturarbeit. Sie unterstützt Jugendliche und junge Erwachsene im Alter zwischen 14 und 27 Jahren bei ihrer künstlerischen Entwicklung mit offenen Workshops, Kunst im Quadrat, Graffiti und vielem mehr. Im Fokus stehen seltene Experimentierräume zum Machen und Scheitern, Orte der Selbststärkung und Selbstermächtigung. KÖŞK heißt ein dazugehöriges Zwischennutzungsprojekt: Hier treten Jugendliche in Dialog mit Kunstschaffenden, indem sie Ausstellungen besuchen und gemeinsam an eigenen Projekten arbeiten. *DIE FÄRBEREI: Claude-Lorrain-Str. 25/Rgb., 81543 München-Untergiesing, T: 62269274, diefaerberei.de, Köşk: Schrenkstr. 8, 80339 München-Schwanthaler Höhe, koesk-muenchen.de*

TIPP Feierwerk Dschungelpalast

Der Dschungelpalast ist ein wahres Paradies für Kreative: „Zuschauen, Mitmachen, Selbermachen" steht als Motto über allen Angeboten. Als anerkanntes Mehrgenerationenhaus ist der Dschungelpalast ein Kulturzentrum, das jenseits von Alters- und Generationsgrenzen ein kreatives Miteinander ermöglicht: für Kinder ab drei Jahren, Familien und Erwachsene. Das Dschungelcafé, die angrenzenden Veranstaltungsräume und Werkstätten bieten vielfältige Möglichkeiten der Begegnung und kulturellen Teilhabe. Großartig ist auch das Angebot, das Geburtstagskinder hier zu verschiedenen Themen für ihre Feier nutzen können. Highlights im Laufe des Jahres sind das Ferienprogramm, das Kinderkulturfestival DSCHUNGEL mit Theater, Livemusik, Tanz, Kinderkino, Schnupperworkshops, fantasievollen Spiel- und Bastelangeboten im Herbst und die DSCHUNGEL-PARADE, der Kinderfaschingsumzug durch Sendling-Westpark. *Hansastr. 41, 81373 München-Sendling, T: 72488240, dschungelpalast.de*

Feierwerk Südpolstation

Die Südpolstation in Neuperlach gehört zu den größten und am besten ausgestatteten Jugendeinrichtungen Münchens. Ab acht Jahren können Kinder im hauseigenen Radiostudio die „Südpolshow" gestalten. Diese Sendung wird jeden Samstagmorgen bei Radio Feierwerk auf der Frequenz 92,4 ausgestrahlt und ist in ganz München und Umgebung zu hören. Sie wird nicht live ausgestrahlt, sondern ist von und mit Kindern in der Kinderredaktion vorproduziert. Zum Spielen und anderweitig Kreativsein lädt die Krea(k)tiv-Werkstatt ein. Allen ab zwölf Jahren bietet sich im Jugendtreff „PC-Pool" die Möglichkeit, den Umgang mit Medien und Content aus dem Netz gemein-

Ran an die Pinsel!

—

Lieblings-Kunstschulen für Kinder

1

Kinderwerkstatt Neuhausen

Das freie Gestalten steht im Zentrum der Kurse für Kinder ab vier Jahren, denen hier eine reiche Vielfalt an Materialien und Werkstoffen und der Raum, auch groß-formatig zu arbeiten, zur Verfügung steht. Regelmäßig finden auch Samstagswerk-stätten statt. *Richelstr. 28 (im Rückgebäude), 80634 München-Neuhausen, T: 162151, kinderwerkstatt-neuhausen.de*

2

Atelier im Knauergarten

Malen wie auf dem Land mitten in München verspricht die Malschule für alle ab fünf Jahren und das stimmt: Zwischen alten Apfel-bäumen und Rosenbüschen, in dem hüb-schen Ateliergebäude und im Garten lässt sich doch gleich viel befreiter aufmalen. *Gnadenwaldplatz 5, 81825 München-Trudering, T: 43549857, atelier-im-knauer-garten.de*

3

Malschule Antje Tesche-Mentze

Die Malerin und Bildhauerin führt Deutsch-lands älteste Kindermalschule, in der sich Kinder und Jugendliche ab drei Jahren beim Malen, Töpfern und Plastischen Gestalten ausdrücken und ihren eigenen künstlerischen Weg finden können. *Buchauerstr. 12, 81479 Münchenn-Solln, T: 0179-4605364, kunstschule-antje-tesche-mentzen.de*

4

little ART

Neben dem Kinderkunsthaus (Seite 59) zählt das Künstlerhaus am Lenbachplatz für uns zu den besten Adressen der Stadt für junge Kreativlinge. Dort hat der Verein little ART seinen Sitz und veranstaltet vielseitige fantasievolle Workshops, die be-nachteiligte Kinder kostenfrei wahrnehmen können. *Künstlerhaus Lenbachplatz 8, 80333 München-Maxvorstadt, T: 28806546, little-art.org*

5

Bei Tierkindern vorbeischauen

Die Kurse und Workshops für kleine und große Kreative ab acht Jahren finden in den ART SPOT Ateliers in der Villa Stuck und im eigenen Atelier in Haidhausen statt. Von Aquallieren über Illustrieren bis zu Zeichnen wird hier alles von erfahrenen Künstler:innen unterrichtet. An Wochen-enden können sich Kinder und Eltern in gemeinsamen Workshops künstlerisch aus-probieren. *Rablstr. 42, 81669 München-Haidhausen, T: 0800-8860800, art-spot.de*

sam zu hinterfragen. Wer schon immer mal seine eigene Radiosendung mit Freund:innen produzieren wollte, kann so Geburtstag feiern. *Gustav-Heinemann-Ring 19, 81739 München-Perlach, T: 6373787, suedpolstation.de*

TIPP Gasteig

Der Gasteig hat sich zu einem europaweit einzigartigen Umschlagplatz für Kultur und Kreativität entwickelt und ist zugleich Sitz der Münchner Philharmoniker, der Münchner VHS und Stadtbibliothek. Außerdem ist die Hochschule für Musik und Theater München (HMTM) hier zu Hause. Von Ausstellungen bis Programmkino kommen Erwachsene wie Kinder im Gasteig auf ihre Kosten. Jährliche Familien-Highlights sind die Münchner Bücherschau und „Der Gasteig brummt!". Im Rahmen einer Generalsanierung werden Teile der Backsteinfassade durch Glasflächen ersetzt. Deshalb ist das komplette Kultur- und Bildungsangebot als Gasteig HP8 seit Herbst 2021 für mehrere Jahre in ein Interimsquartier nach Sendling auf das Stadtwerke-Gelände gezogen. *Rosenheimer Str. 5, 81667 München-Haidhausen, Interimsadresse: Hans-Preißinger-Str. 8, 81379 München-Sendling, T: 480980, gasteig.de*

Guardini90

Das Guardini90 ist ein Freiraum für alle mit viel Raum für Kultur und Ehrenamt. Dieser offene Begegnungsort für kreative Ideen, neue Erlebnisse und Menschen von jung befindet sich unter einem Dach mit der Münchner Stadtbibliothek Hadern und der Münchner Volkshochschule. Mit Konzerten, Kindertheatern, Lesungen, Stadtviertelprojekten, Filmvorführungen, Ausstellungen, Workshops und Mitmachaktionen wird das Guardini90 von vielen Akteur:innen belebt! *Guardinistr. 90, T: 45216440, 81375 München-Hadern, guardini90.de*

Interim – Bürgertreff Laim

Das Kulturzentrum in Laim ist ein Ort für Kleinkunst, Theater, Konzerte und bürgerschaftliche Begegnungen. Einmal im Monat spielt der Laimer Puppenschrank Marionettentheater für Kinder, ansonsten richten sich die meisten Veranstaltungen eher an Erwachsene. *Am Laimer Anger 2, 80687 München-Laim, T: 54662951, interim-kultur.de*

KinderkulturwerK

Wie lässt sich Ton bearbeiten und wie Speckstein? Wohin schwimmt die Aquarellfarbe? Und was bringt Schrott zum Klingen? In wöchentlich stattfindenden Kreativkursen entdecken Kinder zwischen drei und zwölf Jahren spielerisch den Umgang mit den unterschiedlichsten Materialien und Werkzeugen. Drucken, Filzen, Bauen – durch das

Experimentieren mit tollen Materialien können Kinder ihre Fantasiewelten ausleben und mit Geduld und Selbstvertrauen eigene Kunstwerke erschaffen oder einfach nur Spaß mit den anderen haben. Außerdem bietet das KinderkulturwerK kreative Kindergeburtstage an und nimmt am Ferienpass-Programm teil. *Grafinger Str. 6, 81671 München-Haidhausen, T: 0177-8340607, kinderkulturwerk.de*

TIPP Kreativquartier

Kreativität spielt hier ganz klar die Hauptrolle. Nicht nur für große Künstler:innen, auch für Kinder und Jugendliche. Auf dem Gelände der ehemaligen Luitpoldkaserne zwischen Neuhausen, Schwabing und Innenstadt gibt es eine lebendige Szene, die seit Jahren vielfältige und schöpferische Freiräume schafft und pflegt. Ateliers, offene Werkstätten und Studios gehören dazu. Daneben finden sich Proben- und Aufführungsbühnen der freien darstellenden Künste sowie Einrichtungen und Initiativen der künstlerischen und kulturellen Bildung. Hier lässt sich Vorstellungskraft und Ideenreichtum spüren, erleben und erfahren. *Dachauer Str. 114, 80636 München-Neuhausen, T: 13928417, kreativquartier-muenchen.de*

TIPP Münchner Künstlerhaus, little ART

Die Förderung von Kunst und Kultur sowie die Erhaltung des denkmalgeschützten Hauses am Lenbachplatz ist das Anliegen der Stiftung Münchner Künstlerhaus, die ein facettenreiches Kulturprogramm, unter dem Titel „Junges Programm" auch für Kinder und Jugendliche ermöglicht. Im zweiten Stock hat little ART seinen Sitz und bietet dort täglich kostenfreie Workshops und Ausstellungen an. Im „Utopia Space" ist Platz für die Galerie für Kinderkunst, kreative Werkstätten und Bühne für Theater, Musik und Tanz. Auf Anfrage kann man an diesem besonderen Ort auch Kindergeburtstage feiern, es gibt kein Standardprogramm, sondern immer eine individuelle little ART-Feier, zugeschnitten auf die Bedürfnisse des Geburtstagskindes. *Lenbachplatz 8, 80333 München-Isarvorstadt, T: 288065, kuenstlerhaus-muc.de, little-art.org*

Pasinger Fabrik

Die Kulturfabrik direkt am Pasinger Bahnhof ist Heimstatt vieler kultureller Disziplinen für alle Generationen. Kleinkunst- und Kabarettgruppen, Theaterensembles, Musiker:innen aller Sparten haben hier ihre Heimat gefunden; aber auch die vielfach wechselnden Ausstellungen sind ein wesentlicher Bestandteil des kulturellen Lebens im Münchner Westen! Die Familienbildungsstätte FABI, zwei eigene Kinder- und Jugendtheatergruppen, vor allem aber Kultur & Spielraum e.V. machen die Pasinger Fabrik zu einem lebendigen Ort der Kinder. Herzstück ist das Kindercafé International mit Kindertheater, Werkstätten und Kursen. Hier können Kinder auch fantastisch Geburtstag feiern. *August-Exter-Str. 1, 81245 München-Pasing, T: 82929079, pasinger-fabrik.com, kulturundspielraum.de*

Seidlvilla

Die Seidlvilla öffnet ihre Türen für kultur- und erlebnishungrige Münchner:innen. Zu den Highlights gehören seit über zehn Jahren die kunterbunten Hof-Flohmärkte in den Sommermonaten. Die im Stil der Renaissance mit Jugenstil-Elementen erbaute Villa gehört der Landeshauptstadt München und wird als Veranstaltungsort für kulturelle Begegnungen jeglicher Art genutzt. Kunstausstellungen, literarische Lesungen, Liederabende, klassische Konzerte und andere kulturelle Events stehen hier auf dem Programm. *Nikolaiplatz 1b, 80802 München-Schwabing, T: 333139, seidlvilla.de*

NEU shaere

Die Stadt wandelt sich, auch im positiven Sinne – Orte wie das shaere zeugen davon. In einem ehemaligen Bürogebäude in Neuperlach mit vielen verschiedenen Räumen, Innenhöfen und Vorplätzen entsteht ein „Campus des Lebens", der alle von Jung bis Alt zum Mitmachen, Mitgestalten, Mitentwickeln, Lernen, Forschen, Nachdenken, Neudenken, Inspirieren, zum Fördern und Weitergeben einladen soll. Jeden Montag finden Führungen statt, die zeigen, was bereits entstanden, im Entstehen befindlich , noch geplant und möglich ist. Die fantastische Community Kitchen und einige Werkstatts-, Workshop- und Bildungsangebote erwarten euch dort jetzt schon. *Fritz-Schäffer-Str. 9, 81737 München-Neuperlach, shaere.net*

TIPP Sugar Mountain

Die spektakuläre Zwischennutzung im ehemaligen Betonwerk Katzenberger in Obersendling ist ein echter Lichtblick für die Münchner Kulturszene. Theater, Musik, Tanz, Kulturfestivals, Kunst, Film und vieles mehr hat das Sugar Mountain noch bis 2024 zu bieten. Das urbane Gelände ist rund um die Uhr geöffnet. Jeden Tag könnt ihr hier skaten, Streetball oder Ping Pong spielen und bouldern. Zusätzlich ist ein Programm geplant mit Festivals, Theater, Konzerte, Sport Contests, Ausstellungen, Performances oder Zirkus. Das Projekt – einen heterogenen Begegnungsort mit Strahlkraft zu schaffen – ist als Antwort auf den jahrelangen Leerstand der Fläche zu verstehen und als positiver Beitrag zur Stadtentwicklung. Ein Biergarten sorgt dort für das leibliche Wohl. *Helfenriederstr. 12, 81379 München, T: 12162373, sugarmountain-munich.com*

Sehenswürdigkeiten

Bayerische Verwaltung der staatlichen Schlösser, Gärten und Seen

Einst als Hofverwaltung der Kurfürst:innen und der König:innen entstanden betreut die Schlösserverwaltung heute 45 Schlösser, Burgen und Residenzen sowie weiteren Baudenkmäler bzw. Künstlerhäuser, 32 historische Gartenanlagen und 21 Seen in allen Regierungsbezirken Bayerns. Vor allem im Sommerhalbjahr bietet sie interessante und spannende Führungen für Kinder und Jugendliche, spezielle Ferienprogramme sowie Aktionen für Familien. Der Eintritt in die Schlösser und Burgen ist für Kinder und Jugendliche bis 18 Jahre grundsätzlich frei. Tipp für zu Hause: Im Kinderbereich der Website finden sich einige tolle Bastelvorlagen und Anleitungen für Ritterhelme, Kronen oder Memo-Spiele. *Schloss Nymphenburg, Eingang 16, 80638 München-Nymphenburg, T: 179080, schloesser.bayern.de*

Bavaria und Ruhmeshalle

Da muss man ganz schön hoch schauen, so groß ist sie, die Bavaria. Von ihrem wuscheligen Kopf bis zu den Füßen sind es 18 Meter. Die weltliche Patronin Bayerns ist aus Bronze gegossen und eines der Wahrzeichen Münchens. Sie steht am Rande der Theresienwiese in Begleitung eines Löwen auf einem Sockel. Dahinter erstreckt sich die Ruhmeshalle mit lauter Promis der Geschichte. Wer möchte, kann sogar in den Kopf der Bavaria steigen und durch ihre Augen auf die Stadt blicken. *Theresienhöhe 16, 80339 München-Schwanthaler Höhe, schloesser.bayern.de*

Frauenkirche – Dom zu Unserer Lieben Frau

Als Wahrzeichen der bayerischen Landeshauptstadt zählt die Kathedralkirche des Erzbischofs von München und Freising zu den bekanntesten Sehenswürdigkeiten. Zehn Jahre lang wurde der Südturm renoviert, seit März 2022 gelangen Besucher:innen über eine Wendeltreppe und einen Fahrstuhl wieder in die Turmstube. In fast 99 Meter Höhe wartet dort eine fantastische Rundumsicht aus 16 Fenstern auf München und die Alpen. *Frauenplatz 1, 80331 München-Altstadt, T: 2900820, muenchner-dom.de*

Friedensengel

In Bogenhausen wacht der 38 Meter hohe Friedensengel – eine Nachbildung der Nike des Paionios – über München. Das Denkmal mit seiner Terrasse in den Maximiliansanlagen ist ein beliebter Aussichtspunkt mit tollem Blick über die Stadt. *Europaplatz 1, 81675 München-Bogenhausen*

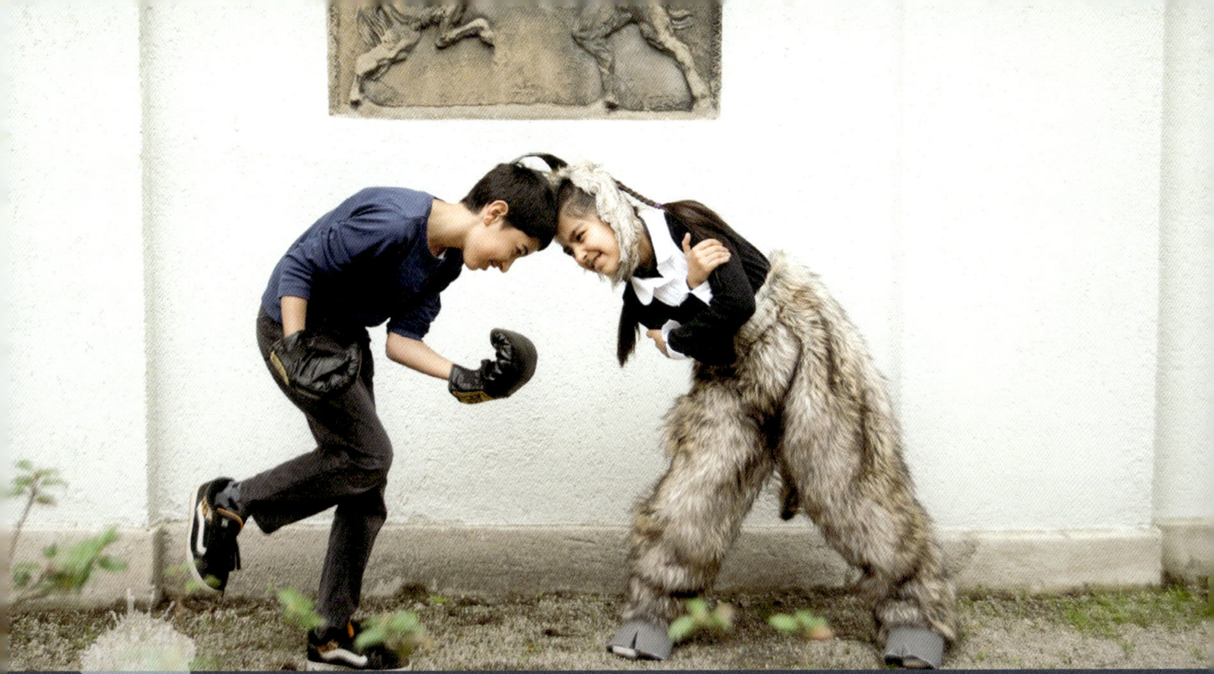

GEBURTSTAG
FEIERN

Mit Fränzchen feiern

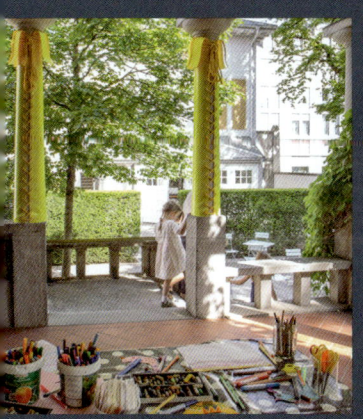

Villa Stuck

Für Kinder ab 4 Jahren, max. 8 Kinder, ab 6 Jahren, max. 10 Kinder, ab 180 Euro

Prinzregentenstr. 60, 81675 München, T: 45555130, villastuck.de

Einst lebte der Maler, Grafiker und Bildhauer Franz von Stuck (1863-1928) in der Villa, die 1897/98 nach seinen eigenen Entwürfen auf der Isaranhöhe entstand und selbst ein Gesamtkunstwerk mit seinen reich ausgestatten Räumen, vom Künstler eigens entworfenen Möbeln und dem Künstlergarten ist. Heute dient die Villa als Museum, in dem sich das Kinder- und Jugendprogramm FRÄNZCHEN der Vermittlung künstlerischer Positionen und des Lebensgefühls zu Beginn des 20. Jahrhunderts widmet. Eine schöne Umgebung für eine Geburtstagsfeier, bei der Kinder eine spannende Tour durch die prachtvollen Räume unternehmen und mehr über dessen Erschaffer und Bewohner erfahren. Im Anschluss daran kann die Geburtstagsschar im JUGENDzimmer selbst kreativ werden.

Fürstengruft St. MichaelsKirche

Niemand Geringerer als König Ludwig II. von Bayern, der Märchenkönig, ist hier in einem Zinksarg bestattet. Läden, Veranstaltungen und Menschengedränge lenken oft von St. Michael ab, so ganz ohne charakteristischen Turm. Dabei prägte der erste und größte Renaissancebau mit großer Fassade nördlich der Alpen für zwei Jahrhunderte den Kirchenbau in Süddeutschland. In der Fürstengruft haben auch noch weitere Mitglieder der Wittelsbacher Familie ihre letzte Ruhe gefunden. *Neuhauser Str. 6, 80331 München-Altstadt, T: 2317060, st-michael-muenchen.de*

Neues Rathaus

Das Neue Rathaus ist von Jungspund Georg von Hauberrisser mit gerade mal 25 Jahren entworfen worden. 1909 wurde das Rathaus fertiggestellt. Es sieht nur deswegen älter aus, weil es im neugotischen Stil gebaut worden ist, der zur Jahrhundertwende gerade in Mode war. Heute lassen sich viele Räume des Rathauses besichtigen und ein Fahrstuhl führt in den Rathausturm hinauf. Berühmt und Anzugspunkt für viele Besucher:innen ist das Glockenspiel. Zur Glockenmusik tragen kleine Ritter ein Turnier aus und Fassmacher tanzen den Schäfflertanz. *Marienplatz 8, 80331 München-Altstadt, T: 23300, muenchen.de*

Olympiapark

2022 gibt es unter dem Motto „Auf dem Weg in die Zukunft 1972-2022-2072" Ausstellungen und Veranstaltungen zu Sport, Kultur, Design, Architektur, Erinnerungskultur und das Miteinander in der Demokratie. Im Juli 2022 ist der Olympiapark Schauplatz eines Festivals des Spiels, des Sports und der Kunst mit künstlerischen und kulturellen Aktionen und dem Finale der Münchner Sportspiele 22. Aber auch sonst ist das Gelände, vor allem im Sommer, ein ausgesprochen vielseitiges Freizeitparadies für Familien. *Spiridion-Louis-Ring 7, 80809 München-Milbertsofen, olympiapark.de, muenchen1972-2022.de*

Olympiaturm

Das höchste Bauwerk der Stadt bietet natürlich auch den spektakulärsten Rundumblick. Insgesamt 291,28 Meter inklusive seiner Antenne misst der Olympiaturm, dessen Aussichtsplattform auf 190 Metern auch Kinder beeindruckt. Das Drehrestaurant auf 181 Metern ist dann eher etwas für besondere Anlässe. Beim Sonntagsbrunch sind Kinder unter sechs Jahren frei, bis zwölf Jahre zahlt man für sie nur den halben Preis. Dort oben befindet sich auch noch das Rockmuseum München mit handsignierten Gitarren von Frank Zappa, den Rolling Stones und Kiss. Auch Originalkleidung von Rockstars ist hier zu entdecken. *Spiridion-Louis-Ring 7, 80809 München-Milbertshofen, T: 30672750, olympiapark.de, restaurant181.de*

Pfarrkirche Sankt Peter – Alter Peter

306 Stufen müsst ihr erklimmen, um die Aussichtsplattform auf der ältesten Pfarrkirche Münchens zu erreichen und den herrlichen Ausblick zu genießen. Unten liegen die Dächer der Altstadt, die mäandernde Isar, die Bavaria, das Rathaus, der Olympiaturm – bei Föhn reicht der Blick sogar bis zu den Alpengipfeln. Wetterfühlige und Nichtschwindelfreie sollten lieber beim Postkartenstand warten und Panorama-Bildchen anschauen. Der Turm des Alten Peters ist ganzjährig geöffnet. *Rindermarkt 1, 80331 München-Altstadt, T: 268808, erzbistum-muenchen.de*

TIPP Schloss Nymphenburg

Im Nymphenburger Schloss und dem dazugehörigen Schlosspark lässt sich wunderbar in die prunkvolle Vergangenheit der bayerischen König:innen und Fürst:innen eintauchen. Was Kinder schon immer über das Schloss wissen wollten, gibt es jetzt im Audioformat für die kleinen Besucher:innen. Marie und Max erzählen an 19 Stationen, was es im Festsaal, in der Schönheitengalerie und anderen Schlossräumen zu sehen gibt und wie die bayerischen Kurfürsten und Könige mit ihren Familien hier einst gelebt

haben. Viele Fragen, die junge Besucher:innen in den vergangenen Jahren gestellt haben, werden spielerisch beantwortet. An Geburtstagen und anderen besonderen Anlässen besteht die Möglichkeit hier kindgerechte Führungen zu buchen. *Schloß Nymphenburg 1, 80636 München-Nymphenburg, T: 179080, schloss-nymphenburg.de*

Schlossanlage Schleißheim

Gedacht war es als Sommerresidenz der bayerischen Kurfürsten, wurde jedoch nicht vollendet. Heute zählt das Ensemble aus den drei Schlossbauten des 17. und 18. Jahrhunderts zu den bedeutendsten Barockanlagen Deutschlands. Alle drei durch eine weitläufige Gartenlandschaft verbundenen Schlösser können ganz klassisch besichtigt werden oder man begibt sich mit den Kindern auf eine der beiden Geocaching-Touren „Historische Jagd in Schleißheim" oder „Wasserwelt im barocken Hofgarten". Gelegentlich finden auch Familienführungen in der prächtigen Schlossanlage statt, an deren westlichen Rand die Schlosswirtschaft mit Biergarten zum Einkehren lockt. *Max-Emmanuel-Platz 1, 85764 Oberschleißheim, T: 179080, schloesser-schleissheim.de*

Umadum – Das Münchner Riesenrad

Das Münchner Riesenrad im Kreativquartier Werksviertel-Mitte ist rein faktisch durch seine Höhe von knapp 80 Metern Münchens größte Attraktion. In 27 Gondeln bekommt ihr einen atemberaubenden Rundumblick über München bis hin zu den Alpen geboten. Eine Fahrt dauert rund 30 Minuten, viel Zeit also, um München von oben zu erkunden. Für alle, die noch länger genießen wollen, gibt es Angebotspakete: Zum Beispiel das Weißwurstfrühstück – das dauert dann sogar 60 Minuten. Ums Umadum dreht sich auch viel um Events, Lifestyle, Theater, Musik, Restauration, Ausstellungen und vieles mehr. *Atelierstraße 11, 81671 München-Berg am Laim, umadum.info*

Viktualienmarkt

Der Viktualienmarkt im Herzen der Münchner Altstadt war ursprünglich ein Bauern- und Kräutermarkt. Heute ist er ein beliebter Platz für Genießer:innen und Feinschmecker:innen und für Besucher:innen, die hier von urbayerischen Waren bis exotischen Früchten alles finden, was das Herz begehrt. Zunächst hieß der Platz einfach nur Marktplatz und wurde erst später durch das spätlateinische Wort Viktualien – ein Ausdruck für Lebensmittel – zum Viktualienmarkt. Für alle, die Anekdoten und Geschichtliches erfahren möchten, gibt es verschiedene Führungen. *Viktualienmarkt 3, 80331 München-Altstadt, T: 89068205, viktualienmarkt-muenchen.de*

Stadtführungen

Die Stadtdetektive

Die Stadtführungen für Kinder ab fünf Jahren vermitteln auf spannende und fundierte Art und Weise Münchner Geschichte und Geschichten. Spielerisch erkunden jungen Teilnehmer:innen Münchens Geheimnisse vor Ort. Ob sie bei der „Grausligen G'schichten-Tour" unheimliche Orte aufsuchen, sich von den dramatisch-aufregenden Lebensläufen bayerischer Adelsfrauen beeindrucken lassen, die abenteuerliche Stadtentstehungsgeschichte anhören oder selbst auf der „Ruppigen Ritter-Tour" zum ritterlichen Recken werden – Spaß und Freude stehen bei jeder Tour an erster Stelle. *Adelheidstr. 24, 80798 München-Schwabing, T: 27375637, stadtdetektive.com*

Drehorte München

Der Monaco Franze hat hier flaniert, der Pumuckl hat alles versteckt, Münchner G'schicht'n sind hier geschrieben worden. Einer weiß, wo diese Fernsehhighlights wirklich gedreht worden sind: Sebastian Kuboth. Zu den Münchner Originalen weiß er Hintergründiges und Wissenswertes zu erzählen. *Kellerstr. 23, 81667 München-Haidhausen, T: 33035348, drehorte-muenchen.de*

KuKi – Kunst für Kinder e.V.

Stadtführungen ganz anders: Das aus Kunstpädagog:innen und -historiker:innen bestehende Team veranstaltet kreative Erlebnisreisen in den Museen und zu bedeutenden Bauwerken. Ziel ist es, Kindern auf spielerische Weise Kunst und Stadtgeschichte näher zu bringen. Nach der Spurensuche steht das eigene Gestalten im Mittelpunkt. *T: 36108171, kuki-muenchen.de*

Ludwig & Lola – Stadtführungen in München

Diese Stadtführungen stehen für echte Erlebnisse jenseits der Klischees, sie sorgen für beste Unterhaltung durch spannende Geschichten hinter der Geschichte. So lassen sich verschiedene Touren individuell nach Alter, Wissenstand und speziellen Interessen buchen. Für Kinder von sechs bis zwölf Jahren gibt es unter anderem die „Nachtwächter für Kinder"-Tour – ein abendlicher Rundgang mit Laterne, bei dem man erlebt, wie es im mittelalterlichen München zuging. *T: 693138090, ludwigundlola.de*

MUCguck Rallye von Green City

Klimawandel und Klimaschutz, nachhaltige Lebensstile im urbanen Raum, gutes Leben ohne Geld – das sind Begriffe, die uns im Alltag schon heute immer häufiger begegnen.

Gemeinsam mit Jugendlichen hat sich das Greencity-Team die Frage gestellt, welche Alternativen die Stadt bereits für einen umweltfreundlichen Lebensstil bietet. Mit der App „Actionbound" können Interessierte in verschiedenen Bezirken an Rallyes zum Thema Nachhaltigkeit teilnehmen. *T: 890668800, greencity.de*

München-Safari

Warum fahren zwei Schiffe mitten durch die Stadt? Was haben Dracula und Nosferatu mit München zu tun? Und wie kommt das Münchner Rathaus auf das Berliner Telefonbuch? Wer München von Kenner:innen und abseits der bekannten touristischen Trampelpfade gezeigt bekommen möchte, ist bei den Safaris richtig. Die Touren führen durch verschiedene Teile der Stadt, besonders interessant für Kinder und Jugendliche ist auch die Streetart-Safari. Denn in München gab es die erste deutsche Hall of Fame, hier wurde der erste europäische Wholetrain besprüht. *T: 64294757, muenchen-safari.de*

Münchener Stadtrundfahrten

Münchener Stadtrundfahrten – das Original seit 1890 – ist gut zu erkennen an den blauen Doppeldeckerbussen. Wenn ihr verschiedene Sehenswürdigkeiten mit eher lauffaulen Kindern erreichen möchtet, sind die Hop On-Hop Off-Touren eine gute Wahl. Der Express Circle bedient acht Stationen zwischen Marienplatz und Eisbach. Der Grand Circle bringt euch zusätzlich noch zum prachtvollen Schloss Nymphenburg, zur futuristischen BMW Welt und zum Olympiapark. Für kleine Fußballfans ist auch die Erlebnistour zum FC Bayern München interessant. *T: 54907560, stadtrundfahrten-muenchen.de*

Munich Secrets

Für den Sherlock Holmes oder die Miss Marple in euch: Munich Secrets bietet rasante Escape Games und GPS-Geocaching-Rallyes durch München. Die Rätsel begegnen euch dabei auf vielen Ebenen und bauen aufeinander auf. Um sie schnell zu lösen, braucht ihr vor allem eines: Teamwork! Die City-Missionen sind eignen sich für Kinder ab acht Jahren. *T: 125012267, munich-secrets.de*

Münchner Spurensucher

München hat mit seinen vielen Sehenswürdigkeiten, Schlössern und Museen viel zu bieten: ob eine klappernde Mühle, funkelnde Schatzkammern, verzweigte Wasserwege oder Schlossgeschichten. Die Spurensucher:innen wollen mit ihren Touren und Führungen Kinder wie Erwachsene für die Münchner Stadtgeschichte begeistern. *86307951, spurensucher-muenchen.de*

Spurwechsel

München mit Fahrrad, Tram, Doppeldeckerbus, Kutsche oder zu Fuß entdecken – Spurwechsel bietet abwechslungsreiche Stadtführungen für jeden Geschmack. Eine besondere Attraktion ist die Rundfahrt mit einer historischen Tram. Erfahrene Guides erzählen unterwegs das Spannendste aus Geschichte und Alltagsleben der Stadt, immer mit aktuellem Kontext. *Ohlmüllerstr. 5, 81541 München-Giesing, T: 6924699, spurwechsel-muenchen.de*

Stattreisen München

Stattreisen München bietet Touren in deutscher, englischer, italienischer und französischer Sprache an. In Kinderführungen lernt der Nachwuchs, was es mit Breznreitern und Salzsäumern auf sich hat und was das alles mit der Stadtgründung zu tun hat. Bei „Hacken und Henker" erfahren sie Spannendes über Münchens dunkle Geheimnisse. Wer es lieber fürstlich mag, kann sich bei einer Entdeckungstour durch Schloss Nymphenburg königlich unterhalten lassen. *Nymphenburger Str. 149, 80634 München-Neuhausen, T: 54404230, stattreisen-muenchen.de*

Street Art München Bike Tour

Wusstest ihr, warum München als ein europäischer Vorreiter der Street Art Szene gilt und wie das Museum of Urban and Contemporary Art dazu beigetragen hat ein bisschen „New York an die Isar" zu bringen? Mit der MUCA Fahrradtour können alle ab acht Jahren München von einer ganz anderen Seite erfahren. Versteckte Geheimtipps abseits gängiger Stadtführer werden hier mit einer der schönsten Radtouren durch München kombiniert. *Lerchenfeldstr. 1a, 80538 München, T: 215524310, muca.eu*

Weis(s)er Stadtvogel

Die Stadtführungsagentur hat vielseitige Touren durch München im Angebot: Erlebnisführungen mit Schauspiel, Führungen mit dem Nachtwächter, dem Henker oder mit der Zofe, Viktualienmarkt-Probiertouren und noch viele mehr. Zu Fuß, per Bus, Rad oder Tram mit oder ohne Kulinarik. Dank einer speziellen Kinderführung wird auch die kindliche Fantasie beflügelt. *Unterer Anger 14, 80331 München-Altstadt, T: 203245360, stadtvogel.de*

Your City Quest

Flexibler als mit den Smartphone-Stadtrallyes geht es kaum. Nach der Buchung erhaltet ihr einen Code, mit dem ihr die jeweilige Mission starten könnt, wann ihr möchtet. Ihr könnt das Abenteuer auch unterbrechen und später weiterspielen, wenn euch beispielsweise ein Regenguss überrascht. *yourcityquest.de*

Parks

Alter Botanischer Garten

Umringt von Straßen und Blechlawinen befindet sich der Alte Botanische Garten – ein grüner, erholsamer Fleck inmitten der Großstadt, zwischen Hauptbahnhof und Königsplatz gelegen. Seine Tore öffnete das Parkgelände vor über 200 Jahren, 1914 wurde es vom Botanischen Garten neben dem Nymphenburger Schloss abgelöst. Die kleine grüne Oase im Stadtzentrum ist heute ein anziehender und vor allem ein kinderfreundlicher Ort: Große, alte Bäume spenden Schatten, dazu eine Spielwiese, Tischtennisplatten, das Parkcafé mit Biergarten, der imposante Neptunbrunnen und schließlich ein Spielplatz mit Spielhaus für Kinder und Jugendliche. Kunstinteressierte können hier zudem ein altes Gemäuer entdecken, das voller Kunst steckt. *Sophienstr. 7, 80333 München-Maxvorstadt*

Bavariapark

Im Westend kann man es sich gut gehen lassen und tief durchatmen – im Bavariapark. Einst nur für König Ludwig und sein Gefolge zugänglich, wurde daraus im Laufe der Zeit ein öffentlicher Stadtpark mit einem kleinen Spielplatz, imposanten Statuen und vielen Parkbänken. Wer vom endlosen Großstadt-Gerenne genug hat, kann seine Beine und Füße in der Sonne von sich strecken oder im Schatten der alten Eichen entspannen und dabei den Kids zuschauen, wie sie auf der großen Wiese kicken und spielen. Eine Stärkung bekommt ihr im Wirtshaus am Bavariapark mit Biergarten. Einmal in der Woche gibt es Steckerlfisch von der Fischer-Vroni. *Theresienhöhe, 80339 München-Schwanthalerhöhe*

TIPP Botanischer Garten

Direkt neben dem imposanten Schloss Nymphenburg befindet sich der nicht weniger eindrucksvolle Botanische Garten, in dem ihr exotische Pflanzen und Tiere entdecken könnt. Denn auf dem Gelände wachsen zig Tausende Blumen, Bäume und Sträucher aus den unterschiedlichsten Klimazonen der Welt. Ein Highlight ist immer wieder die Winter-Ausstellung „Tropische Schmetterlinge", wenn diese dann frei im Wasserpflanzenhaus flattern dürfen. Der Botanische Garten bietet Lebensraum für mehr als 100 Wildbienenarten und 45 heimische Vogelarten. Nicht verpassen sollte man die „Blütenexperimente" für Familien – mit Workshops für Kinder. Abgesehen von Sonderveranstaltungen haben Kinder und Jugendliche hier immer freien Eintritt. *Menzinger Str. 65, 80638 München-Nymphenburg, T: 17861316, botmuc.de*

TIPP Englischer Garten

Groß, größer, Englischer Garten! Der wohl berühmteste Park Münchens ist viel, viel mehr als dessen grüne Lunge. Im Sommer wie im Winter zieht er unzählige Münchner:innen in seinen Bann, die dem grauen Großstadtdschungel entkommen wollen. Mit weitläufigen Wiesen, Bachläufen, Biergärten, tollen Bauwerken wie dem Monopteros oder dem Chinesischen Turm lockt er einfach alle an. Wer möchte, kann im Eisbach baden oder auf der berühmten Welle (direkt neben dem Haus der Kunst) reiten. Letzteres ist allerdings nichts für Anfänger:innen! Dazu gibt es Spielplätze und Bolzplätze – im Klartext: ein grandioser Garten für alle inmitten der Stadt. Und bei schönem Wetter rollt auch noch eine Eisdiele auf zwei Rädern durch die Idylle. Viel mehr braucht es nicht, um mit Kindern eine gute Zeit dort zu haben. *80538 München-Lehel*

TIPP Hirschgarten

Schnell und einfach erreichbar – der Hirschgarten, am westlichen Rand der Innenstadt gelegen. Früher ging der Adel hier jagen, heute kommen die Münchner:innen in den 40 Hektar großen Park, um zu entspannen, Sport zu treiben, die Hirsche im Wildgehege zu bewundern oder in Münchens größtem Biergarten mit Kinderkarussell einzukehren. Alljährlich findet hier um den 22. Juli herum das Magdalenenfest statt, ein kleines Volksfest mit Marktständen und Fahrgeschäften. Aber auch sonst ist der Hirschgarten sehr angesagt. Es locken weite Wiesen mit großen Hügeln, die im Winter zum Rodeln bestens geeignet sind, dazu große Spielplätze für Kinder, ein abgefahrener Skate-Park mit Pool und Fullpipe, eine Kletterwand, Fußball- und Basketball-Courts sowie Tischtennisplatten. *80639 München-Nymphenburg*

Hofgarten

Nur ein paar Meter vom Englischen Garten entfernt befindet sich der Hofgarten. Er liegt noch zentraler, breitet sich direkt neben dem Odeonsplatz und der Residenz aus. Besonders im Frühling und Sommer entzückt er seine Besucher:innen mit einem wahren Blumenmeer. Dazu plätschern alte Brunnen und Bäume spenden ringsherum angenehm Schatten. Umringt wird der kleine Park von stattlichen Häusern, der alten Residenz und der bayerisch königlichen Staatskanzlei – das sorgt für eine sagenhafte Ruhe. Auch der Boule-Szene gefällt das. Im Sommer rollen sie hier ihre Eisenkugeln in aller Gemütlichkeit über die Kieswege. In der Mitte des Hofgartens befindet sich ein sehr schöner Pavillon, in dem immer wieder Musik erklingt und dazu auch mal das Tanzbein geschwungen wird. *Odeonsplatz, 80539 München-Lehel*

Münchens wilde Seiten

Wild Life Kids

ab 4 Jahren, bis 10 Kinder,
ab 260 Euro

Ecke Heinrich-Heine-Str./Lena-Christ-Str., 82152 Planegg, T: 69397849, wildlife-kids.de

In Bäumen klettern, freies Spielen, jede Menge Spaß und ein großes Tipi sind die perfekten Zutaten für einen Naturabenteuer-Geburtstag. Im Münchner Westen verbirgt sich das Gelände von Wildlife Kids, wo ihr nachhaltig und abenteuerlich, mit oder ohne Betreuung durchs Wildlife-Team, feiern könnt. Am Platz befinden sich Obstbäume, Gemüsebeete und viele essbare Wildkräuter – hier und in der näheren Umgebung können Kinder die Natur tasten, riechen, schmecken, fühlen. Sie lernen, wie man mit einem Feuerstein ein Lagerfeuer entzündet, an dem sie sich an kühleren Tagen wärmen können. Kleiner Tipp: Stockbrotteig ist immer ein Hit! Wenn die Pandemie es wieder zulässt, veranstaltet Wildlife Kids auch tolle Outdoor-Kindergeburtstage an den Lieblingsnaturplätzen der Geburtstagskinder und versucht immer, auf individuelle Wünsche einzugehen.

TIPP Hofgarten Schleißheim

Am nördlichen Rand von München erstreckt sich ein barocker Schatz: die Schleißheimer Schlossanlage, deren Hofgarten eine wunderschöne Parkanlage und ein Paradebeispiel für die Gartenkunst des 17. Jahrhunderts ist, er ist einer der wenigen bis heute in seiner Aufteilung unverändert erhaltenen Barockgärten in Deutschland. Die Wasserspiele im Hofgarten sind von April bis Mitte September in Betrieb, der herrliche historische Obstmuttergarten mit seinen über 200 verschiedenen Apfelbaumsorten öffentlich zugänglich. In Erntezeiten kann man dort die besonderen Äpfel auch kaufen. Natürlich sind auch die Schlösser absolut sehenswert. *Max-Emanuel-Platz, 85764 Oberschleißheim, schloesser-schleissheim.de*

TIPP Isarauen

Wie ein grünes Band ziehen sich die Isarauen durch München. Sie fangen bereits im Zentrum bei der Reichenbachbrücke an und mäandern weiter durch die gesamte Stadt in südliche Richtung. Kleine Buchten, Liegewiesen und Kiesstrände laden zum Baden ein. Im Sommer ist die Isar im Stadtzentrum mittlerweile zu einer Partymeile geworden. Aber auch der Flaucher bei Thalkirchen ist ein sehr beliebter Anziehungspunkt für Jung und Alt. Im Norden beginnen die Isarauen ab dem Stauwehr Oberföhring. Hier raucht es im Sommer auch mal ordentlich, wenn Grills angefeuert und ungezwungen gefeiert wird. Am Tage geht es hingegen ruhiger und sportlicher zu. Da werden die Isarauen zur Bühne von Jogger:innen, Bade- und Sonnenfans oder sie sind einfach nur Oase für Natur- und Erholungssuchende. Vor allem aber sind sie eine fantastische Spiellandschaft für Kinder, die hier stundenlang planschen können. *Süden: Wittelsbacherbrücke, 81543 München-Isarvorstadt, Norden: Stauwehr, 81925 München-Oberföhring*

Kräuter-Erlebnis-Park

Es duftet nach Basilikum, Rosmarin und Majoran. Über 400 verschiedene Kräuter, Duft- und Blühpflanzen tummeln sich im Kräuter-Erlebnis-Park in Bad Heilbrunn. Ein Zauberwald, ein Biotop-Weiher, ein Labyrinth aus Teekräutern, zahlreiche Themenbeete und Kräuterterrassen mit Sonnenliegen aus Holz laden zum Kräuterkennenlernen und Entspannen ein. Waldbaden ist am Lindenhügel möglich, die dazugehörige Führung finden hier immer mittwochs und samstags statt. ziemlich spannend für kleine Entdecker:innen sind auch das keltische Baumhoroskop mit 22 Stationen oder der Hexenkreis. Vom Beobachtungsturm mit Rutsche habt ihr einen Ausblick über das gesamte Kräuterparadies. *Wörnerweg 4, 83670 Bad Heilbrunn, T: 08046-323, bad-heilbrunn.de*

Landschaftspark Hachinger Tal mit Landebahn Neubiberg

Früher sausten hier Flugzeuge durch die Lüfte, hoben ab und landeten auf dem alten Militärflugplatz. Doch das ist lange her und längst vorbei. Heute ist das Hachinger Tal ein rund 126 Hektar großer Landschaftspark im Süden von München. Im südlichen Teil befindet sich ein Naturreservat, im westlichen Teil geht es mit Fun-Park, Beachvolleyball und Bolzplatz recht sportlich zur Sache. Einen schönen Wasserspielplatz findet ihr am Hachinger Bach. Die ehemalige Start- und Landebahn, die die Mittelachse des Parks bildet, zieht vor allem Inlineskater:innen und Kitesurfer:innen an. Auf der sogenannten Hundemeile am Nordrand dürfen Hunde frei laufen. *Auf der Heid 6, 85579 München-Neubiberg, unterhaching.de*

TIPP Luitpoldpark

Die steilste Rodelpiste von München findet ihr im Luitpoldpark. Sie startet oben auf dem 37 Meter hohen Schuttberg, der aus den Trümmern des zweiten Weltkrieges geschaffen wurde. Im Sommer genießen die Münchner:innen eher die Sonne, liegen im Gras und erfreuen sich am Weitblick. Von einem kleinen Plateau aus lassen sich sogar die Alpengipfel bewundern. Dafür haben die zahllosen Sportler:innen scheinbar keine Zeit. Sie kämpfen sich die knackigen Anstiege im Luitpoldpark hoch und schwitzen dabei fleißig. Im nördlichen Teil wird das Bad Georgenschwaige als Zwischennutzung von fluffy Cloud bespielt. Der Abenteuerspielplatz an der Belgradstraße und der Spielplatz mit Pumuckl-Brunnen und Labyrinth beim Bamberger Haus sorgen bei Kindern für Vergnügen. Einen neuen Spielplatz und Basketball Court gibt es hier auch. *Belgradstr., 80804 München-Schwabing*

Maßmannpark

Mitten in der Stadt gibt es einen tollen Spielraum in der Maxvorstadt. Er ist von Bäumen, Büschen und Häusern umgeben. So fällt es gar nicht weiter auf, dass eine große Straße an ihm vorbeirauscht. In ihm findet man Klettergerüste, Rutschen und Schaukeln. Für Basket- und Fußballer:innen gibt es entsprechende Courts. Wer möchte, kann auch Boule spielen oder es sich einfach unter den großen Bäumen gemütlich machen. Die Rede ist vom Maßmannpark. Das etwas mehr als zwei Hektar große Gelände hat eine lange sportliche Tradition – 1828 errichtete dort Hans Ferdinand Maßmann, ein Schüler des Turnvater Jahn, eine öffentliche Turnanstalt. In diesem Sinne wird auch heute noch mit Begeisterung geturnt, gekickt, gespielt und gefeiert. *zwischen Heß-, Schleißheimer- und Maßmannstr., 80333 München-Maxvorstadt*

Maximiliansanlagen

Der Friedensengel ragt als Steinstatue auf einer Säule über die Bäume der schönen Maximiliansanlagen. Eine wunderschöne kleine Oase zwischen Max-Joseph-Brücke und der Ludwigsbrücke. Die Baumgruppen sind so gepflanzt, dass immer wieder der Blick auf die Altstadt möglich ist. Seit 1899 wacht der Engel schon über die Münchner:innen. Früher war es eine Schafwiese, wo heute die Parkanlage zum Verweilen einlädt, auf der gejoggt, gekickt, gebadet und der tosenden Isar nahe der Maximiliansbrücke gelauscht wird. *81675 München-Au-Haidhausen*

TIPP Olympiapark

Einst wurde der Olympiapark für die Sommerspiele 1972 angelegt. Aber auch 50 Jahre später erfreut er sich höchster Beliebtheit. Als ein sehr wichtiger und elementarer Teil der urbanen Landschaft der Stadt bietet er traumhafte Aus- und spannende Einblicke. Der See, die Hänge und Wiesen, die olympischen Bauwerke sowie der Blick vom Olympiaberg über die Stadt bis hin zu den Bergen – das alles ist einfach toll! Abends könnt ihr dort verführerische Sonnenuntergänge erleben, tagsüber sorgen Spielplätze, Motor- und Tretbootfahren oder ein Basketballplatz für Action und Bewegung im Park. Bei weniger gutem Wetter lohnt sich ein Abstecher ins Olympiabad, zur SoccArena oder ins Eissportzentrum. Irre beeindruckend ist eine Zeltdach-Tour mit Flying Fox-Flug, für die Kinder mindestens zehn Jahre alt und über 1,4 Meter groß sein müssen. Richtig toll sind die Festivals im Park: „Sommer im Park" und „Tollwood"! *Spiridon-Louis-Ring, 80809 München-Milbertshofen, T: 30670, olympiapark.de*

Ostpark

Im Osten von München erstreckt sich eine große, grüne Fläche zwischen Betonburgen, Asphaltpisten und Blechlawinen. Im Ostpark könnt ihr ausladende Rasenflächen, zarte Hügellandschaften und tolle Spiel- und Sportplätze entdecken. Die verschlungenen Wege, Teichanlagen und schattigen Baumgruppen bieten viel Platz zum Entspannen und Verschnaufen, denn immerhin erstreckt sich der Park auf einer Fläche von 56 Hektar. Das bietet viel Spiel- und Freiraum: Grillen ist im nordwestlichen Teil am Ostparksee möglich und sehr beliebt. Wenn sich im Sommer die Massen am späten Nachmittag dort treffen, wird es schnell turbulent und unübersichtlich. Früher war der Ostpark eine einfache Ackerfläche, heute zählt er zu einer der größten Parkanlagen Münchens, die auch im Winter als Rodel-Spot angesagt ist. *81735 München-Neuperlach*

Lasst den Trubel der Stadt hinter euch, der Starnberger See lockt mit Urlaubsgefühlen.

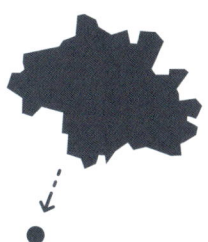

Starnberger See

Camping Ambach am See
Am Schwaiblbach 3
82541 Münsing
T: 08177-546
camping-ambach.de

Buchheim Museum
Am Hirschgarten 1
82347 Bernried
T: 08158-997055
buchheimmuseum.de

Zum Fischmeister
Seeuferstr. 31
82541 Münsing
T: 08177-533
zumfischmeister.com

Vergnügt in Ambach

Kleine Wellen schlagen ans Ufer, eine leichte Brise weht und die Sonne lacht – hört sich nach Meer und Urlaub an. Das Meer nennt sich hier Starnberger See und seit die Betreiber:innen des legendären Münchner Café Grüneis den Campingplatz übernahmen, herrscht hier die pure Lebensfreude! Umringt von Wiesen und Bäumen, liegt der Platz mit 68 Stellplätzen für Wohnmobile und Zelte direkt am Ostufer des Sees, eingebettet in ein malerisches Voralpenpanorama und ist in weniger als einer Stunde Fahrt von München aus zu erreichen.

Familien, die nur für ein paar Stunden in Ambach vorbeischauen möchten, können es sich ebenso gemütlich machen, in den See springen oder auf dem Spielplatz oder im Spielwohnwagen herumtoben wie länger Verweilende. Außerdem punktet der Campingplatz mit einem

Gut Aiderbichl Iffeldorf
Osterseehof 1
82393 Iffeldorf
T: 08801-9156550
gut-aiderbichl.com

Tante-Emma-Laden mit Bio-Produkten, einer kleinen Auswahl an Spielsachen und einer großen Auswahl an Eis.
Spezielle Kinderbetreuungsangebote am Wochenende
mit Malen, Basteln und Spielen sorgen für Kurzweil
bei den Kindern. Für kulinarische Genüsse ist derweil die
Schwaiblbar mit köstlichen Kaffeespezialitäten, hausgemachten Kuchen, Pommes oder Pizza und gesunden
Bowls vor Ort. Oder ihr spaziert fußläufig zum Fischmeister, um im Biergarten des Gasthauses, seit Generationen im Besitz der Familie von Schauspieler Sepp
Bierbichler, bayrisch zu speisen, während die Kinder am
hauseigenen Seegrundstück spielen.

Damit nicht genug: Neben Fahrrädern kann man sich
SUP-Boards und kleine Segelboote ausleihen, um das Umland zu entdecken. Wie zum Beispiel Bernried auf der
gegenüberliegenden Seeseite. Ein wunderschöner Klostergarten, ein zauberhaftes Teehaus und das Buchheim
Museum sind dort äußerst sehenswert. Oder man radelt
zum Gut Aiderbichl bei Iffeldorf – Europas wohl größtem Hof für gerettete Tiere, wo man Pferden, Schweinen,
Kühen, Lamas, Hasen, Katzen, Hunden, Papageien und
sogar Schimpansen begegnen kann.

Pasinger Stadtpark

Bei Jogger:innen, Fußball- und Fitnessfans ist die Parkanlage sehr beliebt, genauso aber auch bei Familien, die mit ihren Kindern zu den Spielplätzen unterwegs sind. Durch den eineinhalb Kilometer langen Pasinger Stadtpark fließt ganz gemütlich die Würm, die sich an manchen Stellen zu kleinen Seen aufstaut – für Kinder ein Planschparadies! Wiesen und Baumgruppen wechseln sich ab und verleihen dem relativ schmalen, grünen Schlauch am westlichen Rand von München viel Raum und Großzügigkeit. So wird der Stadtpark auch als kleiner Bruder vom Englischen Garten bezeichnet. In verschneiten Wintern kann westlich des Hugo-Fey-Weges gerodelt werden. *Am Stadtpark, 81243 München-Pasing*

Rosengarten

Etwas versteckt, vom Fußweg auf der Giesinger Seite der Isar aus erreichbar, liegt der Rosengarten. Die kleine Oase ist ein echter Geheimtipp: Ruhig und friedlich kann man hier wunderbar der Hektik der Stadt entfliehen. Um zur großen Spielwiese zu gelangen, lasst ihr die Welt der Botanik – in Form der Themengärten der Baumschule Bischweiler links liegen, so kommt ihr zum Rosengarten. Hier kann man es sich auf frei herumstehenden Stühlen bequem machen, Frisbee spielen, bolzen, rennen und herumtoben. Für die etwas Kleineren ist vor allem der Wasserspielplatz sehr spannend. Er befindet sich am Rande der Wiese – mit Insel und Bachlauf. Bei sommerlichen Temperaturen perfekt zum Abkühlen und Planschen. *Sachsenstr. 2, 81543 München-Giesing, T: 62171442*

TIPP Schlosspark Nymphenburg

Man kommt sich schon ein weniger vor wie in einem Märchenfilm: Im Nymphenburger Schlosspark mit seinem Apollotempel, dem Vogelhaus von Cuvilliés, der Pagodenburg und der Badenburg sind unzählige Figuren und Kaskaden, Seen und Kanäle zauberhaft in die Parkanlage eingebettet. Man könnte meinen, Schneewittchen oder Dornröschen waren gerade eben noch hier unterwegs. Im Jahr 1799 öffnete diese wunderschöne Gartenkunstanlage ihre Tore für den König und seine Begleitung. Knapp 230 Jahre später tummelt sich an sonnigen Tagen halb München in diesem Park, der sehr weitläufig ist. Seine Fläche beträgt stolze 180 Hektar. Mit seiner reichen Flora bietet er auch ideale Lebensbedingungen für Tiere, die es sonst in einer Großstadt schwer haben: Rehe, Hasen, Füchse, Schmetterlinge und zahlreiche Vogelarten sind hier zu Hause. Besonders beliebt bei den Besuchern sind die Schwäne. Zusammen mit den zahlreichen Gänsen schwimmen sie majestätisch über die Seen im Park. Im Frühsommer kann man die Schwanenpaare im Schlosspark bei der Aufzucht ihrer Küken beobachten. Im vorderen Bereich häufen sich Menchenscharen, weiter hinten bei der Badenburg beginnen die weiten Wiesenflächen. Am Haupteingang vor dem Schloss schießen riesige Wasserfontänen in den Himmel, hier nimmt der Nymphenburger Schlosskanal seinen Lauf. Tipp: Wenn ihr diesem bis zur ersten Brücke folgt und links abbiegt, gelangt ihr zu einer der besten Eisdielen Münchens – dem Cremagelato. Ein königliches Eisvergnügen erwartet euch dort! Und nicht nur im Sommer gibt es hier eisige Freuden – wenn er im Winter zufriert, sorgt der Kanal ebenfalls für viel Spaß auf dem Eis. *Schloss Nymphenburg, 80638 München-Nymphenburg*

Südpark

Eigentlich ist er nicht wie ein Park angelegt, sondern vielmehr als Wald zu verstehen, durch den sich viele Wege und Pfade ziehen. Leider macht sich gelegentlich auch die Autobahn Richtung Garmisch-Partenkirchen bemerkbar, die an ihm vorbeiführt. Doch das sollte euch nicht abschrecken, denn der Sendlinger Wald ist ein recht naturbelassener, grüner Fleck im Süden der Metropole. Ein großer relativ frisch sanierter Spielplatz mit Seilbahn, Spinnennetz, Drehscheibe, Parcours-Anlage, Kletterwand, Tischtennisplatten und Basketball Court sowie einem Trimm-Dich-Platz bieten kleinen und großen Parkbesucher:innen eine vergnügliche Abwechslung. Nahe der Brücke nach Fürstenried befindet sich etwas im Wald versteckt noch ein zweiter Spielplatz mit einem tollen bunten Klettergerüsten aus Holz. Im Winter lockt der Rodelhügel in den Park. Die Münchner Natur-Kunst Biennale SüdpART soll 2023 wieder stattfinden. *Südpark Allee 200, 81379 München-Sendling; suedpart.de*

Themengärten der Baumschule Bischweiler

Hier dreht sich alles um Gärten – in den verschiedensten Variationen und Formen. Direkt in den Isarauen von Untergiesing befindet sich die Städtische Baumschule Bischweiler mit fünf Themengärten. Da ist zunächst der Rosengarten, in dem die Stadtgärtner:innen seit 1955 unzählige Rosenarten hegen und pflegen. Im Duftgarten wachsen Vanilleblumen, Jasmin, Oleander, Duftgeranien oder Zitrusfrüchte – ein Genuss für Nase und Auge. Im Giftpflanzengarten lernen Kinder, von welchen Pflanzen sie lieber die Finger lassen sollten und im Tastgarten haben alle die Möglichkeit, mal mit Fingern und Händen zu sehen und die verschiedensten Pflanzen, Blätter und Blüten zu erspüren. Die botanischen Namen sind dort auch in Blindenschrift zu erfahren. *Sachsenstr. 2, 81543 München-Giesing, T: 23360423, muenchen.de*

Zum Flaucher

Wir werden nicht müde, einen Tag an
den Isarauen zu empfehlen, vor
allem, wenn man bewegungshung-
rige Kinder sein eigen nennt. Der
Biergarten liegt ohne Parkmöglich-
keiten mitten im Grünen und ist die
perfekte Einkehrmöglichkeit bei
einer Radtour oder nach ausgiebigen
Bade- und Planschtagen an den Isarauen. Achtung: Ein bisschen Rest-
energie bewahren für den Rückweg.
Isarauen 8, 81379 München-Thalkirchen-Send-
ling, T: 7232677, zumflaucher.de

Waldwirtschaft

Wer mehr auf Jazz als auf bayrische
Blasmusik steht, ist goldrichtig in
dem Traditionsbiergarten am westlichen Isarhochufer im Süden Münchens. Für Kinder wartet die „WaWi"
mit einem hübschen eingezäunten
Spielplatz, Trampolinen und nostalgischen Schiffsschaukeln auf.
Georg-Kalb-Str. 3, 82049 Pullach, T: 74994030,
waldwirtschaft.de

Biergarten am Muffatwerk

Der zertifizierte Ökobetrieb liegt am
Isarradweg, direkt neben dem denkmalgeschützten einstigen Wasser-
kraftwerk, das heute ein Kulturzentrum beherbergt. Kleine Kinder
buddeln hier im Sandkasten während
sich die etwas größeren auf dem
nahegelegenen öffentlichen Spielplatz vergnügen. Badespaß bieten
der Isarstrand oder das Müllersche
Volksbad. *Zellstr. 4, 81667 München-Haid-*
hausen, T: 45875073, muffatwerk.de

Wirtshaus am Bavariapark

Trotz der zentralen Lage mitten in
der Stadt weht auf der Schwanthalerhöhe meist ein angenehmes Lüft-
chen, auch im Hochsommer. Neben
dem Verkehrszentrum des Deutschen Museums gelegen, kann man
hier prima mit Kindern Zeit verbringen, die auf dem Spielplatz im Biergarten und im Park jede Menge
Platz zum Toben haben. Außerdem
finden hier regelmäßig Bastelak-
tionen und Kasperltheater für Kinder statt. *Theresienhöhe 15, 80339*
München-Schwanthalerhöhe, T: 45211691,
wirtshaus-am-bavariapark.com

Entspannte Einkehr mit Kindern

Hirschau

Mit 1.800 Sitzplätzen unter riesigen Kastanien und einem tollen Abenteuerspielplatz mit verschiedenen Klettermöglichkeiten, einer Seilbahn und einem Piratenschiff lockt der historische Biergarten im Englischen Garten. Auch eine Auswahl an vegetarischen und veganen Gerichten könnt ihr an diesem kinderfreundlichen Ort entspannt genießen.

Gyßlingstr. 15, T: 36090490, 80805 München, hirschau-muenchen.de

Königlicher Hirschgarten

Münchens größter, idyllisch gelegener Biergarten ist optimal mit der S-Bahn erreichbar. Die namensgebenden Hirsche im angrenzenden Gehege darf man sogar füttern. Auf dem Kinderspielplatz locken eine große Kletterwand, ein Karussel sowie ein Wasserspielplatz. Sehr beliebt ist auch der Crêpesstand!

Hirschgarten 1, 80639 München-Neuhausen-Nymphenburg, T: 17999119, hirschgarten.de

Augustiner-Keller

Ein bekannter Klassiker unter den Münchner Biergärten und dementsprechend beliebt bei Tourist:innen ist der Augustiner-Keller an der Hackerbrücke. Der Name bezieht sich auf den im Jahr 1807 in acht Meter Tiefe gebauten Keller, in dem damals das Bier mit Eis gekühlt wurde. Heute können Kinder auf dem großen Spielplatz mit Sandkasten, Schaukel, Kletterturm und Rutsche herumtollen. Dank seiner erhöhten Lage auf einem Plateau können Eltern so ihren Nachwuchs relaxed im Blick behalten. Besonderes Highlight ist im Sommer das Kinderfest mit Kutschfahrten, Kinderschminken, Kasperletheater und Hüpfburg.

Arnulfstr. 52, 80335 München-Maxvorstadt T: 594393, augustinerkeller.de

Westpark

Nicht nur historische Adelige haben großartige Parkanlagen erschaffen lassen, auch in der Gegenwart entstehen toll angelegte Landschaften – wie etwa der Westpark. 1983 öffnete dieser seine Tore im Zuge der internationalen Gartenbauausstellung. Er zieht sich vom Westend bis tief nach Sendling und inspiriert mit verschiedensten Gartenwelten. So gibt es chinesische und japanische Anlagen, eine nepalesische Pagode, einen thailändischen Tempel, Tallandschaften, Seen und lauter kleine Aussichtshügel. Dazu einen der angesagtesten Wasserspielplätze sowie Bolzplätze, Tischtennisplatten, Grillplätze und mit die längsten Rutschen der Stadt im hinteren Bereich beim kleinen Rosengarten. Hier findet ihr seit Kurzem auch einen Spielplatz mit Vogelnetz, das aus Hunderten Holzstücken besteht, in das sich Kinder begeben können. Der Park wird durch den mittleren Ring in zwei Teile getrennt, die durch eine große Brücke für Fußgänger:innen miteinander verbunden sind. Und noch ein Highlight: die Bio-Pommes mit Rosmarin und Ketchup beim Café Gans am Wasser – eine wunderbare Einkehr mit Zirkuszelt und lustigen Holzinseln. *Direkt am Mollsee. 81377 München-Sendling*

Gärten

Ackerhelden

Man muss nicht unbedingt draußen auf dem Land leben, um sein eigenes Gemüse und Obst anzubauen. Es braucht auch nicht unbedingt einen eigenen Garten, denn es gibt ja die Ackerhelden. Hier kann man biozertifizierte, mit verschiedenen Gemüsesorten vorbepflanzte Ackerstücke mieten. Zwischen Mitte Mai und Ende November wird dort frisches Biogemüse gesät, gepflanzt und geerntet – mit den eigenen Händen geackert. Eine tolle Idee, die sich zwei Jungs aus Essen vor knapp zehn Jahren ausgedacht haben. Mittlerweile gibt es die Ackerhelden und ihre Ackerflächen in ganz Deutschland – drei davon bei München: in Aubing, Ismaning und bei den Hermannsdorfer Landwerkstätten in Glonn. Zu dem Ackerland gibt es noch Bio-Saatgut, Hochbeete-Bausets und ein Gartenbuch. Alles, was man als Biogärtner:in eben so braucht, um sein eigenes Stückchen Land zu beackern. *ackerhelden.de*

EineWeltHaus-Gemeinschaftsgarten

Im Gemeinschaftsgarten im Hof des Kulturzentrums wachsen Kräuter, Beerensträucher und Blumenzwiebeln, die vor allem bei Wildbienen beliebt sind und damit die Nahrungsquellen für Insekten in der Stadt bereichern.

Zwei Insektenhotels auf der Terrasse bieten den so wichtigen kleinen Bestäubern Unterschlupf. Wer Lust hat, mitzuwirken und eigene Ideen einbringen möchte, meldet sich bei Alida Gerlach von EineWeltHaus. *Schwanthalerstr. 80 RGB, 80336 München-Ludwigsvorstadt, T: 85637511, einewelthaus.de/das-haus/garten*

Essbare Stadt

Bei der Initiative wird die Idee verfolgt, öffentliche Grünflächen zu schaffen, auf denen Stadtbewohner:innen ihre Kräuter oder ihr Gemüse selbst säen, anbauen und ernten können. So ein grünes Gemeinschaftsprojekt befindet sich in München im Rosengarten – auf dem Gelände der Baumschule Bischweiler. Die Fläche stellt die Stadt zur Verfügung, der gemeinnützige Verein Green City koordiniert das Projekt. Es sollen noch andere Gärten dieser Art dazukommen. Diese sind besonders bei Familien sehr gefragt, denn es macht nicht nur Spaß, sein eigenes Obst und Gemüse zu ernten und zu essen – man lernt auch einiges dabei. Und auch die Insekten freuen sich über die Pflanzenvielfalt. Für ein zwei Quadratmeter großes Beet könnt ihr euch bewerben für die Gartensaison von April bis Oktober. Die Gärtner:innen erhalten die entsprechenden Einweisungen, eine Grundausstattung an Samen in Bingenheimer Qualität sowie regelmäßige Pflanztipps. Dazu Gießwasser und die Nutzung der Werkzeuge vor Ort. Man darf die Gärten aber auch als Besucher:in in Augenschein nehmen. *Anlage der Städtischen Baumschule Bischweiler in der Sachsenstr. 2-4 (Eingang rechts von der Sachsenstr. 6), 81543 München-Untergiesing, greencity.de*

Gemeinschaftsgarten Grünstreifen

Beim Grünstreifen geht es nicht nur um Obst, Gemüse und Natur. Der urbane, ökologische Gemeinschaftsgarten im Bürgerpark von Oberföhring soll für alle ein Anlaufpunkt sein. Die Anwohner:innen werden dazu ermutigt, beim Gestalten ihres Viertels und einer offenen Gesellschaft zu partizipieren. Gemeinsames Gärtnern verbindet und fördert die Wertschätzung für Natur, das Verstehen von Naturzusammenhängen und ökologischer Lebensmittelproduktion. Neben grünen und nachhaltigen Themen spielen hier auch Kunst und Kultur eine große Rolle. Konzerte mit Musik aus aller Welt, mehrsprachige Lesungen und Kunstworkshops beispielsweise zu Upcycling oder Naturfarben stehen auf dem Programm. Der Grünstreifen ist offen für Kooperationen mit gleichgesinnten Initiativen, außerdem steht er auch für Veranstaltungen zur Verfügung. *Interkultureller Gemeinschaftsgarten Grünstreifen im Bürgerpark Oberföhring, 81925 München-Oberföhring, gruenstreifen.org*

Giesinger Grünspitz

Im Jahr 2022 ist er vorerst gesichert. Der Giesinger Grünspitz muss noch nicht großen Baggern und Kränen weichen. Er bleibt eine grüne Oase mit Konzerten, Yoga, Hochbeeten auf einem Platz mit viel Kies und Kastanien, umringt von Straßen. Die 2.000 Quadratmeter große Insel in Giesing an der Tegernseer Landstraße nutzte früher ein Autohändler. Seit 2014 ist sie in öffentlicher Hand. Green City veranstaltet dort zusammen mit lokalen Akteur:innen und im Auftrag der Stadt ökologische und kulturelle Aktionen und Projekte wie den Gemeinschaftsgarten: 20 Hochbeete stehen hier zur Verfügung. Wer den Zuschlag erhält, verpflichtet sich, für die Dauer einer Gartensaison das Beet gegen einen geringen Unkostenbeitrag zu bestellen. Gießwasser und Werkzeuge gibt es vor Ort. Ein schöner entspannter Treffpunkt mit lockerer Atmosphäre für alle, ob Gärtner:in oder nicht, ist der Kiosk am Grünspitz. *Tegernseer Landstr. 104, 81539 München-Giesing, T: 890668-326, greencity.de, kioskamgruenspitz.com*

Kleingartenverband München e.V.

Die Städte werden immer grauer und lauter? Abhilfe kann da ein Kleingarten – beziehungsweise Schrebergarten – schaffen. Ein grüner, bunter und erholsamer Rückzugsort für die ganze Familie. Allein in München zählt der Kleingartenverband 11.000 Mitglieder:innen mit 8.700 Parzellen. Diese sind Teil der grünen Lunge der Stadt und sorgen so für die Reinigung und Verbesserung der Luft. Die Nachfrage der Münchner:innen nach einem solchen Stück Grün ist groß, die Wartezeit entsprechend lang. Aber nicht verzagen, man kann sich trotzdem anmelden und Glück haben. Und wer Pächter:in eines Kleingartens ist, kann an Kursen und Workshops teilnehmen. So kann sich die gesamte Familie dann zu erfahrenen Großstadt-Gärtner:innen entwickelt. *Siegenburgerstr. 58, 80686 München, T: 579539411, kleingartenverband-muenchen.de*

Krautgärten – Stadtgüter München

Die Krautgärten der Stadtgüter München bieten Gemüseparzellen in unterschiedlichen Größen an – 30, 60 oder 90 Quadratmeter stehen den urbanen Gartenfreund:innen zur Wahl. Bei dieser Größe könnt ihr auch mal etwas mehr säen und pflanzen als nur ein paar Tomaten, Gurken oder Erdbeeren. Das Gut Riem übernimmt dabei die Vorbereitung der Krautgartenstandorte und die Organisation. Gegen Zahlung eines Saisonbeitrages können Interessierte für eine Krautgartensaison (von Anfang Mai bis Mitte November) auf einem der acht Standorte selbst Bio-Gemüse anbauen, es pflegen und schließlich ernten. Am Ende der Saison werden die Parzellen wieder an das Gut Riem zurückgegeben, die es wiederum auf die kommende Saison vorbereiten. *Die Krautgärten befinden sich in Riem, Gronsdorf, Daglfing, Trudering, Berg am Laim, Perlach, Hohenbrunn und Aschheim. Gut Riem, Isarlandstr. 1, 81829 München, stadt.muenchen.de*

MUCCA Community Garden

Einen gemeinsamen Ort schaffen, der zum Verweilen einlädt und sich gleichzeitig mit Fragen zu Ökologie, Natur und Gesellschaft befasst – das will MUCCA mit seinem Community Garden-Projekt im Kreativquartier erreichen. Denn München braucht als eine der dicht besiedeltsten und teuersten Städte in Deutschland Orte, die gemeinschaftlich und kostenlos genutzt werden können. Öffentlicher Räume, an denen alle willkommen sind und eine grenzenlose Gemeinschaft entstehen kann, in der sich auch Menschen mit Beeinträchtigungen einbringen können. Die Hochbeete befinden sich mitten in der Stadt, sind umgeben von Asphalt und barrierefrei erreichbar. Bestenfalls wird im MUCCA Community Garden nicht nur gegärtnert, sondern auch gern mal gefeiert und gekocht. *Über Facebook könnt ihr Kontakt mit MUCCA aufnehmen: facebook.com/muccagardens*

o'pflanzt is! – Gemeinschaftsgarten

Hier geht es wirklich um Garten und Gemeinschaft. So gibt es bei o'pflanzt is! keine individuellen Beete. Die wesentlichen Dinge rund ums Gärtnern, Pflanzen und Ernten werden gemeinsam entschieden, ohne dass alles bis ins Kleinste geregelt werden muss. Wer sich einbringen will, findet in der Regel eine Funktion, in der die eigenen Fähigkeiten am besten zur Geltung kommen. In den 30 Hochbeeten und diversen Pflanzbehältern wird ökologisch geackert, möglichst mit samenfesten Sorten und im Sinne der Philosophie von Permakultur. Gelegentlich finden Workshops und Kräuterführungen statt. Die Beschäftigung mit Pflanzen, das Säen und Ernten, das Wühlen in der Erde und die Freude an natürlichem Wachstum sind Ausdruck elementarer Grundbedürfnisse. Urban Gardening steht hier für ein tief empfundenes Interesses, ein Lebensgefühl und nicht zuletzt eine politische Haltung. *Willi Gebhardt Ufer 32, 80809 München-Neuhausen, o-pflanzt-is.de*

Westend Garten

Für 2022 ist die Anmeldung bereits abgeschlossen, doch im kommenden Jahr habt ihr wieder die Chance, im Westend Garten mitzumischen, einem Urban-Gardening-Projekt in München, bei dem einmal mehr Green City seine Finger im Spiel hat. Seit März 2022 findet sich auf einer Brache gegenüber der Ganghoferstraße 70 im Westend

Sportliche Geschichte

FC Bayern Erlebniswelt

ab 6 Jahren
Erlebnisrallye: 15 Euro je Kind,
max. 11 Kinder, Zusatzoption: Arena
Kinder Tour: 12 Euro je Kind,
Torwandschießen: 3,50 Euro je Kind

*Allianz Arena, Werner-Heisenberg-
Allee 25, 80939 München-Freimann,
T: 69931222, fcbayern.com*

Für Fans des FC Bayern ist eine Geburtstagsfeier in der Allianz Arena natürlich ein besonderes Highlight, aber auch für alle anderen Fußballbegeisterten verspricht der Tag hier reichlich Action. Bei einer Erlebnisrallye erkunden die Kinder Deutschlands größtes Vereinsmuseum, die Geschichten und Ankekdoten des Vereins und seiner Fußballlegenden. Die Arena Kinder Tour führt zusammen mit erfahrenen Guides durch den Spieler:innentunnel zu den spannendsten Schauplätzen des Stadions, den Spieler:innenkabinen, der Mixed Zone und dem Pressekonferenzraum und klärt Fragen rund ums Stadion. Nach der Tour kann die Geburtstagsgesellschaft beim Torwandschießen zeigen, was sie sportlich drauf hat und sich im Anschluss im Arena Bistro oder im Paulaner Fantreff stärken.

ein neuer Gemeinschaftsgarten für Anwohner:innen, mit Hochbeeten zur Zwischennutzung. Für die Saison 2023 könnt ihr euch Anfang des Jahres anmelden. Wer einen Zuschlag erhält, verpflichtet sich, während einer Gartensaison das Beet zu bestellen und sich an den gemeinschaftlichen Aufgaben zu beteiligen. Fragen könnt ihr richten an: *garteln@greencity.de, greencity.de*

Tierparks, Zoos und Aquarien

TIPP Bergtierpark Blindham

Im bayerischen Voralpenland, etwa 30 Kilometer von München entfernt, erwartet euch eine tolle Mischung aus Natur, Tier und Spiel. Im Tierpark könnt ihr heimische Wildtiere und seltene Nutztierarten, wie die Walliser Schwarzhalsziege beobachten. Auf 25 Hektar Wald und Wiese leben Mufflons, Damwild und Wildschweine in großzügigen Gehegen. Der alte Bauernhof ist sommers wie winters ein großartiges Familienausflugsziel mit Spielplätzen zum Buddeln, Klettern, Rutschen, Hüpfen, das ganzjährig täglich geöffnet hat. Der Hit bei Regen: Indoor-Vergnügen auf 2.000 Quadratmetern und drei Etagen ist im dazugehörigen SpielStadl möglich. *Blindham 3, 85653 Aying, T: 08063-207638, bergtierpark.de*

Greifvogelpark Menter

Ein ganz besonderes und beflügelndes Abenteuer kann man in Haldenwang entdecken. Dort rauschen Adler, Eulen und Geier im Greifvogelpark Menter durch die Lüfte. Diese Flugkünstler könnt ihr dort live und direkt erleben. Doch nicht nur das: Der Park möchte seinen kleinen und großen Besucher:innen die Faszination dieser edlen Tiere näher bringen und verdeutlichen, wie wichtig der Erhalt des Lebensraumes für alle ist. Denn viele Greifvogelarten sind vom Aussterben bedroht und brauchen mehr ungestörte Rückzugsgebiete. Der Greifvogelpark hat an Wochenenden und Feiertagen geöffnet. *Rieblinger Str. 2, 89356 Konzenberg, T: 08222-42824, greifenzucht.de*

Mangfall-Lamas

Vorsicht Spucke! Nein, keine Sorge, diese Vierbeiner sind vom Wesen her friedlich und entspannt und freuen sich über Besuch. Darum steht hier nicht nur Tiere-Anschauen auf dem Programm, Bergwanderungen durchs Mangfalltal und die bayerischen Alpen sind gemeinsam mit den Lamas möglich. Ihre Ställe und Weide befinden sich am Ortsein-

gang von Agatharied, fünf Minuten vom dortigen Bahnhof entfernt. Die Lama-Wanderungen können auch mit einer Geburtstagsfeier verbunden werden. *Poschmühl 93, 83734 Hausham, mangfall-lamas.de*

SEA LIFE

Hier dreht sich alles um Wasser und wer darin so alles lebt: Das Sea Life nimmt seine Besucher:innen mit auf eine feuchtfröhliche Reise durch Isar, Donau bis hin ins Schwarze Meer und zum Mittelmeer. Während einer kommentierten Fütterung erfahrt ihr, ob Seegurken wirklich Tiere sind und warum Hummer aus der Haut fahren. Es gibt sogar ein Berührungsbecken, in das ihr zusammen mit Sea-Life-Mitarbeiter:innen abtauchen könnt. Insgesamt tummeln sich in den großen Aquarien auch über 20 verschiedene Hai-Arten – so viele wie sonst nirgendwo in Deutschland. *Willi-Daume-Platz 1, 80809 München-Milbertshofen, visitsealife.com*

TIPP Tierpark Hellabrunn

In den Isarauen auf Höhe Thalkirchen versteckt sich ein tierisches Paradies – der Tierpark Hellabrunn. Zwischen in den Himmel ragenden Bäumen und Wasseradern hört ihr die exotischen Schreie und Rufe von Affen, Bären, Seehunden, Papageien oder großen Raubkatzen wie Tigern und Löwen. Und so wirkt Hellabrunn wie ein Wald voller Tiere. Ihr seid mittendrin, wenn die Eisbären durch ihr Becken tauchen, die Elefanten in ihrer prachtvollen Villa herumtollen und die Giraffen durchs Gehege rennen. Dazu gibt es für Kinder tolle Spielplätze mit Hängebrücken, Rutschen und Schaukeln. Im recht neuen Mühlendorf befindet sich die Geozone Europa, die die heimische Bio diversität vor Augen führt. Die Besucher:innen erleben hier ursprüngliche und vom Aussterben bedrohte Haustierrassen. Anhand von Spiel- und Lernstationen könnt ihr die Entwicklung vom Wild- zum Haustier nachvollziehen. *Tierparkstr. 30, 81543 München-Thalkirchen, T: 625080, tierpark-hellabrunn.de*

TIPP Vogelpark Olching

In den wunderschönen Auenlandschaften der Amper in Olching ist einiges los. Es singt, es kräht, es kreischt und tiriliert. Könnte eine pompöse Vogelhochzeit sein? Auf einem Areal von über 20.000 Quadratmetern befindet sich hier der Vogelpark Olching. In Volieren, Weiheranlagen und Freigehegen lassen sich etwa 600 Vögel beziehungsweise 150 verschiedene Vogelarten aus allen Erdteilen entdecken und erleben. So herrscht in der relativ kleinen Gemeinde, die nur gut 20 Kilometer von München entfernt liegt, ein unglaublich buntes Treiben, bei dem vor allem Kinder, aber auch Erwachsene nicht mehr aus dem Staunen herauskommen. Tigerfinken, Kraniche, Störche, Rosapelikane, Nandus sowie Papageien sind ein toller Anblick. Wer etwas tiefer und genauer in diese wundervolle Vogelwelt eintauchen und mehr über sie erfahren möchte, kann eine Gruppen- oder Einzelführung buchen. *Toni-März-Str. 1, 82140 Olching, T: 0160-98024150, vogelpark-olching.de*

TIPP Wildpark Poing

Der Wildpark Poing beherbergt nicht nur wilde Tiere. Er lockt auch scharenweise Kinder an, die wild herumtoben und vor Freude kreischen, wenn sie beispielsweise durch eine der vier Röhrenrutschen auf dem Abenteuerspielplatz sausen. Das Westernfort mit Postkutsche, zahlreiche Kletterparcours und ein Dino-Wasserspielplatz sorgen ebenso für viel Spaß und wilde Abenteuer. Relativ ruhig und gemütlich geht es dann auf dem vier Kilometer langen Wald- und Wiesenwanderweg zu, dort könnt ihr heimische Tiere in ihrer natürlichen Umgebung beobachten. In einem sehr weitläufigen Waldareal bewegen sich Damhirsche und Mufflons, Schafe, Ponys und Ziegen, Luchse und Wölfe sowie eine Braunbär-Familie. Fischbecken und Vogelvolieren gibt es ebenfalls. *Wildparkstr. 32, 85586 Poing, T: 08121-80617, wildpark-poing.de*

Zoo Augsburg

Der Spielplatz mit Gehege für Haustierrassen im Augsburger Zoo ist einfach der Hit. Dort begegnet man live und direkt Dahomé-Rindern, Zwergponys, Eseln, Ziegen, Kaninchen und Meerschweinchen. Etwas mehr auf Distanz, aber nicht weniger eindrucksvoll ist das Aufeinandertreffen mit Elefanten, Löwen, Bären, Nashörnern, Zebras und Tigern. Dabei gibt es besondere Angebote für Schulen und Kindergärten. Bei „Zoo intensiv" habt ihr die Möglichkeit in Begleitung von Tierpflegepersonal in einem Zoo-Revier hinter die Kulissen zu blicken und sogar die Futterküche oder Stallungen zu besichtigen. Ein weiteres Highlight: das Zoo-Bähnle. Die kleine Eisenbahn nimmt Kinder mit auf eine Rundfahrt durch den Zoo. *Brehmplatz 1, 86161 Augsburg, T: 0821-5671490, zoo-augsburg.de*

Naturpädagogik

Echo e.V. – Grünwerkstatt

Reparaturcafé, Malatelier und Töpferei – das Echo in Riem ist ein sehr vielseitiger Ort der Begegnung und des Austausches. Das Thema Nachhaltigkeit spielt hier eine große Rolle. In der Grünwerkstatt laufen das ganze Jahr über verschiedene Workshops für Kinder, Jugendliche und Erwachsene zu den Themen Ökologie und Naturschutz. Der gemeinnützige Verein betreibt auch die Naturstation Schafflerhof, auf dem Kinder naturnahes Ferienprogramme erleben können. *Helsinkistr. 57, 81829 München-Riem, T: 94304845; Lindhof 8, 85305 Jetzendorf, echoev.de*

TIPP HeideHaus

Am nördlichen Rande von München erstreckt sich eine ganz besondere Landschaft mit Kiefern, Schafweiden und Kiesgruben. Die Rede ist von der südlichen Fröttmaninger Heide. Früher ratterten und knatterten Panzer durch das Übungsgelände der Bundeswehr. So nennen Münchner:innen das 347 Hektar große Areal auch „Panzerwiese". Von den rollenden Monstern ist zum Glück weit und breit nichts mehr zu sehen. Stattdessen laufen Familien über den Heidepfad, der die Naturschutzgebiete Echinger Lohe, Garchinger Heide und Mallertshofer Holz verbindet. Entlang des Rundwegs gibt es 20 Informationsstationen zur Heidelandschaft. Das Informations- und Umweltbildungszentrum HeideHaus liegt gut erreichbar an der U6 und bietet Naturführungen, Workshops und Kindergeburtstage in der Natur an. *Admiralbogen 77, 80939 München-Freimann, T: 46223273, heideflaechenverein.de*

INSEL – Inklusive Natur-, Sport- und Erlebnislandschaft

Auch in München gibt es Inseln. Diese hier ist allerdings nicht von Wasser umgeben, vielmehr von Bäumen und Bachläufent in den Isarauen des Englischen Gartens und steht für inklusive Natur- und Sporterlebnisse der Stiftung Pfennigparade. Dabei handelt es sich um einen Ort biologischer Vielfalt, einen Treffpunkt für ein buntes, barrierefreies Miteinander für Menschen mit und ohne Behinderungen. Outdoor-Kochen, Lagerfeuer-Catering, Permakultur, Schnitzen und Kreativarbeiten sowie Modellfloßbau aus Naturmaterialien stehen auf dem INSEL-Programm. Die verschiedenen Freizeitangebote richten sich sowohl an Menschen aus der Pfennigparade als auch an externe Einzelpersonen oder Gruppen. *Mittlere-Isar-Str. 11, 81925 München, T: 83934000, pfennigparade.de*

Nationalparkzentrum Lusen

Der Bayerische Wald wird von vielen Münchner:innen immer noch unterschätzt. Dabei zählt er zu einem der spannendsten Ökosysteme in ganz Deutschland, denn hier spielt wirklich die Natur die Hauptrolle. Das macht sich besonders in und um das Nationalparkzentrum Lusen bemerkbar. Braunbären und Wölfe leben hier in einem

Freigelände und ein Baumwipfelpfad lässt euch weit über die Kronen uralter Buchen und Tannen wandeln. Im Hans-Eisenmann-Haus lädt die interaktive Dauerausstellung „Wege in die Natur – eine Geschichte von Wald und Menschen" zum Erkunden ein. *Böhmstr. 35, 94556 Neuschönau, T: 08558-96150, nationalpark-bayerischer-wald.de*

NaturFreunde

Der Berg ruft – und die Natur sowieso. Wandern, Klettern, Mountainbiken und Wintersport sind bei den NaturFreunden angesagt und gefragt. Neben wöchentlichen Klettertreffs oder gemeinsamen Bergwanderungen könnt ihr hier auch eine Canyoning-Ausbildung absolvieren. Doch die Berge sind eben doch nicht alles. Wer gerne ins Museum oder ins Theater geht, findet im Kulturprogramm des gemeinnützigen Vereins ebenso interessante Angebote. Alle Aktivitäten werden umweltbewusst und nachhaltig durchgeführt. *Zentralländstr. 16, 81379 München-Thalkirchen, T: 2015777, naturfreunde-bezirk-muenchen.de*

TIPP Naturindianer

„Die urbanen Kids verlieren immer mehr den Bezug zur Natur und sich selbst", meint Oliver Fritsch. „Bei uns gestalten die jungen Teilnehmer:innen das Programm größtenteils selbst und übernehmen Verantwortung. Die Jungs und Mädels gewinnen ein ganz neues Bewusstsein – zu sich selbst und ihrer Außenwelt." Frisch hat die Naturindianer vor zwölf Jahren gegründet. Seine Projekte draußen in der Natur kommen bei Kindern und Jugendlichen sehr gut an. Verständlich: Feuer machen, Werkzeuge bauen, Fische fangen, schnitzen, den Wald entdecken und singen und tanzen macht schließlich großen Spaß. *Milchstr. 13, 81667 München-Haidhausen, T: 67971508, naturindianer.de*

TIPP Ökologisches Bildungszentrum München

Bildungszentrum mag sich etwas trocken anhören, doch an diesem Ort kommt ganz bestimmt keine Langeweile auf. Natur und Umwelt können hier seit mehr als 20 Jahren tatkräftig in Form von spannenden Workshops, Ferienprogrammen und coolen Projekten entdeckt werden. Themenreihen wie „Was unsere Erde hergibt" oder der „Tag der offenen Gartentür" ermöglichen Kindern und Jugendlichen tiefe Einblicke in unser urbanes Ökosystem. Einer unserer liebsten Geburtstagstipps – auf dem weitläufigen Gelände lässt sich vielfältig feiern. Ganz in der Nähe befindet sich auch die Lernstation Streuobstwiese. *Englschalkinger Str. 166, 81927 München-Bogenhausen, T: 93948960, oebz.de*

**Eine Stadt mit
herausragenden High-
lights – in Form eines
Turms, einer Burg und
uralter Bäume.**

Reise ins Mittelalter

Landshut

Burg Trausnitz
Burg Trausnitz 168
84036 Landshut
burg-trausnitz.de

La Osteria
Altstadt 195A
84028 Landshut
T: 0871-43036379
la-osteria.de

Nur knapp 50 Minuten mit dem Zug von München entfernt, erstreckt sich Landshut, mit über 73.000 Einwohner:innen die größte Stadt Niederbayerns. Besonders spannend für einen Besuch mit Kindern ist die Burg Trausnitz, die hoch über der Stadt auf einem Steilhang thront. Sie zählt zu den schönsten und besterhaltenen Wehranlagen in Bayern, hat knapp 820 Jahre auf dem Buckel und lässt besonders die kleinen Besucher:innen direkt ins Mittelalter eintauchen. Ritterspiele gibt es zwar keine mehr, dafür wird alle vier Jahre die „Landshuter Hochzeit" gefeiert, bei der die Vermählung der polnischen Königstochter Hedwig mit dem Landshuter Herzogssohn Georg im Jahre 1475 nachgestellt wird. Ein mehrwöchiges historisches Fest, das auch viel zum Schauen, Schlemmen und Spielen für Kinder bietet.

Im Juli 2023 soll wieder ausgiebig gefeiert werden. Doch auch ohne Hochzeit ist die Burg Trausnitz eine Reise wert. Zumal es neben der riesigen Wehranlage auch einen kleinen Zoo oben auf dem Steilhang gibt. Er ist Teil des alten Hofgartens und beherbergt Damhirsche, Nandus, Zwergziegen, Pfaue, Fasane, Hasen und Meerschweinchen. Sehr beeindruckend sind die uralten Baumriesen, die hier seit Jahrhunderten stehen. Ein großer Anziehungspunkt ist auch der Spielplatz mit Kletterturm und Kletterpyramide. Ansonsten eröffnen sich vom Klostergarten aus weite Ausblicke über Stadt und Land. Unübersehbar dabei: der Kirchturm von St. Martin. Mit 130,6 Metern ist er der höchste Backsteinturm der Welt.

Es lässt sich auch schön bummeln durch die vielen alten Gassen und prunkvollen Gebäude in Landshut. In einem davon befindet sich das Café Belstner. Der frühere bayerisch-königliche Hoflieferant kreiert wunderbare Kuchen und Torten. Wer es etwas herzhafter mag, kann ein paar Meter weiter in der „La Osteria", die sich in einem alten Stadtpalast befindet, sehr große und sehr gute Pizzen bestellen und verspeisen. Als besondere Erfrischung bietet sich im Sommer zum krönenden Abschluss ein Sprung in die Isar an, die sich durchs Stadtzentrum schlängelt.

Café Belstner
Altstadt 295
84028 Landshut
T: 0871-22190
T: cafe-belstner.de

Ökoprojekt MobilSpiel

In der Großstadt ist die Natur oft sehr fern, wird von grauen Betonburgen und Asphaltstreifen verdrängt und bedeckt. Trotzdem kann man die Natur mit ihren Tieren und Pflanzen live und direkt entdecken. Das Ökoprojekt MobilSpiel macht es möglich: Der gemeinnützige Verein veranstaltet für Kinder und Familien Workshops und Spaziergänge zu den verschiedenen Jahreszeiten oder auch kleine Wanderungen durch die Nacht – mit der spektakulären Betrachtung von Mond und Sternen. Offene Spielaktionen in der Natur sorgen für jede Menge Abwechslung. *Welserstr. 23, 81373 München-Sendling, T: 7696025, oekoprojekt-mobilspiel.de*

TIPP Umweltgarten Neubiberg

Schafe, Ziegen, Ponys, Kaninchen, Hühner, Gänse und Enten leben hier in friedlicher Gemeinschaft. Auch ein großes Bienenhaus gehört dazu. Das gesamte Gelände des Umweltgartens ist frei zugänglich, die artgerechte Haltung der Tiere steht im Vordergrund und soll ein entsprechendes Bewusstsein schaffen und fördern. Auch die zahlreichen Beete, Wiesen und Gärten dienen dazu, die ökologischen Zusammenhänge und die Vielfalt von Flora und Fauna greifbarer zu machen. Führungen und Veranstaltungen finden hier regelmäßig statt. *Kameterstr. 6, 85579 Neubiberg, T: 60600926, umweltgartenverein.de*

Walderlebnispfad Hohensauschütt

Der Walderlebnispfad mit großem Waldspielpatz liegt ca. 35 Kilometer östlich von München im Ebersberger Forst, mit seinen rund 9.000 Hektar das größte zusammenhängende Waldgebiet in der Region ist. Im Wald könnt ihr an Schaugattern Rot-, Dam- und Schwarzwild beobachten und sie in ihrem natürlichen Lebensraum erleben. Dazu könnt ihr euch an lehrreichen Spielstationen entlang des Walderlebnispfades ausprobieren. Für den Rundweg, der Kinderwagen und Laufrad-tauglich ist, braucht man etwa zwei Stunden. An der ehemaligen Forstdienststelle Hohenlinder Sauschütt befindet sich ein schöner Waldspielplatz, der Weiterbetrieb der dortigen Waldgaststätte mit Biergarten ist leider unsicher. *Hohenlindener Sauschütt, 85664 Ebersberger Forst, ebersberger-forst.com*

Walderlebniszentrum Grünwald

Live und direkt in die Natur eintauchen. Das kann könnt ihr das ganze Jahr über im Walderlebniszentrum Grünwald Sauschütt. Das Motto lautet: In der Natur und von der Natur lernen! Auf dem Erlebnispfad, bei Kursen und in Ausstellungen könnt ihr Wildkräuter probieren, Pflanzen untersuchen und die Tierwelt im Wald erkunden. Die Fütterung der struppigen Wildschweine ist immer ein großes Spektakel im Wald von Grünwald. *Sauschütt, 82031 Grünwald, T: 6492099, walderlebniszentrum-gruenwald.de*

Walderlebniszentrum Ziegelwies

Zwischen Bayern und Tirol befindet sich das Walderlebniszentrum Ziegelwies bei Füssen. Der Wald in seiner ganzen Vielfalt lässt sich dort zusammen mit Familie und Freund:innen entdecken. Führungen, individuelle Walderlebnisse und Kindergeburtstage in der Natur werden rund um das Walderlebniszentrum umweltfreundlich zelebriert. Highlights sind die beiden Erlebnispfade: der Auwaldpfad und der Bergwaldpfad. Macht mit, balanciert über Baumstämme, saust durch lange Waldrutschen oder testet eure Fähigkeiten im Kletterparcours aus. *Tiroler Str. 10, 87629 Füssen, T: 08341-90022150, walderlebniszentrum.eu*

TIPP Weltwald Freising

Begebt euch auf eine kleine Weltreise im Weltwald von Freising. Nordamerika, Asien und Europa liegen euch hier zu Füßen. Eine gute halbe Stunde von München entfernt, auf einer Fläche von 100 Hektar befindet sich im Kranzberger Forst eine Sammlung von Bäumen aus allen Teilen der Erde. Tulpenbäume, Libanon-Zedern oder Japanische Schirmtannen sind hier zu Hause. Seit den ersten Pflanzungen 1987 sind heute bereits über 300 Baum- und Straucharten vertreten. Und es geht fleißig weiter – über 600 Arten sollen es einmal werden. Ausgiebiges Spielen ist auf dem Indianer-Spielplatz bei der St. Clemens Waldkirche angesagt. QR-Codes auf Schautafeln versorgen euch zusätzlich mit spannenden Informationen. *85354 Freising, weltwald.de*

TIPP Wildlife Kids

Nachhaltiges Denken entsteht, wenn Bewusstsein für die Verbundenheit mit der Natur geschaffen wird und jede:r lernt, welche Konsequenzen unser Handeln hat. So lautet die Philosophie der Wildlife-Kids. All diese Werte werden in Form von spannenden Spielen, Geschichten und durch die Erkundung der Natur vermittelt. Wer möchte, kann auch seinen Geburtstag bei oder mit den Wildlife-Kids an einem Lieblingsort in der Natur feiern. Auch ein Tipi-Geburtstag mit großem Zelt und Lagerfeuer ist möglich. Mit den Wildlife-Kids wird Natur zum Erlebnis. *T: 69397849, wildlife-kids.de*

WIR – Kinder der Erde

Bei diesem Projekt geht es um die Vermittlung von Wildniswissen. Dieses basiert auf den Lehren der Naturvölker Nordamerikas und integriert verschiedene Aspekte, die in der Wildnispädagogik bei „WIR – Kinder der Erde" vollumfänglich behandelt werden. Feuer machen, Kräuter finden und essen, daraus Medizin bereiten und andere Überlebenstechniken stehen auf dem Programm. Ihr könnt Unterkünfte bauen, Werkzeuge herstellen und Wasser aufbereiten, tarnen und schleichen und eure eigene Wahrnehmung fördern. Das ursprünglich von Tom Brown jr. vermittelte Wildniswissen wurde hier dem mitteleuropäischen Lebensraum angepasst. So lernen alle Teilnehmer:innen die heimische Fauna und Flora kennen und lieben und auch, was es braucht, um sie nachhaltig zu schützen. *Brunnenstr. 19, 86938 Schondorf, T: 0179-4703740, kinder-der-erde.de*

Kinderbauernhöfe

TIPP **Blaslhof**

Ein schöner Bauernhof mit Spielplatz, Pferden und einer Märchenbühne – der Blaslhof lässt einfach jedes Kinderherz höher schlagen. Besonders dann, wenn der echte Bauer Sepp sich selber spielt und mit selbst gemachten Handpuppen eine seiner spannenden Kinderbuch-Geschichten aufführt. Ein Drache, ein Esel, eine Seeprinzessin, das Christkind und der Bauer Sepp huschen dann über die Bühne. „Ich habe viele Kinderbücher mit spannenden, lustigen und abenteuerlichen Geschichten geschrieben", erzählt Josef Taffertshofer, so sein vollständiger Name. „Einen Großteil dieser Geschichten habe ich dann für meine Märchenbühne in Theaterstücke umgeschrieben." Neben der bunten Fantasiewelt auf der Bühne gibt es auch noch Ponys, auf denen junge Besucher:innen eine Runde durch den Wald drehen können. Auf dem Hof lässt es sich auch wunderbar Geburtstag feiern. *Kalkofen 10, 82449 Schöffau, T: 08846-224, blaslhof.de*

Die Kuh macht muu ...

Der Laubharthof in Taufkirchen nimmt Kinder mit auf eine spannende Entdeckungsreise. Woher kommt die Milch? Was fressen Schweine? Wie viele Eier legt ein Huhn? Wie sieht Weizen aus? Wachsen Kartoffeln in der Erde? Fragen, auf die viele Großstadt-Kinder oft keine Antwort haben können nach einem Besuch mit Sicherheit beantwortet werden. Hedwig Laubhart ist zertifizierte Erlebnisbäuerin und hat das Projekt „Die Kuh macht muu..." ins Leben gerufen. Hier können Kindergärten, Schulen und Familien sehen, lernen und erleben, wie das alles so in und auf einem Bauernhof läuft. *Tegernseer Landstr. 80, 82024 Taufkirchen, T: 6121141, die-kuh-macht-muu.de*

Gut Aiderbichl

Esel, Pferde, Schweine, Ziegen, Katzen und noch viele Vierbeiner mehr. Gut Aiderbichl bei Iffeldorf ist ein ganz besonderer Tierhof. Er ist ein sogenannter Gnadenhof oder Zufluchtsort – und zwar für Tiere, die aus Notsituationen befreit und gerettet wurden. Unter anderem werden verwahrloste, verwaiste oder vor der Schlachtung stehende Tiere aufgekauft. *Osterseehof 1, 82393 Iffeldorf, T: 08801-915 65 50, gut-aiderbichl.com*

Kinder- und Jugendfarm Neuaubing

Urban Gardening in Neuaubing – die Kinder und Jugendfarm macht es möglich. Gegen eine symbolische Pacht kann auf der Farm ein Beet für eine Gartensaison gepachtet und bewirtschaftet werden. Damit nicht genug: Ein Spielplatz, eine große Wiese, eine Feuerstelle, ein Teich, ein Obst- und Gemüsegarten bieten viel Abwechslung. Außerdem bereichern Ponys, Ziegen, Schafe, Schweine, Gänse, Laufenten, Hühner, Kaninchen oder Meerschweinchen die Farm mit ihrer Anwesenheit. Übrigens: Auch für kleinere Kinder unter sechs Jahren sind Geräte fürs Gärtnern vorhanden. *Wiesentfelserstr. 59, 81249 München-Neuaubing, T: 8711287, jugendfarm.org/neuaubing*

Kinder- und Jugendfarm Ramersdorf

In den meisten Großstädten ist leider nicht viel Raum und Platz für Natur. Das ist bei der Kinder- und Jugendfarm in Ramersdorf zum Glück ganz anders. Dort hat man es sich zur Aufgabe gemacht, ein Bewusstsein für Umwelt, Tiere und Lebensmittel zu fördern und zu stärken. Das Gelände umfasst 5.000 Quadratmeter und bietet mit Tischtennisplatten, Schaukel, Pirat:innenschiff, Basketballkorb und Kicker viel Spielraum zum Herumtoben. Neben dem Hauptgebäude mit großer Küche, Schreinereiwerkstatt sowie Aufenthaltsräumen für Gruppen gibt es Ställe und Gehege für Ziegen, Meerschweinchen, Kaninchen, Enten und Hühner. Dazu noch eine Holz- und Metallwerkstatt, ein Töpferatelier, eine Lagerfeuerstelle zum Grillen, Kochen und Stockbrot machen, ein Feuchtbiotop mit Bachlauf für Naturforscher, einen Natursteinbackofen zum Pizzabacken und eine Fahrradwerkstatt. Träumen und Staunen lässte sich im großer Bauerngarten mit viel Obst, Gemüse und Blumen. *Görzerstr. 95, 81549 München-Ramersdorf, T: 60062815, jugendfarm-muenchen.de*

Kinder- und Jugendfarm Unterföhring

Auch in Unterföhring steht Urban Gardening auf dem Programm – dank der tollen Kinder und Jugendfarm. Der Garten mit Beeten zwischen Tunnelweg und der Jugendfreizeitstätte FEZI steht allen ab sechs Jahren offen. Auch jüngere Kinder sind in Begleitung ihrer Eltern herzlich willkommen. Neben den Tieren, die versorgt und umsorgt werden wollen, können sich Kinder im Hüttenbau, in den verschiedenen Werkstätten der Farm und als Gärtner:innen versuchen. Das FEZI bietet darüber hinaus auch ein vielseitiges Programm für Heranwachsende – mit Disco, Studio und großer Spielfläche. *Jahnstr. 3, 85774 Unterföhring, T: 9505486, fezi-ufg.de*

Badeseen

Bibisee

Zwischen Geretsried und Königsdorf im Voralpenland liegt der Bibisee. Das recht kleine Gewässer befindet sich in Privatbesitz. Somit ist der Zugang zum See beim Badebetrieb mit Liegewiese, einer 50 Meter langen Wasserrutsche aus Stein, Planschbecken und Sandkasten gebührenpflichtig. Die sanitären Anlagen sowie die Bewirtschaftung wurden komplett neu errichtet, sodass der Bibisee zum idealen Naherholungsgebiet für die ganze Familie geworden ist. Im See selbst liegt eine schwimmende Badeinsel aus Holz als schönes Ziel an heißen Sommertagen. Perfekt für Familien mit kleinen Kindern: Das Ufer vom Bibisee ist schön flach. Dort können auch die Jüngsten das kühle Nass genießen und nach Lust und Laune planschen. *Seeweg 2, 82549 Königsdorf*

Birkensee

Klein aber fein – Mit einer Tiefe von gerade einmal sechs Metern, abgeflachten Ufern und einer sehr guten Wasserqualität wirkt der Birkensee wie ein etwas größeres Natur-

Schwimmbecken. Der kleinste See der Münchner Seenplatte erstreckt sich über fünf Hektar mit Kiesstränden und weitläufigen Liegewiesen. Wer nicht nur in der Sonne faulenzen will, der kann seine Sportskills auf zwei Beach-Volleyball-Feldern unter Beweis stellen. Nicht weit davon entfernt befindet sich noch ein Kinderspielplatz. *Moospfarrerweg, 85232 Bergkirchen*

Chiemsee

Von den Chiemgauer Alpengipfeln aus mutet der See wie eine riesige blaue Pfütze an. Kleine weiße Fähnchen blitzen dann im Sonnenlicht auf dem Wasser. Hier und da navigieren Schiffe durchs Blau. Direkt am Ufer sieht das dann jedoch etwas anders aus. Das sogenannte „bayerische Meer" hat ein 64 Kilometer langes Ufer und eine Fläche von fast 80 Quadratkilometern – einer der größten Voralpensee, in dem man nach Herzenslust baden, surfen, segeln und planschen kann. Große Highlights sind dabei die Strandbäder in Breitbrunn, Chieming, Prien, Seebruck und Übersee mit feinen Sandstränden, kleinen Strandbars und Palmen. Beachsoccer und Beachvolleyball stehen ebenfalls auf dem Programm. Nach einer sportlichen Strandpartie folgt dann der Sprung in die kühlen Fluten des Chiemsees. Wunderbar! Wer lieber trocken bleiben und mehr von der Gegend erkunden möchte, kann sich die Fraueninsel mit Nonnenkloster, die Herreninsel mit Schloss von König Ludwig II. sowie die unbewohnte Krautinsel anschauen. *chiemsee-alpenland.de*

Echinger See

Der See ist wie so viele seiner Art aus einer Kiesgrube entstanden. Eigentlich war geplant, den Baggersee wieder zuzuschütten. Da sich zum Glück kein geeignetes Auffüll-

material finden ließ, können sich bis heute Badefreund:innen am Echinger See erfrischen. Nach dem Sonnenbaden auf den großflächigen Liegewiesen könnt ihr euch bei Beachvolleyball und Tischtennis spielen austoben. *Am See, 85386 Eching*

Fasaneriesee

Beliebt und bekannt als die „Badewanne von München" ist der Fasaneriesee. Am Westufer gibt es für Sportliche Volleyballplätze und Tischtennisplatten, eine große Wiese für Fußball, Federball und Frisbee sowie einen kleinen Skatepark. Sobald es sommerlich wird in München, liegen auch schon die ersten Sonnenanbeter:innen und Wasserfans am Ufer. Bei der Gestaltung des Sees wurde darauf geachtet, einige Steilufer des vormaligen Baggersees so abzuflachen, dass auch Kinder im Wasser planschen können. *Feldmochinger Str., 80995 München-Feldmoching*

TIPP Feldmochinger See

Zusammen mit dem Lerchenauer See und dem Fasaneriesee bildet der Feldmochinger See die sogenannte Dreiseenplatte von München. Öffentlich über die U- und S-Bahnstation Feldmoching und einen Fußmarsch oder aber mit einer schönen Radtour gut zu erreichen, ist an dem größten der Baggerseen für alles gesorgt, was Freizeitspaß und Erholung suchende Städter:innen so brauchen: Am Ostufer des ca. 16 Hektar großen Sees gibt es einen großen Sandspielplatz, der kleine und große Kinder in seinen Bann zieht. Das gilt auch für die Minigolfanlage. Ein Kiosk bietet kühle Getränke, Eis und kleine Speisen. Am Südufer bauen Blesshühner ihre Nester, am Nordufer hat die Wasserwacht eine Station. Dort gibt es auch einen barrierefreien Badeplatz mit einer Rollstuhlrampe und absenkbarem Steg. Am Westufer wird gegrillt, Volleyball gespielt oder auf dem Fitnessparcours geturnt. *Ferchenbachstr. 205, 80995 München-Feldmoching*

Feringasee

Weite Strände, Wellen und Windsurfen – wer Sehnsucht nach dem Meer hat, besucht am besten den größten Badesee am Stadtrand von München, den Feringasee. Die Strände sind hier Wiesen und die gemäßigten Wellen reichen aus, um Windsurfen zu lernen. Rund um den See führt ein etwa zwei Kilometer langer, beliebter Spazier- und Fahrradweg. Im Süden ist die offizielle Badezone mit einer Bojenkette markiert. Die Halbinsel gleich hinter dem Kiosk am See ist komplett FKK-Anhänger:innen vorbehalten. Im Norden befindet sich die Wassersportzone, dort ist auch ein Windsurfclub ansässig, an dessen Clubhaus ein weiterer Kiosk grenzt. *Am Feringasee, 85774 Unterföhring*

TIPP Flaucher

In Thalkirchen wird die Isar plötzlich sehr breit. Es bilden sich große Kiesbänke und Inseln. Eine Brücke mit Stauwehren ist Übergang zu den einzelnen Spots, die im Sommer bereits ab der Mittagszeit recht gut besucht sind. Am Wochenende ist der Flaucher meistens überlaufen. Es wird gebadet, gegrillt, gefeiert, getanzt und gelacht – ein schöner, sehr lebendiger Badeort. In unmittelbarer Nähe sorgen ein Kiosk und ein kinderfreundllicher Biergarten mit Spielplatz sowie ein Supermarkt für ausreichend Speisen und Getränke. Unter der Woche ist der Flaucher am Vormittag ein ruhiges und entspanntes Naturparadies. *Flauchersteg, 81379 München-Sendling*

Forggensee

Bei diesem Gewässer handelt es sich um einen Stausee im Allgäu. In den 1950er-Jahren wurde der Forggensee angelegt – zum Ziel der Energiegewinnung mit Wasserkraft. Das hatte zur Folge, dass mehrere Dörfer überflutet werden mussten, die noch heute unter der Wasseroberfläche schlummern. Im Winter verschwindet der See wieder. Aus Gründen des Hochwasserschutzes wird dann das Wasser abgelassen und der Grund lädt zum Spazierengehen ein. *87669 Rieden am Forggensee, suedliches-allgaeu.de*

Garchinger See

Neben dem fünf Hektar großen Badesee befindet sich das „Stadion am See" mit mehreren Fußballplätzen und einer Tennisanlage. Ein Skatepark mit Halfpipe, eine Dirtbike-Anlage und ein Basketballplatz sind ebenfalls in direkter Nachbarschaft. Abgesehen vom südlichen Teil des Garchinger Sees – ein Rückzugsort für Tiere – ist das Baden rund um den See erlaubt. Am Nordufer darf gegrillt werden, dort gibt es auch einen Kiosk mit Terrasse, einen Spielplatz und ein Beachvolleyballfeld. Fehlt noch das Familien-Highlight: Für Schwimmanfänger:innen befindet sich südlich der Fischerhütte eine Badestelle mit langem flachem Zugang. *Am See, 85748 Garching*

Germeringer See

Fast jeder See rund um München ist wie ein großes Open-Air-Fitnessstudio. Das gilt auch für den Germeringer See. Basketball, Beachvolleyball und Bolzen ist dort auf zwei Kleinfußballfeldern möglich. Angrenzend an die Liegewiese befindet sich eine Fitness-Anlage, die darauf ausgelegt ist, mit dem eigenen Körpergewicht zu trainieren. Für die Kleinen gibt es einen Kinderspielplatz, in dessen Nähe sich eine große Flachwasserzone befindet, perfekt für Familien. Zwei Schwimmstege führen ins Wasser, einer davon ist barrierefrei. *82110 Germering*

Rodelgaudi

—

Der Blomberg

Bei Bad Tölz warten drei Naturrodelbahnen
auf kleine und große Anfänger:innen und fortgeschrittene Winterspaßfans, für die auch
Leihrodel bereitstehen. Die Bewegung an der
frischen Bergluft macht natürlich hungrig –
Stärken und Wärmen kann man sich in der
Blomberg Tenne oder im Blomberghaus. Richtig cool für Kinder ab acht Jahren ist auch das
samstägliche Nachtrodeln, übrigens winters
wie sommers möglich. *der-blomberg.de*

Heimstettener See

Einheimische nennen den Heimstettener See auch gerne „Fidschi". Das liegt allerdings nicht an dem blauen und recht warmen Wasser, sondern an einem Schaufelbagger. Der See entstand 1938 durch die Kiesentnahme der Deutschen Reichsbahn. Ein gewisser Velasco aus Italien, der den Bagger fachmännisch bewegte, wurde von den Anwohnern Vilatschko genannt. Daraus wurde im Laufe der Zeit ein bayerisches Vidschä – und schließlich Fidschi. So exotisch der Name auch klingen mag, der See ist eher gemütlich und beschaulich. Familien lieben die Ruhe. Eine Badeinsel im See, ein Bolzplatz auf der Nordseite gegenüber einer kleinen Gaststätte mit Biergarten und nicht weit davon ein Spielplatz mit Tischtennisplatten sorgen für gemütliches Treiben. *Seestr., 85551 Heimstetten*

Karlsfelder See

Im Sommer ist hier einiges los. Da liegen die Handtücher wie ein großer Flickenteppich auf der großen Liegewiese. Diese ist fast so groß wie der See selbst, um den sich hier alles dreht, besonders an den Wochenenden. In den kühlen Fluten tummeln sich dann Groß und Klein. Sie spritzen, planschen oder liegen auf Luftmatratzen. Zwei Beachvolleyball-Felder, ein Fußballplatz, drei Sommerstock- sowie zwei Boccia-Bahnen, Tischtennisplatten und ein Fitness-Parcours sorgen für sportliche Abwechslung im Trockenen. Wer es etwas ruhiger angehen möchte, kann von einem 15 Meter hohen Aussichtsberg das Treiben im und am See beobachten. *Hochstr., 85757 Karlsfeld*

Kastenseeoner See

Sehr klein und fein kommt der Kastenseeoner See daher. Es gibt ein Strandbad und ein Strandcafé, dessen Terrasse direkt bis an den See reicht. Große Bäume auf der angrenzenden Liegewiese spenden bei Sommerhitze wohltuenden Schatten. Der See wirkt wie eine angelegte Parklandschaft, in dessen Mitte sich ein riesiges Schwimmbecken erstreckt. Einer Erfrischung in heißen Sommermonaten steht damit nichts mehr im Wege. *Kastenseeon 1, 85625 Glonn, T: 08093-1431, strandbad-kastenseeon.de*

TIPP Kochelsee

Hier haben schon die Künstler Franz Marc und Wassily Kandinsky die Natur genossen und sich davon inspirieren lassen. Die wunderschöne Umgebung, in dessen Mitte der Kochelsee entspringt, ist nur eine Stunde mit dem Zug von München entfernt. Mächtige Gipfel, Wiesen und Moorlandschaften tun sich auf. Wunderschöne Badebuchten in Schlehdorf und Kochel, entspannte Wanderungen aufs Sonnenspitz oder am Felsenweg entlang, ein Spaßbad

(bei Regen!) und das Franz-Marc-Museum sind tolle Ausflugsziele. Mit einem großen Motorschiff könnt ihr den See genauer erkunden und durchqueren. *82431 Kochel am See*

Königssee

Er zählt zu den kältesten Seen in Bayern, was an seiner Tiefe liegen mag: 192 Meter geht es von der Wasseroberfläche des Gebirgssees hinunter bis auf den Grund. So baden und planschen nicht allzu viele im Königssee, zumal in seiner unmittelbaren Umgebung auch noch schöne Gumpen, kleine Sprudelbecken in Gebirgsflüssen zum Abkühlen einladen. Mit den mächtigen Berchtesgadener Alpen als Kulisse fahren seit über 100 Jahren nun schon Elektroboote durch den sehr klaren und sauberen See. Neben dem berühmten Echo ist auch die Halbinsel St. Bartholomä mit der barocken Wallfahrtskirche ein großer Anziehungspunkt. Beim Fischer vom Königssee gibt es dann feinste Forellen, Saiblinge und Renken aus der 400 Jahre alten Räucherkammer – ein Hochgenuss! Bis Salet könnt ihr mit dem Elektroboot noch fahren, dahinter erstreckt sich der atemberaubende Obersee. *83471 Schönau*

Langbürgner See

Umringt von Wäldern und Wiesen ist der Langbürgner See das Herzstück des Naturschutzgebietes Hemhof-Eggstätter-Seenplatte. Fernab der Großstadt lässt sich hier einfach die Natur genießen. Ein echtes Juwel, das sich nur wenige Kilometer vom Chiemsee entfernt bei Bad Endorf versteckt. Außer einem Steg, einer Umkleide und einer kleinen Station der Wasserwacht gibt es keine großartigen Extras – die niemand vermisst. *Hemhof, 83125 Eggstätt*

Langwieder See

Hier rollt der Ball. Ein sehr kleiner, der schon mal in hohen Bogen in den Fluten des Langwieder Sees landet. Doch beim Minigolf kommt es ja weniger auf Kraft, als auf Gefühl an. Getränke und Speisen gibt es im Biergarten. Eine große Liegewiese mit Grillzone, ein Fußballplatz, Volleyballfelder und ein kleiner Kiosk hat das Südufer zu bieten. Auf der Nordseite geht es etwas ruhiger und gemütlicher zu. Zwischen Mitte Mai und Mitte September pendelt bei schönem Wetter vom S-Bahnhof Lochhausen alle 20 Minuten ein Badebus zum See. Einziges Manko: Die A8 ist hörbar nicht weit weg. *Kreuzkapellenstr., 81249 München*

Lerchenauer See

Das Szenario hat etwas vom Central Park, denn nur einen Steinwurf vom Ufer entfernt ragen hier Wolkenkratzer in den blauen Himmel. Daneben alte, große Bäume, umringt von Rasenflächen. Allerdings haben die Hochhäuser hier

nicht über 100 Stockwerke und das angrenzende Stadt-
viertel heißt auch nicht Manhattan sondern Lerchenau.
Für eine schnelle Abkühlung ist der urbane See perfekt
geeignet, einen Spielplatz gibt es hier auch. Doch Achtung: Das Ufer fällt recht steil ab und bietet an mancher
Stelle herausfordernde Einstiegsmöglichkeiten. *Lassal-
lestr., 80995 München-Feldmoching*

Lußsee

Das Nordwestufer ist fest in Kinderhand, denn der flach
abfallende Kiesstrand ist hier perfekt für erste zaghafte
Schwimmversuche. Außerdem sorgt direkt an der Ufer-
promenade ein Kiosk für ausreichend kühle Getränke,
leckere Snacks und Eis. Eine Anlaufstelle, die im Sommer
heiß begehrt ist. Dadurch bildet sich schon mal eine
etwas größere Schlange. Auch an Hunde wird am Lußsee
gedacht. Richtung Norden gibt es eine gekennzeichnete
Wiese, auf der Hunde an der Leine mitgeführt werden
dürfen. *Kreuzkapellenstr., 81249 München*

Osterseen

Mehr als 20 kleine und große Pfützen, verbunden durch
Kanäle: Die Osterseen sind ein Traum aus Wasser, der bei
blauem Himmel und Sonnenschein herrlich glitzert. Hier
und da tauchen in den umliegenden Wäldern und Moorlandschaften am Ufer immer wieder Badebuchten auf. Die
dort aufgestellten Umkleidekabinen sind sehr alt und lus-
tig anzusehen. Statt ins Wasser zu hüpfen, könnt ihr aber
auch kleine Wanderungen um die Seen herum unternehmen und den traumhaften Blick auf die Alpen immer wieder genießen. Wie ein riesiges Flussdelta erstrecken sich
die Osterseen im Süden von München, direkt hinter dem
Starnberger See. Bei Iffeldorf gibt es einen Campingplatz
mit Strandbad und kleinem Seerestaurant. Vorsicht: Im
Sommer sind sehr viele Mücken rund um die Osterseen
unterwegs. *82393 Iffeldorf*

Pilsensee

Am südwestlichen Rande von München schlummert ein
sehr idyllisches Gewässer – der Pilsensee. Breite Schilf-
und Seerosenfelder breiten sich hier aus. Dazu die wunderschönen Liegewiesen mit altem Baumbestand, die in
der Sommerhitze kühlen Schatten spenden. Auf der Ufer-
seite der Gemeinde Seefeld lockt ein Campingplatz, ein
Mini-Markt bietet dort Proviant für den gesamten Tag. Ein
Boots- und Stand Up Paddling-Verleih ist für die gesamte
Familie interessant. Das kleine Strandbad ist weniger überlaufen als viele andere und der dortige Kiosk hat auch
Bio- und Veggie-Snacks im Angebot. *Seestr. 68, 82229
Seefeld, strandbad-pilsensee.de*

Pucher See

Dieser See ist mit sechs Hektar recht klein und hat vielleicht
gerade deswegen ironischerweise seinen Spitznamen
bekommen: Die Anwohner nennen ihn liebevoll „Pucher
Meer". An heißen Sommertagen könnt ihr hier den 20
Meter breiten Sandstrand und das türkisblaue Wasser
genießen. Der Einstieg verläuft flach und gefahrlos. Ein
Spielplatz mit Sandkasten, Kletterturm und Rutsche sowie
Weidentipis macht den kleinen Pucher See zur großen
Familienoase. *Augsburgerstr., 82256 Fürstenfeldbruck*

Regattaparksee

Der See bei Oberschleißheim ist mit öffentlichen Ver-
kehrsmitteln gut erreichbar und optimal für eine Abkühlung geeignet. Darum ist er in der Hochsaison auch beliebt und sehr gut besucht. Tauchen mit Atemgeräten und
Grillen ist am Regattaparksee allerdings nicht gestattet.
Wenn es am See doch mal zu voll werden sollte, könnt ihr
auf die Regattastrecke ausweichen, um dort eure Bahnen
zu ziehen. Diese sind 135 Meter breit und über zwei Kilometer lang. *Grashofstr., 80995 München-Feldmoching*

Riemer See

Umringt wird der Riemer See von einem großen Park, der
für die Bundesgartenschau 2005 angelegt wurde. Ein
recht langer Kiesstrand, drei Volleyball-Felder, ein großer
Spielplatz am Nordufer und riesige Schaukeln am Südufer
sind hier charakteristisch. Im Strandcafé könnt ihr auch
einfach mal die Beine hochlegen. Am Ostufer ist der Einstieg schön flach und zum Planschen gut geeignet. Kleines
Manko: Die fast urbane Seelandschaft von Riem bietet
keinen Schatten, also packt besser einen Sonnenschirm
ein. *Riemer Park, 81829 München-Riem*

TIPP Schliersee

Ein Traum von einem See – anders kann man den Schliersee nicht bezeichnen. Auch wenn ihr mit einem Ruder-
oder Elektroboot durch das Blau zieht, kleine Inseln an-
steuert und hier und da mal in seine herrlich kühlen Fluten
springt. Vor dem Sprung ins kühle Nass bietet sich auch
eine kleine Wanderung zur Stögeralm an – von hier ist der
Ausblick grandios. Radtouren und Wanderungen um den
See lassen sich ebenfalls sehr familienfreundlich gestalten.
Auch mit Inlineskates oder Longboard kommt ihr hier im
Voralpenland auf eure Kosten. Oder ihr schippert mit dem
kleinen Schliersee-Dampfer zur Insel Wörth. Garantiert
immer ein vergnüglicher Ausflug! Wer an der Insel Gefallen gefunden hat, kann die dort stehende Blockhütte für
ein Familienwochenende mieten. *Insel Wörth, 83727
Schliersee, insel-schliersee.de*

Regenfest

—

Lieblings-Aktivitäten bei Schlechtwetter

1

Indoor Surfen

Regen hält echte Wassersportfans zwar nicht auf, aber im Winter müssen sie eine lange Durstrecke überwinden, bis es wieder auf die Gewässer geht. Toller sportlicher Zeitvertreib ist dann ein Besuch in der Jochen Schweizer Arena, wo Kinder ab acht Jahren auf der City Wave surfen können. *Jochen Schweizer Arena, Seite 160*

2

Sich frei hüpfen

Wenn Lagerkoller und schlechte Laune beim Blick in den regenverhangenen Münchner Himmel drohen, ist es eine gute Idee, sich den Frust von der Seele zu hüpfen. Im AirHop-Trampolinpark können dies alle ab vier Jahren tun, in der MAXX Arena ab fünf Jahren, dort lockt zudem jede Menge weiteres Indoor-Vergnügen. *AirHop, Seite 146, MAXX Arena, Seite 146*

3

In die Tropen eintauchen

Ihr habt die Nase voll vom Schmuddelwetter? Dann macht doch einen Abstecher in die Tropen. Nicht nur, dass es wohlig warm in den Gewächshäusern des Botanischen Gartens ist, von der üppigen Pflanzenwelt lassen sich alle gerne verzaubern. *Botanischer Garten München, Seite 92*

4

Wellness und Action

Die größte Therme der Welt ist ein prima Ziel für eine Auszeit von trüben Tagen. Crazy River, Wellenbad und unzählige Rutschen powern die Kids aus, Eltern finden Entspannung unter Palmen, in der Sauna oder im Spa-Bereich. *Therme Erding, Seite 132*

5

Tierische Ablenkung

Schöner ist es im Tierpark zwar bei Sonnenschein, aber auch an Regentagen lohnt ein Besuch in Hellabrunn unbedingt, gibt es doch auch in den Tierhäusern und dem Aquarium einiges zu bestaunen und zu erleben. *Tierpark Hellabrunn, Seite 105*

Seehamer See

Wer sich reif für die Insel fühlt, kommt fast nicht am Seehamer See vorbei, denn aus dem Gewässer ragen fünf kleine Inseln empor. Ein wunderschönes Landschaftsschutzgebiet im Alpenvorland, das touristisch leider sehr stark erschlossen ist. Am Ufer sind auch zwei Campingplätze gelegen und ausgebaute Wanderwege laden zum Flanieren ein. Besonderheit: In einem Waldstück entlang des Südufers befindet sich eine besondere Quelle namens „Deifi, ria di" – auf Hochdeutsch: „Teufel, rühr dich". Wasser und Sand sprudelt dort aus dem Boden. *83629 Weyarn*

Spitzingsee

Von Alpengipfeln umschlungen liegt der Spitzingsee in einem Hochtal 70 Kilometer von München entfernt. Mit Bus und Bahn kann man nach einer Stunde und 20 Minuten am Seeufer stehen. Im Sommer mit Badehose und Handtuch, im Winter mit Brett und Schneeanzug, denn rund um den See erstrecken sich feine Wintersportgebiete. Nach etwas mehr als drei Kilometern hat man den Spitzingsee bereits umrundet und kann auf dem Weg im Sommer einige schöne Badestellen entdecken. Spielplätze, Strand oder Bolzplätze gibt es zwar nicht, dafür herrliche Berglandschaft. Jetzt muss man sich nur noch überwinden, um in die kalten Fluten des Bergsees zu springen. *83727 Schliersee*

TIPP Staffelsee

Der Staffelsee schmiegt sich idyllisch in das Voralpenland bei Murnau mit einem sagenhaften Blick auf mächtige Gipfel und Bergketten – traumhaft schön! Verschiedene Strandbäder und Badebuchten wie in Seehausen oder Uffing, laden ein zum Sprung in den See. Bootsverleihe und SUP-Stationen sind ebenso vor Ort. Ein Auto ist nützlich, um die verschiedenen Badestellen anzusteuern und einen entspannten Platz zu finden. Die Insel Buchau, die ihr paddelnd, schwimmend oder mit kleiner Fähre erreichen könnt, hat einen großen Camper- und Zeltplatz. Ein kleiner Laden mit Café sorgt fürs Allgemeinwohl – alles Gründe, dass der See so beliebt bei den Münchner:innen ist. *Seestr. 53, 82449 Uffing am Staffelsee, T: 08846-914311; Am Strandbad 9, 82418 Seehausen am Staffelsee, T: 08841-2951, seehausen-am-staffelsee.de*

Starnberger See

Ein wunderschönes Gewässer mit traumhaftem Ausblick Richtung Alpen. Der zweitgröße See in Bayern ist von München aus direkt mit der S-Bahn erreichbar, so treffen sich hier viele Städter:innen zum Flanieren und Baden. Auf dem Spielplatz direkt am See ragt ein großes Piraten-

schiff hervor. In Possenhofen breiten sich dann große Liegewiesen aus. Hier hat schon die junge Kaiserin Sisi das Wasser genossen. Sehr schön sind auch die kleinen Badebuchten und das Strandbad in Bernried. Am Ostufer könnt ihr beim Campingplatz Ambach unbeschwert ins Wasser springen und herrlich Zeit verbringen. Ein paar Kilometer weiter gibt es in der Fischerei Sebald feinste Räucherware zum Schlemmen und Boote zum Ausleihen. Der Münsinger Badestrand, Percha und der Bismarckturm sind weitere Highlights. Wissenswert: Über weite Strecken ist das Ufer allerdings nicht zugänglich, da sich dort private Villen befinden. *82319 Starnberg*

Steinsee

Frischer, klarer und sauberer geht es fast nicht – der Steinsee speist sich aus Quellwasser, verfügt dadurch über eine sehr gute Wasserqualität. Aber auch der Spielplatz, die Liegewiesen, die von großen alten Bäumen umgeben sind, und die Wasserwacht vor Ort machen den Steinsee zu einem familienfreundlichen Badevergnügen. Die Römer sollen hier schon vor über 2.000 Jahren gebadet haben. Denn direkt neben dem Steinsee wurden die Reste eines römischen Steinhauses gefunden. Im Jahr 1934 öffnete dann ein Familienbad seine Tore am Nordufer. Über 21 Hektar erstreckt sich der See, nur 23 Kilometer von München entfernt. *Niederseeon, 85665 Moosach*

Tegernsee

Die Blechlawine, die sich besonders an den Wochenenden langsam Richtung Tegernsee zieht, ist nicht besonders attraktiv. Ganz im Gegenteil! Warum also nicht einfach in den Zug steigen? Bereits nach einer guten Stunde entspannter Fahrt seid ihr da: In einem Voralpen-Paradies mit Bergen, einem wunderbarem See, Kuhgeläut und duftenden Wiesen. Perfekt für Familien sind die Strandbäder in Seeglas und Kaltenbrunn in Gmund mit sehr flachem Einstieg in die Wasserfluten. Der Tegernseer Point lockt mit Sandstrand, das Ringseebad hat gemütliche Liegestühle und Sonnenschirme. Ruder- und elektrische Motorboote kann man fast überall ausleihen, um den See zu entdecken. Oder ihr radelt den 20 Kilometer langen Seerundweg entlang und springt danach ins Wasser. *83684 Tegernsee, tegernsee.com*

Unterföhringer See

Als ob er sich hinter Bäumen und Sträuchern verstecken wollte – der Poschinger Weiher am Rande von Unterföhring. Inmitten der Isarauen hat er es sich gemütlich gemacht und ausgebreitet. Knapp 600 Meter lang und nur ein paar Meter von der Isar entfernt. Mit großer Liegewiese, ordentlichem Bolzplatz und einem kleinen Biergarten. Nach dem Ortsschild in Richtung Ismaning geht es auf einem schmalen Asphaltstreifen links ab. Eigentlich ist dieses Gewässer für einen Weiher zu groß – darum ist er auch als Unterföhringer See bekannt. Doch für einen See ist er beinahe zu klein, doch zum Baden eignet er sich abestens. Außerdem strahlt er durch seine versteckte Lage eine besondere Ruhe aus. Das schätzen besonders Familien. *Am Poschinger Weiher, 85774 Unterföhring*

Unterschleißheimer See

Im Landschaftsschutzgebiet Dachauer Moos im Norden von München sind keine großen Beachpartys angesagt und auch nicht gefragt. Familien kommen gern an den relativ kleinen See. Das Ostufer ist nicht zugänglich, dort befindet sich eine ökologische Schonfläche für brütende Vögel. Deshalb sind auch Hunde auf dem gesamten Areal am See nicht erlaubt. Am flachen Westufer können es sich die Zweibeiner, kleine wie große, gemütlich machen. Viele schattige Liegewiesen, Beachvolleyball-Plätze, Tischtennisplatten und das Restaurant Seeseits mit Sommer-Beach-Bar und Blaskapelle sorgen für anhaltende Erholungsmomente. Mit der S-Bahn ist der See gut erreichbar. *Furtweg 92, 85716 Unterschleißheim, seeseits.de*

TIPP Walchensee

Hier bläst immer wieder der Wind durch die Bergtäler und über das Wasser. Das lockt Windsurfer:innen aus aller Welt an den Walchensee, die über die Wellen rasen und tanzen. Umringt von Bergen breitet sich der Walchensee am Alpenrand aus und verzaubert alle Wasserliebhaber:innen mit klarem kalten Wasser. 800 Metern über dem Meeresspiegel, mit einer Fläche von 16 Quadratkilometern und einer Tiefe von über 190 Metern ist der Walchensee der größte Gebirgssee in Deutschland. Tipp: Neben den naturbelassenen Badestränden solltet ihr in Sachenbach, ein kleiner Ort direkt am Ufer, den Kiosk besuchen und hier das selbst gebackene Bauernbrot und die hausgemachten Kuchen probieren. *82431 Walchensee/Kochel am See*

Waldschwaigsee

Aus der Vogelperspektive betrachtet, sieht der Waldschwaigsee wie ein Herz aus. Vor langer Zeit stand dort noch der Einödhof Waldschwaige, dann wurde allerdings kräftig gebaggert. Unter dem Hof befand sich Kies, der 1971 für den Straßenbau verwendet wurde. Mit der Zeit entstand aus der Grube ein See mit kleiner Insel, die aus Wurzelstöcken, Lehm und Humusschichten besteht, die beim Kiesabbau zusammen getragen und aufgehäuft werden. Aus diesem "Abfallhaufen" formte sich schließlich

die Insel. Im Nordwesten von München, kurz vor Dachau, liegt der Waldschwaigsee – umringt von einer Mooslandschaft, Feldern und Bäumen. Die Badegäste, darunter auch viele Familien, schätzen die Ruhe und Abgeschiedenheit. Auch wenn es verlockend ist, die Insel zu erobern und zu erkunden, sie steht unter Naturschutz und dient als Rückzugs- und Brutort für Vögel. Daher ist das Betreten verboten. *Hadinger Weg, 85757 Karlsfeld*

Weßlinger See

Knapp 40 Minuten dauert die Fahrt mit der S-Bahn. Fünf weitere Minuten Fußweg später steht man am Ufer des Weßlinger Sees. Ein See, der mit kleinen Buchten, alten Bootshäusern und Stegen zum Baden einlädt. Doch Vorsicht! In der Mitte des Sees befindet sich ein Unterwasserungeheuer, das aus seinem riesigen Schlund eine meterhohe Fontäne hinaus stößt. Und... Nein, natürlich nicht! Es handelt sich um eine Tiefwasser-Belüftungsanlage, die dafür sorgt, dass in dem kleinen See der Sauerstoffgehalt und damit die Wasserqualität auf einem guten Niveau bleiben. Und so schießt immer wieder eine Wasserfontäne in die Höhe. Ein kleiner, feiner und idyllischer See. Mit guter Einkehrmöglichkeit direkt am Ufer. *82234 Weßling*

Wörthsee

Die Heidi ist im Sommer fast jeden Tag am Wörthsee – zusammen mit Helmut, ihrem Ehemann. Die beiden betreiben einen Kiosk mit Biergarten im Erholungsgebiet Oberndorf und das nun schon seit über 40 Jahren. Dort lässt es sich gut essen, trinken, erholen – und baden. Nicht weit davon, direkt im See, befindet sich die 750 Meter lange und 250 Meter breite Insel Wörth. Von den Anwohner:innen und im Volksmund "Mausinsel" genannt. Sie befindet sich im Privatbesitz. Das trifft übrigens auch auf den gesamten Wörthsee zu, der zum Eigentum des Grafen zu Toerring-Jettenbach gehört. Der 430 Hektar große See verfügt ansonsten über Segel- und Surfschulen, Bootsverleihe und verzaubert mit türkisblauem Wasser. Da der See über keine Zuflüsse gespeist wird, hält er in den Sommermonaten eine recht konstante Temperatur von angenehmen 22 Grad, was nicht nur kleinere Wasserfans erfreut. *Oberndorf, Aitelstr. 29, 82266 Inning*

Wassersport

Bavarianwaters

Stand Up Paddeling ist ein recht entspanntes und angesagtes Freizeitvergnügen – gerade auf den bayerischen

Seen rund um München. Am Starnberger See und Pilsensee befinden sich die Stationen von Bavarian Waters. Hier könnt ihr nach Lust und Laune sowie als absoluter Beginner:innen in die Paddling-Welt eintauchen. Neben Verleih, verschiedenen Kursen für alle Altersklassen, Touren, Yoga auf dem Board, SUP-Touren und speziellen Fitness-Angeboten ist hier auch eine Ausbildung zu SUP-Trainer:innen möglich. *Comeniusstr. 8, 81667 München, T: 0176-20501402, bavarianwaters.com*

Bootsverleih Seehaus Kleinhesseloher See

Der Kleinhesseloher See ist überschaubar und nicht zum Baden geeignet. Doch das macht nichts, schließlich befinden wir uns mitten in München, genauer gesagt im Englischen Garten. Da steht Bootfahren auf dem Programm. Mit Ruder- oder Tretboot kann man hier schöne Sonnenuntergänge erleben, die kleine Insel umrunden oder mit den Gänsen, Enten und Schwänen um die Wette schnattern. Die kleine Insel darf nicht betreten werden, sie ist für die Vögel reserviert. Doch rundherum bieten sich genügend andere Abenteuer. Der beliebte Bootsverleih befindet sich neben dem Biergarten direkt am See. *Kleinhesselohe 4, 80802 München-Schwabing*

Eisbachwelle

Eine der ganz großen Outdoor-Attraktion von München ist die Eisbachwelle direkt neben dem Haus der Kunst. Hier stürzen sich Wagemutige mit Brett in die tosenden und eiskalten Fluten – beziehungsweise auf die stehende Welle. Ein einzigartiges Surfparadies mitten in München, das nicht nur Wellenreiter:innen aus aller Welt anlockt, sondern auch viele Schaulustige. In den schwarzen Neoprenanzügen sehen die Surfer:innen alle ziemlich ähnlich aus, doch dahinter steckt ein bunter Haufen: Mittlerweile gibt es sogar eine zweite Welle, flussabwärts Richtung Monopteros. Beide Spots sind allerdings nichts für Anfänger:innen! *Prinzregentenstr., 80538 München-Lehel, eisbachwelle.de*

Wasserskipark Aschheim

In diesem Park hier dreht sich alles um nasse Angelegenheiten. Auf und mit diesem Element könnt ihr im Wasserskipark von Aschheim jede Menge Spaß haben – und zwar beim Wakeboarden, Wakeskaten oder Wasserski-Freestyle. Der Wasserskipark hat eine große Anlage mit Fünfmast-Full Size Cable und einer Umlauflänge von 750 Metern sowie jeder Menge Obstacles, die sich euch in den Weg stellen. Für Anfänger:innen gibt es die kleine Anlage – den Easy Start Lift mit Zweimast und langsamerer Geschwindigkeit. Und natürlich Schnupperkurse. Auf dem Sand-

strand lässt es sich prima pausieren und die Beine hochlegen. Wer noch nicht genug hat, spielt noch eine Runde Beachvolleyball oder Adventure-Golf. *Am Sportpark 30, 85609 Aschheim, T: 90019600, wasserskipark-aschheim.de*

Schwimmbäder

TIPP Aqua & Soul

Gleich drei Mal gibt es in München die „Aqua & Soul Bäder": in Fürstenried West, Obermenzing und Oberföhring. Die kleinen Badeoasen locken mit 34 Grad warmen mit Edelsteinen angereichertem Wasser. Jedes der Bäder ist auf die Bedürfnisse von Babys, Kleinkindern und Familien ausgerichtet. So gibt es Wickeltische, Laufställe, Stillcafés mit Mikrowelle und Fläschchenwärmer und Ruheräume. In den Duschen sind Tummy Tubs und Hochstühle vorhanden. In Oberföhring laden Infrarotkabine und Biosauna zur Stärkung und Entspannung ein. Außerdem ist das Sternenhimmelzimmer ein besonderes Highlight. *Maxhofstr. 9a, 81475 München-Fürstenried, T: 716802151, Gebhardweg 3, 81247 München-Obermenzing, T: 716802153, Fritz-Meyer-Weg 55, 81925 München-Oberföhring, T: 716802152, aqua-soul.de*

Bad Forstenrieder Park

Neben Sport- und Nichtschwimmerbecken gibt es hier ein Planschbecken, das für Familien der große Anziehungspunkt ist. Dazu eine Saunalandschaft, die vor allem in kalten Jahreszeiten der Entspannung und Stärkung der Immunkräfte dient. Im Sommer lädt eine Liegewiese, Sonnenterrasse und ein Spielplatz zum vergnügten Verweilen ein. Ein recht kleines und feines Hallenbad, das mitten im Grünen liegt und allen Familienmitgliedern Spaß bereitet. *Stäblistr. 27, 81476 München-Forstenried, swm.de*

Bad Giesing-Harlaching

Vom Beckenrand aus sind sie ab und zu sehen – die Stars vom deutschen Fußball-Rekordmeister FC Bayern München. Denn direkt neben dem Trainingsgelände von Robert Lewandowski und Co. befindet sich das Bad. Im 25 Meter langen Schwimmbecken werden für Sportschwimmer:innen zwei abgetrennte Bahnen freigehalten. Dazu gibt es im sogenannten Kurs- und Bewegungsbecken zahlreiche Aqua-Angebote gegen Aufpreis – wie Aqua-Jogging, Aqua-Fitness und Wassergymnastik. Kinder können im Nichtschwimmer:innenbecken herumplanschen und staunen, wenn wieder ein Bayernstar vorbeiläuft. *Klausener Str. 22, 81547 München-Obergiesing, swm.de*

Sterne, Dinos und ein Sessel

Ein Ausflug in die Berge ist immer eine gute Idee, sind sie doch die größten und höchsten Spielplätze der Welt. Das gilt auch für die Winklmoos-Alm bei Reit im Winkl: ein weitläufiges und spannendes Almgebiet in den Chiemgauer Alpen zwischen Steinplatte und Dürrnbach-horn auf 1.100 Metern Höhe.

Dort oben kann man das ganze Jahr über mit der gesam-ten Familie viel Spaß haben. Nicht nur im Winter auf Brettern oder einem Schlitten, auch im Sommer ist auf dem alpinen Hochplateau einiges los: So locken kleine, mitunter auch kinderwagentaugliche Wandertouren durch duftende Blumenwiesen und Kiefernwälder. Diese führen zur Muckklause, durchs Heutal oder zum Staub-fall. Zudem sorgt das Dreiländereck am Scheibelberg für

Triassic Park
Steinplatte Waidring
Alpegg 10
A-6384 Waidring
triassicpark.at

tolle Ausblicke. Zum Verschnaufen lädt die Sonnenalm ein. Der dazugehörige Spielplatz mit Seilbahn, Trampolin und Kletterwand lässt bei den Kids keine Langeweile aufkommen. Die absolute Attraktion ist aber zu bewundern, wenn die Sonne untergegangen ist, daher lohnt ein verlängertes Wochenende mit Übernachtung sehr. Denn bei Nacht kommt man in den Genuss des ersten Sternenparks der Alpen: über der Winklmoos-Alm erstrahlt der Sternenhimmel noch in vollem Glanze, hier wird er kaum von künstlichen Lichtern verschleiert. Ein traumhafter und tiefer Blick in unser funkelndes Universum.

Ein weiteres Highlight: Die Fahrt mit dem Nostalgie-Einer-Sessellift bis zum Dürrnbacheck auf 1.610 Metern, kurz unterhalb des Dürrnbachhorn-Gipfels. Die Fahrt durch die wunderschöne Alpenlandschaft dauert 20 Minuten. Und wer jetzt immer noch nicht genug Abenteuer hatte, kann den Triassic Park auf der Steinplatte Waidring erkunden. Dinosaurier, Ammoniten, Tropfsteinhöhle, Unterwasserwelten, eine riesige Aussichtsplattform und ein Niederseilgarten sorgen für vielseitiges Vergnügen bei allen Familienmitgliedern.

Cosimabad

Das Wellenbad sorgt für Urlaubsgefühle mit Brandung. Der Clou: Außerhalb der Wellenzeiten kann das Becken in der lichtdurchfluteten Schwimmhalle per Hubwand in ein 25-Meter-Becken auf der einen Seite und einen kleineren Bereich für Aqua-Angebote auf der anderen Seite geteilt werden. Auch für Erholungssuchende hat das Cosimabad einiges zu bieten: Warmaußenbecken mit Sprudelliegen und Nackenduschen, eine Saunalandschaft und Liegewiese. Der Kinderplanschbereich bereitet den Kleinsten Freude. *Cosimastr. 5, 81925 München-Bogenhausen, swm.de*

TIPP DanteBad

Im Sommer wie im Winter könnt ihr im Dante Bad herumtoben und planschen. Denn im Sommer ist das Dantebad eines der größten Freibäder, im Winter das einzige Winter-Warmfreibad. Mit fünf Schwimmbecken Planschbecken und Breitrutsche lässt das Freibad keine Wünsche offen. Im 50-Meter-Stadionbecken geht es bei 27 Grad sportlich zur Sache. Im 30 Grad warmen Attraktionsbecken sorgen Sprudelliegen, Massagedüsen, Sprudelgrotte, Strömungskanal und Wasserpilz für Vergnügen. Daneben gibt es noch ein 50-Meter-Becken mit einer Schwimmerbahn. Große Liegewiesen mit altem Baumbestand aber auch die Tribüne des Schwimmstadions mit rund 1.000 Plätzen sorgen für viel Platz und Entspannung. Die kleinen Badekinder toben im Nichtschwimmerbecken mit Rutsche herum oder gehen auf den Spielplatz. Tolles Highlight: Im Winter bei Schneetreiben und eisigen Temperaturen im Warmen unter freiem Himmel schwimmen. *Postillionstr. 17, 80637 München-Neuhausen, swm.de*

NEU Fluffy Clouds

Seit 2021 war das Bad Georgenschwaige geschlossen, bevor es ab 2023 zu einem Naturbad nach dem Vorbild des Maria Einsiedel umgestaltet wird, bespielen die Macher:innen vom Sugar Mountain und Utopia das Freibad als Zwischennutzung mit einem tollen Konzept. Voraussichtlich bis September 2022 wird bei freiem Eintritt zu Kunst und Kultur ohne Konsumzwang, vor allem aber sportlichen Vergnügungen von Art Yard bis Yoga eingeladen. Dabei sind Kinder immer mitbedacht, für sie gibt es auch einen eigenen Wasserspielbereich. Biergarten und Kiosk bieten vegane und vegetarische Kost. *Belgradstr. 195, 80804 München-Schwabing, ,Instagram: @fluffyclouds.muc*

TIPP Fresch Freising

Frisch, fröhlich und frei geht es im Hallen- und Freibad in Freising zur Sache. Nur eine halbe Stunde von München entfernt lässt sich das „Erlebnis Schwimmbad fresch" besuchen. Im Innenbereich befinden sich vier Becken. Sprudelliegen, Nackenduschen, eine Breitrutsche und Strömungskanal versprechend Action und Entspannung. Zudem gibt es einen separaten Kleinkindbereich mit großen Spielfiguren, die Wasser spritzen und zum Rumklettern einladen. Eine flach abfallende Wasserrutsche steht bereit und in einem kleinen Kanal können Kinder Boote schwimmen lassen. Innovativ: Im Lern-Schwimmbecken lässt sich die Bodentiefe anpassen. Auch im Außenbereich ist mit zwei Becken, Schaukelbucht, Rutsche, Sprungturm, Kleinkinderbecken und großem Spielplatz mit Wasserpumpen einiges geboten. *Rabenweg 20, 85356 Freising, T: 08161-548880, fresch-freising.de*

Michaelibad

Familien, Fitness- und Wellnessfans kommen im „Michi" voll auf ihre Kosten: 25-Meter-Sportbecken mit zwei Schwimmer:innenbahnen, ein Becken für Nichtschwimmer:innen, eine Wasser-Spiellandschaft, eine 84 Meter lange Abenteuerrutsche, ein Dampfbad, Whirlpools sowie ein warmes Außenbecken mit Strömungskanal, Sprudelliegen, Massagedüsen und Nackenduschen. Bleibt noch die Saunalandschaft auf zwei Etagen zu erwähnen. Auch der Außenbereich ist besten ausgestattet. Besonders die Sprunganlage sorgt hier für Aufsehen, wenn im Sommer aus zehn Metern Höhe gesprungen werden kann. Die große Wasserrutsche kommt ebenfalls gut an, genauso wie der Kinder-Spiel- und Wasserbereich. Außerhalb der Becken gibt es Tischtennisplatten, eine Fußballwiese, ein Trampolin sowie eine Beachvolleyballanlage. *Heinrich-Wieland-Str. 24, 81735 München-Ramersdorf, swm.de*

TIPP Müllersches Volksbad

Es zählt zu den ältesten und schönsten Bädern in Deutschland. Seit 1901 ziehen die Münchner:innen in dem Jugendstil-Badetempel ihre Bahnen. In der großen Schwimmhalle können ambitionierte Schwimmer:innen ihre Bahnen ziehen, das Becken ist 31 Meter lang und bietet mit 27 Grad sportliche Wassertemperaturen. In der zweiten Halle befindet sich ein 18 Meter langes Becken mit wohligen 30 Grad Wassertemperatur. Ein Wannen- und Brausebad sowie der Saunabereich runden das Badeerlebnis im Müllerschen Volksbad ab: mit Römisch-Irischem Schwitzbad und verschieden temperierten Warm- und Heißlufträumen, dazu ein Dampfbad, eine Finnische Sauna, ein Freilufthof, ein Kaltbecken, Warmbecken und Ruhekabinen. Dass hier auch etliche verschiedene Massagen, unter anderem für werdende Mütter angeboten werden, unterstreicht nur den Wellness-Charakter. *Rosenheimer Str. 1, 81667 München-Haidhausen, swm.de*

Naturbad Furth

In Oberhaching lädt ein Naturbad zum Wasservergnügen ein. Ein Seerosenbecken und Schilfbeet sind dabei in das Schwimmbecken integriert. Dazu eine schöne Liegewiese mit altem Baumbestand, ein plätschernder Bach und viel Ruhe – hier kann man den Großstadtrummel schön hinter sich lassen. Das Further Bad unterteilt sich in ein 50 Meter langes Schwimmer:innenbecken und einen Bereich für Ungeübte. Was gibt es noch? Eine Schwimminsel, ein Springerbecken mit Felsen und eine Wasserrutsche. Die ganz Kleinen können in einem Bach mit Sandkasten spielen und Quatsch machen. *Badstr. 5, 82041 Oberhaching, T: 244 13 520, furtherbad.de*

Naturbad Haag Oberbayern

Das Naturfreibad in Haag wurde 1937 von Bürger:innen und der Marktgemeinde gestaltet und eröffnet. Ein Gemeinschaftsprojekt, das sich auch nach mehr als acht Jahrzehnten bei großen und kleinen Badelustigen großer Beliebtheit erfreut. Das Wasser wird aus dem Altdorfer Mühlbach gespeist, Chlor kommt hier nicht zum Einsatz, vielmehr reinigen biologische Prozesse das Wasser. In der Mitte des Naturbeckens ist eine kleine Insel mit Baum. Es gibt auch ein Drei-Meter-Sprungbrett und zwei Wasserrutschen. Der Nachwuchs kann sich im Nichtschwimmer:innenbecken und im Planschbecken vergnügen. Die Liegewiesen sind sehr gepflegt und ein hübscher Kiosk sorgt für zusätzliche Erfrischung. *Freibadstr. 10, 83527 Haag Oberbayern, T: 08072-8242, markt-haag.de*

TIPP Naturbad Maria Einsiedel

Uralte Bäume ragen hier in den blauen Himmel und spenden Schatten. Dazu rauscht die Isar in Form eines Kanals durch das Naturbad, der sich über eine Strecke von 308 Metern an Liegewiesen vorbei schlängelt. Vögel singen und die Luft hier in den Isarauen ist einfach frisch und klar. Das Maria Einsiedel ist ein wunderschöner Badepark und das bislang einzige Naturbad Münchens verzichtet voll und ganz auf Chlor. Neben Sportbecken und Nichtschwimmerbecken können die ganz Kleinen in einem Planschbecken mit Mini-Rutsche herumhüpfen. Es gibt einen schönen Spielplatz und eine Bolzwiese sowie ein paar Tischtennisplatten. Schön sind auch die alten Umkleidekabinen. Außerdem liegt kein anderes Freibad in München so abgeschieden und verträumt, fernab vom Rummel. *Zentralländstr. 28, 81379 München-Thalkirchen, swm.de*

TIPP Naturbad Vierkirchen

Früher war das Naturbad eine Kläranlage. Dann entschieden sich die Bewohner in Vierkirchen, daraus etwas Schöneres

zu machen. Kernstück ist die biologische Reinigung des Badewassers in dem separat angelegten Regenerationsteich. Hier werden in einem Selbstreinigungsverfahren unter streng ökologischen Gesichtspunkten die Verunreinigungen auf rein biologischem Wege in mineralische Salze umgewandelt. Nun kann man dort bestens baden. Die prima Lage, ein natürlicher Sprungfelsen, urige Stege und das Kinderbecken sorgen für ein spaßiges und erholsames Badevergnügen. Mit der S-Bahn ist man vom Münchner Hauptbahnhof aus in 32 Minuten in Vierkirchen, das Naturbad ist nur ein paar Meter von der Station entfernt, es gibt keine Parkplätze direkt am Bad. Kinder unter sechs Jahren haben freien Eintritt. *Am Bauhof 2, 85256 Vierkirchen, T: 935520, vierkirchen.de*

Nordbad

Die große alte Schwimmhalle mit ihren massiven Steinstufen, die als Tribüne genutzt wird, ist wirklich imposant. Im 33 Meter langen Sportbecken davor werden fleißig Bahnen gezogen und von den Sprungtürmen wilde Tricks gezeigt. Dazu gibt es ein kleines Planschbecken für Kinder, ein Dampfbad und eine große Saunalandschaft mit Tauchbecken auf dem Dach. Mit 34 Grad sorgt das Außenbecken im Nordbad nicht gerade für eine Erfrischung im Sommer, im Winter ist es jedoch eine Wohltat, wenn man in den dunklen Abendhimmel schaut und Dampfschwaden über das Wasser ziehen. Sprudelliegen, Massagedüsen und der Strömungskanal sorgen für Entspannung. *Schleißheimer Str. 142, 80797 München-Schwabing, swm.de*

Olympia-Schwimmhalle

Im Sommer hat die Außenfläche einiges zu bieten: eine Trampolinanlage, Tischtennisplatten und einen Kinderspielplatz. Doch der große Anziehungspunkt ist und bleibt die Schwimmhalle. Eine Sportanlage mit Geschichte: 1972 wurden hier bei den Sommerspielen in München reichlich Medaillen vergeben. Heute zieht der olympische Geist immer noch durch die riesige Halle, die für Breiten- und Spitzensportler:innen gleichermaßen geöffnet ist. Unter dem berühmten Zeltdach könnt ihr im einzigen öffentlichen 50-Meter-Indoorbecken der Stadt trainieren. Die große Tribüne bietet eine gute Aussicht auf die Schwimmanlage. Fünf Schwimmbecken und die Sprunganlage garantieren sportlichen Badespaß, der große Whirlpool und die Sauna sorgen danach für Entspannung. *Coubertinplatz 1, 80809 München-Milbertshofen, swm.de*

TIPP Phönixbad Ottobrunn

Als Wellness Welt im Süden Münchens bezeichnet es sich selbst – tatsächlich verfügt es über eine schönen Spa-

Bereich und eine Saunalandschaft mit verschiedenen Saunen, Saunagarten, Sonnenterrasse und Außenbecken. Mehr Action und bunte Wasserwelten warten im Phönixbad auf die jüngeren Besucher:innen. Im Außenbereich können sie durch zwei Becken planschen, im Innenbereich durch ein weiteres mit Minirutschen, Wasser spuckenden Krokodilen und Fontänen. Nichtschwimmer:innenbecken ermöglichen eine ganz behutsam Wassergewöhnung. Größere Kinder können durch die zwei Riesenrutschen sausen. Sprudelliegen und Wasserfälle, eine Sprungturmanlage und Infrarot-Kabine, ein Whirlpool sowie die Salzgrotte bereiten auch Eltern und Angehörigen viel Spaß. Im Klartext: Das Phönixbad ist für die ganze Familie bestens geeignet. Ein Besuch lässt sich prima mit einem Abstecher zum Umweltgarten Neubiberg verbinden. *Haidgraben 121, 85521 Ottobrunn, T: 6607870, phoenixbad.de*

Prinzregentenbad

Inmitten der Großstadt tauchen plötzlich zwei blaue Flecken und ein Sandstrand auf – der sogenannte Prinzestrand mit Liegestühlen und Beachvolleyball. Alte Bäume, die in den blauen Himmel ragen und Schatten spenden, runden das Setting ab, auch wenn es nur ein Kurzurlaub im Prinzregentenbad ist. Eine Sprunganlage, ein Planschbe-

cken und eine 50-Meter-Rutsche sowie der Strömungskanal im Erlebnisbecken sorgen für großen Familienspaß. Die Saunalandschaft zählt zu den größten in München und hat dementsprechend auch einen extra großen Whirlpool sowie einen asiatischen Zen-Garten. Übrigens: Im Winter hat das „Prinze" nicht geschlossen. Dann verwandelt sich die Wasserfläche in eine Eisfläche, auf der kleine und große Eisprinz:essinnen ihre Runden drehen können. *Prinzregentenstr. 80, 81675 München-Bogenhausen, swm.de*

TIPP Schyrenbad

Dem Freibad merkt man sein doch recht hohes Alter nicht an. Bereits im Jahre 1847 wurde das Schyrenbad eröffnet und ist damit das älteste Bad in München. Direkt an der Isar, inmitten wunderschöner Liegewiesen unter riesigen alten Bäume kann man sich hier im Sommer bestens abkühlen und ins Wasser springen. Eine Breitrutsche steht bei den Kids im Mittelpunkt. Für kleine Kinder gibt es einen großen Wasserspielplatz mit Rutsche und Wasserfall. Tischtennis ist bei den etwas älteren sehr angesagt. Sportschwimmer:innen können daneben im 50 Meter langen Sportbecken ihre Bahnen ziehen. Auch top: Im Bad gibt es am Kiosk einen eigenen Biergarten! *Claude-Lorrain-Str. 24, 81543 München-Untergiesing, swm.de*

Natürlich gut!

So lang wie die Themenliste der möglichen Kindergeburtstage in der Umweltstation ist, so großartig ist es, hier mit Kindern ab drei Jahren zu feiern. Das schöne helle Haus und dessen weitläufiges und idyllisches Außengelände mit Naturspielgelände, Gärten, Hecken, Wiesen und Feuchtbiotopen bieten die perfekte Umgebung für so unterschiedliche Mottos wie „Reise ins Zwergen-Zauberland", „Im Reich der vier Elemente", „Steinzeitabenteuer", „Schokoladensafari oder „Recycling-Detektive", um nur ein paar zu nennen. Ihr merkt schon, hier ist für alle etwas geboten, natürlich vor allem spielerische Naturerfahrungen, aber auch spannende Schatzsuchen, Experimente und künstlerische Aktionen. Besonders hervorzuheben ist der zauberhafte abendliche Spaziergang in der Dämmerung „Feuerzauber im nächtlichen Glanz" und das englischsprachige Angebot „Wonderland Nature". Einziger Wermutstropfen: Die Feiern sind nicht an Wochenenden und Feiertagen möglich.

**Ökologisches
Bildungszentrum München**

3-5 Jahre, bis 10 Kinder, 6-12 Jahre
bis 15 Kinder, ca. 175 Euro

*Englschalkinger Str. 166, 81927
München-Bogenhausen, T: 93948971,
oebz.de*

Südbad

Der Außenbereich im Südbad ist überschaubar, dabei jedoch sehr ansprechend. Neben einer schönen Liegewiese und einem abwechslungsreichen Planschbecken lässt es sich im Außenbecken, das direkt mit dem Hallenbad verbunden ist, wunderbar entspannen. Dort wirbelt ein Strömungsbecken die Badbesucher:innen ordentlich hin und her. Sprudelliegen, Fontänen und ein Strudelbecken sorgen hier für Abwechslung. In der Halle ist der Kinderbereich mit Planschbecken, Spielfiguren und einer kleinen Rutsche sehr beliebt. In der Finnischen Sauna funkelt bei 95 Grad ein Sternenhimmel. Und wenn es im Sommer sehr heiß ist, versinkt die riesige Glasfassade neben dem Schwimmbecken im Boden und verwandelt das Hallenbad in ein luftiges Freibad. *Valleystr. 37, 81371 München-Sendling, swm.de*

Ungererbad

Künstler:innen, Schauspieler:innen und Prominente gibt es in Schwabing so einige. In der Hitze des Sommers kommen sie gerne auch mal ins Ungererbad, tauchen dort unter und kühlen sich ab. Das Freibad wird umringt von Straßen und Häusern, bietet dafür aber einen sehr grünen und schönen Außenbereich. Nun aber zu den harten Fakten: drei Schwimmbecken, ein Sprungturm, eine Rutsche und ein Strömungskanal gehören zum erfrischenden Angebot im Ungererbad. Für Familien mit Kindern sind vor allem das Planschbecken, die Wasserrutsche und der Spielplatz interessant. Und es gibt noch mehr: Zwei Beachvolleyballanlagen, Tischtennisplatten, Bodenschach und Trampoline lassen keine Langeweile aufkommen. Verschnaufen und kühles Nass von innen könnt ihr dann am Kiosk mit Biergarten genießen. *Traubestr. 3, 80805 München-Schwabing, swm.de*

Westbad

Es zählt zu den größten Bädern und gilt als das Flagschiff der M-Bäder – dementsprechend viel hat das Westbad in Pasing unter seiner großen Glaskuppel und im großzügigen Freibadbereich zu bieten: Ein 50-Meter-Becken mit Bahnen, das Nichtschwimmer:innen- und Erlebnisbecken mit Strömungskanal, Wasserpilz und Bodensprudelanlagen, eine 64 Meter lange Wasserrutsche sowie die Ein- und Drei-Meter-Sprunganlage. Im Hallenbad gibt es bei jedem Wetter Badespaß für große und kleine Badebegeisterte. Außerdem verfügt das Schwimmbad über zwei Whirlpools, ein Planschbecken sowie ein Salzwasser-Außenwarmbecken mit Sprudelliegen, Massagedüsen und Nackenduschen, die so manche Verspannung lösen können. *Weinbergerstr. 11, 81241 München-Pasing, swm.de*

Thermen und Erlebnisbäder

NEU Donautherme Ingolstadt

Nach der Sanierung und Betreiber:innenwechseln soll das beliebte Erlebnisbad mit Therme und Saunawelt im Herbst 2022 neu eröffnen. Dann lockt auf 10.000 Quadratmetern ein echtes Badeparadies für Jung und Alt. Kleine finden Spiel und Spaß in Kinder- und Kleinkinderbereichen, das Wellenbad sorgt bei allen für Vergnügen, während Kids und Teens die Qual der Wahl haben, auf welcher der coolen Rutschen, darunter eine Dunkelrutsche mit Lichteffekten, sie sich auspowern. Aber nicht nur Action und Wasserspaß warten hier auf Familien, auch Wellness für die Erwachsenen kommt nicht zu kurz. In der Therme können diese schwerelose Momente im Solebad erleben, sich im Massageparcours von den Wasserdüsen durchkneten lassen, im Perlbad entspannen und an der Poolbar eine schöne Zeit erleben. *Südliche Ringstr. 63, 85053 Ingolstadt, T: 0841-379110, donautherme.de*

Europatherme Bad Füssing

Von oben aus der Luft betrachtet wirkt die Europatherme wie ein weiß-blaues Labyrinth. Die Therme ist eine der größten in Bayern und lädt mit einer Vielfalt an Freiluftbecken, Hallenbädern und Wohlfühlbereichen zum ausgiebigen Entspannen ein. Wie beispielsweise im Schwefelgas-Becken mit seinem angenehm heißen Wasser und den Massagedüsen. Von dort kann man direkt in den Strömungskanal tauchen, der einen wie eine Waschmaschine gut durchschüttelt. Darauf folgt das Attraktionsbecken „Nymphäum" mit Perlsprudelbank. In der 35 Grad warmen Sternenhimmelgrotte kehrt dann langsam Ruhe ein und im Entschleunigungsbecken könnt ihr sogar sanften Klängen unter Wasser lauschen. *Kurallee 23, 94072 Bad Füssing, T: 08531-94470, europatherme.de*

monte mare Schliersee

Schon allein der Blick aus den großen Fensterfronten des Hallenbades ist bezaubernd – vorbei an einer Kirchturmspitze auf zarte Berggipfel und den Schliersee. Doch das monte mare hat natürlich auch innen etwas zu bieten: Black-Hole-Rutsche, blubbernde Whirlpool, Unterwasser-Massageliegen oder 25-Meter-Becken. Im Salzwasser-Außenbecken mit Massagedüsen und Brodelgrotten kribbelt es ordentlich. Für die kleinen Gäste gibt es ein Kinderbecken mit Spielgeräten. *Perfallstr. 4, 83727 Schliersee 08026-920900, monte-mare.de*

Der Arber

Das größte Skigebiet im Bayerischen Wald verfügt über breite, übersichtliche Pisten, einfache und mittelschwere Abfahrten. So ist der Arber ein hervorragendes Skigebiet für Familien mit kleinen Kindern, die sich auf die Bretter wagen möchten. Im ArBär-Kinderland am Thurnhofstüberl gibt es die besten Voraussetzungen, um mit Spaß das Skifahren zu erlernen. Die Rodelbahn im Kinderland, das Zwergerlland für die Kleinsten ab drei Jahren und der Familien-Cross-Park sind hier am höchsten Berg des Bayerisch-Böhmischen Mittelgebirges weitere Pluspunkte. Faszinierende Ausblicke auf die märchenhafte Winterlandschaft mit ihren in Eisfiguren verwandelten Bäumen, den Abermandln, bietet der Rundwanderweg am Gipfel. *arber.de*

Spitzingsee

Die 20 Pistenkilometer erstrecken sich idyllisch rund um den namensgebenden Spitzingsee. Für Pistenminis sind gleich zwei Kinderländer geboten: das Snowcamp Martina Loch an der Stümpflingbahn und das Kinderland der Skischule Spitzingsee am Kurvenlift. Das Skigebiet ist Mitglied im Skipassverbund Alpen Plus, Mehrtagesskipässe gelten auch in Sudelfeld oder am Brauneck. *alpenbahnen-spitzingsee.de*

Garmisch Classic

In dem als Austragungsort sportlicher Wettkämpfe bekannten Skigebiet kommen alle Skifahrer:innen auf ihre Kosten. So können fortgeschrittenere Eltern und Geschwister ihre sportliche Herausforderungen suchen, während sie die Kleinen im zur Wintersaison neu gestalteten Kinderland am Hausberg gut betreut wissen. Neben Ixi & Mimi – den Figuren aus Felix Neureuthers Kinderbuch – gibt es dort nun auch Stationen aus seinem „Beweg dich schlau!"-Konzept und eine Funline. Ebenfalls familienfreundlich: Für Eltern, die sich die Betreuung ihres Nachwuchses teilen, hält die Bayerische Zugspitzbahn Halbtageskarten bereit. *zugspitze.de*

Pistenspaß für Minis

Brauneck

Das BRB Ski KombiTicket gilt neben den Skigebieten Sudelfeld und Spitzingsee auch für Brauneck, das sich so rasch öffentlich mit Bus und Bahn erreichen lässt. Hier haben schon viele kleine Münchner:innen ihre ersten Pistenversuche gemacht, ob mit ihren Eltern oder professionellen Lehrer:innen der örtlichen Skischule. *brauneck.bergbahn.de*

Sudelfeld

Knapp 80 Kilometer südlich von München erwartet einen die wunderschöne Wendelsteinregion mit 31 Pistenkilometern und zwei Kinderarealen. Das neue SNUKI-Kinderland in der Nähe der Talstation am Waldkopf und die Skischule „Top on Snow Sudelfeld" bieten Schneespaß für Kinder ab vier Jahren. Das zweite Kinderland, der Wintererlebnispark am Tannerfeld mit Snowtubingbahn und Übungshang für Minis befindet sich am Ortsrand von Bayrischzell. *sudelfeld.de*

Kleinwalsertal-Oberstdorf

Zwei Länder, ein vielseitiges Winterparadies für Familien an der Grenze zwischen Deutschland und Österreich. Für gute Laune und erste Fahrerfolge der Kids sorgt Burmis Winterwelt am Heuberg. Das Familienskigebiet am Südwesthang des Österreichischen Bergs birgt den Vorteil, dass hier die Sonne den ganzen Skitag lang lacht. Aber auch in Söllis Winterwelt am Söllereck können die Kleinsten ihre ersten Abfahrten mit Freude erleben. Abseits der Pisten locken Winterwanderwege, Naturrodelbahnen und die Ganzjahres-Rodelbahn Allgäu-Coaster und versprechen fantastischen Familienspaß im Schnee! *kleinwalsertal.com; ok-bergbahnen.com*

TIPP Rupertus Therme

In der Rupertus Therme, dem Spa und Familien Resort in Bad Reichenhall, spielt Salz die Hauptrolle. Seit mehr als 150 Jahren ist der Kurort für seine zahlreichen Solequellen und -bäder berühmt. Natürliche Alpen-Sole mit einem besonders hohen Mineralstoffgehalt fließt hier von der Saline direkt in die Dampfbäder, Aktiv- und Liegebecken. Von der holzbefeuerten Erdsauna und den Stollendampfbädern erstreckt sich das Angebot über Solegrotten und Aktiv-Becken. Im Bereich „Sport & Familie" können Ambitionierte im Schwimmer:innenbecken unbeirrt Bahnen ziehen. Im wohlig warm temperierten Familienbecken fühlen sich alle gleichermaßen wohl. Und für die Kleinsten gibt es ein Planschbecken mit Minirutsche und angeschlossenem Kinderspielraum. Im Familienbad sorgt das Bistro für Snacks und Getränke, diese kann man aber auch selbst mitbringen und im Brotzeitraum verspeisen. *Friedrich-Ebert-Allee 21, 83435 Bad Reichenhall, T: 08651-76220, rupertustherme.de*

Therme Bad Aibling

Aus knapp 2.300 Metern Tiefe gelangt das Wasser an die Oberfläche und füllt die Becken der Therme in Bad Aibling. Es ist zwischen 32 und 36 Grad warm. In der Moorkuppelsauna, im orientalischen Hamam und in den Trockensaunen werden Körper und Geist gleichermaßen verwöhnt. Von Mai bis September öffnet das Freibad mit Schwimmerbecken, das als Belvedere auf dem Niveau des Gebäudedaches liegt und traumhafte Ausblicke in die Alpenwelt ermöglicht. Dazu gibt es ein Nichtschwimmer:innenbecken, einen Wasserspielplatz und eine coole Wasserrutsche. *Lindenstr. 32, 83043 Bad Aibling, T: 08061-9066200, therme-bad-aibling.de*

Therme Erding

Vor lauter bunten Rutschen sieht man die Therme nicht mehr – das kann in Erding leicht passieren. So gibt es einen riesigen Gebäudekomplex, durch den sich lauter Röhren schlängeln. Mit und ohne Reifen schießt man hier durch eine Actionwelt, bestehend aus steilen, breiten und wilden Rutschen. Insgesamt sind es 27 mit einer Länge von insgesamt 2.700 Metern. Nur ein paar Meter davon entfernt rauschen Wellen durch ein Becken, das von Palmen und einem Hotel umringt wird. In der nach eigenen Angaben größten Therme der Welt befinden sich 35 Saunen und Dampfbäder sowie 34 Pools. Die Wasserfallgrotte sowie die Poolbar sorgen für Urlaubsgefühle. Das aus 2.350 Metern Tiefe geförderte Thermal-Heilwasser speist mit Ausnahme des Kinderpools alle Becken. *Thermenallee 1-5, 85435 Erding, T: 08122-2270100, therme-erding.de*

Wellness

Münchner Salzgrotte mit Salzladen

Am Meer ist die Luft natürlich angereichert mit salzhaltigen Aerosolen, die für freie Atemwege und ein nachhaltiges Wohlbefinden sorgen, das den gesamten Organismus stärkt. Wer dies in München nachahmen möchte, kommt in die Münchner Salzgrotte. In kleinen, höhlenartigen Räumen könnt ihr salzhaltige Luft und Ruhe genießen. Die alpenländische Grotte ist aus uralten Himalaya-Salzsteinen errichtet. Über 15 Tonnen Salz und eine angenehme Raumtemperatur sorgen für ein besonders angenehmes Mikroklima. Klangschalen-Meditation und Yoga sind besonders beliebt. Für Kinder gibt es außerhalb der Grotte Lach-Yoga-Kurse. *Theresienstr. 91, 80333 München-Schwanthalerhöhe, T: 57957342, münchner-salzgrotte.de*

Salzgrotte SALUD

In dieser Salzgrotte könnt ihr tief durchatmen. Laut Salud besteht dieses urbane Exemplar aus 200 Millionen Jahren alten und reinen Himalaya-Salzsteinen aus der pakistanischen Provinz Punjab. Über 15 Tonnen Salz stecken hier in den Wänden und sorgen für eine konstante Raumtemperatur von ca. 18 bis 20 Grad sowie eine Luftfeuchtigkeit von rund 60 Prozent. Die reine Luft in der Grotte, das gedimmte Licht, das Plätschern eines kleinen Wasserfalls, die Meditationsmusik und die gepolsterten Liegen bringen ganzheitliche Entspannung. Bei Salud können Kinder in Begleitung eines Erwachsenen wie am Meeresstrand mit dem Salz spielen. Es gibt eine Kinderecke mit Spielsachen. Die Kleinen dürfen auch ein Lieblingsspielzeug oder -buch mitbringen, so können sie ganz spielerisch und ohne Inhaliermaske die Grottenluft einatmen. Besonders bei Asthma und Bronchitis kann das sehr hilfreich sein und Beschwerden lindern. *Stiftsbogen 43/L 23, 81375 München-Hadern, T: 74127969, salzgrotte-salud.de*

Salzgrotte SalzAmbiente

Über neun Tonnen Salz aus Pakistan und dem Toten Meer sind in der Salzgrotte von SalzAmbiente verbaut. Hier werden Atemkuren für Erwachsene und auch speziell für Kinder angeboten. Bei den Kinderterminen darf es dann etwas wilder zugehen – hierfür steht Sandspielzeug zur Verfügung. Das besondere Mikroklima, bakterielle Reinheit und die stark ionenhaltige Luft können die Symptome bei Atemwegserkrankungen lindern. Der regelmäßige Aufenthalt in Salzgrotten sorgt für eine Regulierung des natürlichen Mineralhaushaltes. Angebot. *Sommerstr. 24, 81543 München-Untergiesing, T: 63851070, salzambiente.de*

Eislaufen

Eis- und Funsportzentrum Ost

Auf Rollen oder auf Kufen – das Eis- und Funsportzentrum im Ostpark sorgt im Sommer wie im Winter für Action. Die 400 Meter lange, ovale Eisschnelllaufbahn im Freien ist die einzige ihrer Art und Größe in ganz München. Von Bäumen umringt ist sie im Dunkeln sogar mit Flutlicht beleuchtet. Wer möchte, kann im Winter auch ein paar Pirouetten auf der Innenfläche absolvieren, wenn nicht gerade eines der Eishockey-Teams trainiert oder spielt. Ein Schlittschuh-Verleih befindet sich vor Ort. Und im Sommer geht der Spaß hier einfach auf Rollen weiter oder mit Skateboard und Inline-Skates. *Staudingerstr. 17, 81735 München-Perlach, T: 63019147, muenchen.de*

Eisbahn im Prinzregentenstadion

Auf 30 mal 60 Metern erstreckt sich die Eisfläche im Prinzregentenstadion. Darauf geht es nicht nur um Eislaufen, also Sport. Sonder auch um Eistanzen, also Party. Im „Prinze" läuft das Eisvergnügen mit Musik – dementsprechend werden sogar Tanzkurse auf dem Eis angeboten. Für eine Verschnaufpause und zum Zuschauen steht die Tribüne mit 450 Plätzen zur Verfügung. Im Hauptgebäude des alten Stadions könnt ihr Schlittschuhe für alle leihen. *Prinzregentenstadion, Prinzregentenstr. 80, 81675 München-Bogenhausen, swm.de*

TIPP Eislaufen Nymphenburger Schlosskanal

Musik, eisige Luft und das Kratzen von Kufen ist zu hören wenn wir uns in frostigen Wintern dem Nymphenburger Schlosskanal nähern. Denn an seinen Enden, am Nymphenburger Schlossrondell und am Hubertusbrunnen, wird dann Eislaufen zelebriert. Ein Spektakel für Münchner:innen jeden Alters. Mit lustiger Musik, einem Kiosk und Verleih. Umringt wird die runde Eisfläche von Bäumen und Häusern beim Hubertusbrunnen. Vom Schlossrondell hat man einen tollen Blick auf das alte Prachtgebäude. *Südliche Auffahrtsallee, 80639 München-Nymphenburg*

Eisstadion Ottobrunn

Bei den Eissportler:innen in Ottobrunn können Kinder in der Wintersaison auch Eislaufkurse belegen, vor allem aber locken die öffentlichen Eislaufzeiten zu winterlichem Vergnügen an der frischen Luft. Kinder unter sechs Jahren haben freien Eintritt, Schlittschuhe können in Größe von 25 bis 48 geliehen werden. Und wer Gefallen am Eissport findet – der Verein bietet verschiedene Disziplinen an. *Haidgraben 120, 85521 Ottobrunn, T: 66078725, ersco.de*

Ihr seid nicht allein

Viele Großstadtfamilien eint der Wunsch nach einem eigenen Stück Garten — Traum Kleingartenkolonie? Wir haben eine Schrebergartenfamilie besucht.

Noch vor einer Dekade galten Datschen und Co als Inbegriff purer Spießigkeit, wurden zu Strebergärten denunziert. Doch es siegte die Haltung: Mir doch egal, was die anderen sagen! Immer mehr Menschen ohne eigenes Haus und ohne Garten stehen dazu, ihren Kindern unbedingt die Möglichkeit geben zu wollen, Natur auch in der Stadt zu erleben.

Wir wünschen uns zu Recht, dass jedes Kind die Möglichkeit hat, in einem Garten zu spielen. Und wir sind viele. Doch aktuell gibt es in unserer Stadt nur etwa 8.700 Parzellen in 83 Kleingartenanlagen. Die im Vergleich zu anderen Städten geringe Zahl an privat nutzbaren Gärten im direkten Einzugsbereich der Innenstadt sorgt zusätzlich dafür, dass der Run auf diese kleinen Stücke Glück immens groß ist.

Heike, Gerrid, Bo, Ede und Lola treffe ich in ihrem kleinen Gartenparadies. Obgleich wildfremde Menschen, muss man mich am Ende des Tages nahezu von der Couch ihrer Laube wegtragen, auf der ich mit dem sechsjährigen Bo über Hubschrauber und Politiker:innen plaudere. So idyllisch wie im Bilderbuch ist es hier, neben dem riesengroßen Walnussbaum und umgeben von göttlich gelbleuchtenden Blütenmeeren. Phänomenal: Eben noch gestresst am Schreibtisch, kaum Sonnenlicht. Und beim Bestaunen von Mangold, Kartoffelfrüchten und Buschbohnen, Minzfeldern, Gojibeeren oder Rote Bete-Pflanzen: Entspannung.

Drei Kinder und ein Garten machen viel Arbeit, aber noch mehr Freude! Heike und Gerrid mit Lola, 6 Wochen, Bo, 6 Jahre, und Ede, 3 Jahre.

Ich schnuppere, ich taste, ich staune, ich freue mich an Kleinigkeiten. Ich bin eine von denen, die das Glück der Fremden kaum fassen kann. Und sie deswegen mit Fragen löchere wie hungrige Motten anderer Leute Kleiderschränke. Denn diese Familie hat doch tatsächlich einen Schrebergarten ergattert. Eine 200 Quadratmeter große Oase, nur 500 Meter von ihrer Wohnung entfernt.

Heikes Empfehlung: Immer dranbleiben, immer nachhaken. Sich persönlich vorstellen. Während sich die Jungs allmählich über und über mit Schlamm bedecken, stillt Heike seelenruhig das sechseinhalb Wochen alte Baby. Ich hingegen kann mich kaum wieder einkriegen, wie die Eltern es, ohne mit einer Wimper zu zucken, beobachten. „Wir leben zu fünft in einer Drei-Zimmer-Wohnung. Deswegen ist das hier unser gemütliches Wohnzimmer", stellt Heike trocken fest.

Kosten

Die Münchner Schrebergarten-Parzellen sind durchschnittlich 250 Quadratmeter groß, der Pachtpreis beträgt jährlich 0,42 €/m² zuzüglich 0,10 €/ m² Aufwandsersatz für Daueranlagen. Zusätzlich sind noch Nebenkosten für Wasser, Müllabfuhr, Vereins- und Versicherungsbeträge einzukalkulieren.*

Vor drei Jahren wurde die Ingenieurin Heike hier zur Baumhausarchitektin, ihre Kinder zu Rasenmähfans und begeisterten Baumeistern. Denn die Laube wurde auch gehörig umgebaut. Die Laubenhöhe? Streng geregelt. Die Bepflanzung? Streng geregelt. Mindestens ein Drittel des Schrebergartens muss kleingärtnerisch genutzt werden. Meint: Es müssen Obst und Gemüse angepflanzt werden. Die übrige Fläche kann als „Erholungsfläche" mit Zierpflanzen und Gras bepflanzt werden.

„Es kostet einfach irre viel Zeit."

Ich lasse mir erklären, was diese Leckereien an Arbeit mit sich bringen. Und falle in Ohnmacht. Warum nicht weniger Action und mehr Chillen? „Ich mach das nicht, um Geld zu sparen. Das ist ein schöner Zeitvertreib, es macht einfach Spaß", strahlt Gerrid mit funkelnden Augen.

Dass es aber irre viel Zeit kostet, mutmaße nicht nur ich, damit zitiere ich auch den Experten, mit dem ich mich später treffe: Manuel Vesely Fernandez, Vater von zwei Kindern, seit sieben Jahren aktiver Kleingärtner und heute professioneller Baumpfleger, informiert interessierte Kleingartenanwärter:innen in genau zu diesem wunden Punkt: Bitte nicht einer falsch-romantischen Vorstellung auf den Leim gehen. Sondern sich im Klaren darüber sein, wie viel Zeit, Energie und Aufwand man hineinstecken muss. „Ich habe jetzt, im siebten Jahr, das erste Mal das Gefühl, ich kann auch mal einen Tag nicht hierher kommen." Durchschnittlich steht ein Kleingarten bis zu 75 Prozent der Zeit leer. Trotzdem verpflichtet man sich vertraglich, den Garten

Einen Überblick über die Münchner Kleingartenanlagen bekommt ihr beim Kleingartenverband München. leider sind die Wartezeiten lang: *kleingartenverband-muenchen.de*

Statt die eigene Parzelle zu bewirtschaften, kann man auch in der Gemeinschaft gärtnern: *Münchner Gemeinschaftsgärten ab Seite 102*

in einem vorgeschriebenen Pflegezustand zu halten. Manuel Vesely Fernandez lacht wissend: „Der Enthusiasmus ist oft am Anfang sehr groß. Auf einmal merkt man: Oh, das ist ja gar kein Selbstläufer! Rasenmähen, Heckenschneiden, und da hat man noch gar nicht ,gegärtnert.'" Manchmal seien es eher Sanierungsfälle, die man übernimmt. Er verrät, dass auch sein Garten damals einem Desaster glich. „Am Anfang war's nicht Gärtnern, sondern Kernsanieren."

Es gilt also: Nur nicht aufgeben. Nie. Das Warten auf die Pacht eines eigenen Kleingartens dauert, auch wegen Corona, aktuell mit sehr hoher Wahrscheinlichkeit einige Jahre. Aber: Die Sharing Economy hat auch die Schrebergärten erreicht! Portale wie gartenpaten.org, take-a-garden.com oder datschlandia.de helfen dabei, einen Garten zum Ausprobieren zu finden. Keine schlechte Idee für alle, die nicht ewig warten möchten oder sich keine teuren Ablösesummen leisten können. Auch das eint nämlich viele von uns.

Fotos: Manuel Miethe, Text: Sabine Neddermeyer
*Quelle: Münchner Kleingartenverband e.V.

Eisstockbahnen Nymphenburg

Groß, größer am größten – zwischen der Gerner Brücke und der Hubertusstraße startet in kalten Wintern das Eisstockschießen auf dem Nymphenburger Schlosskanal. Aufgrund des flacheren Wasserstands im Kanal oft schon bevor das tiefere Wasser am Schlossrondell und beim Hubertusbrunnen eine tragfähige Eisfläche gebildet hat. Bis abends wird unter Flutlicht gespielt. Große und kleine Anfänger:innen und Expert:innen lassen die Stöcke dann übers Eis flitzen. Auf 500 Metern reiht sich Bahn an Bahn. Wem die entsprechende Ausrüstung fehlt, kann sie vor Ort ausleihen. *Südliche Auffahrtsallee 27, 80639 München-Nymphenburg, T: 0179-1077187, eisstockbahnen.de*

TIPP Grünwald Freizeitpark

Im Winter stehen hier Eishockey und Eislaufen auf dem Programm: Der 1.400 Quadtratmeter große Eislaufplatz sorgt für Winterspaß unter freiem Himmel. Doch hier ist ganzjährig auf 120.000 Quadratmetern Platz für alles, was das Herz sportlicher Familien begehrt. Auf zwei Rasenplätzen, einem Hybridrasen und einem Bolzplatz wird Fußball gespielt. Ein Kunstrasenplatz ist für Hockey reserviert und es gibt auch ein Baseballfeld. Dazu einen Kletterturm, eine Funbox, Minipipe sowie einen Court für Beachvolleyball. In vier unterschiedlichen Hallen werden Ballsportarten, Gymnastik, Aerobic, Tanz, Fitness und Kampfsport angeboten. Auf dem Multicourt kann im Sommer Inline-Hockey und Basketball gespielt werden. Die Tennisanlage verfügt über sieben Frei- und fünf Hallenplätze. Krönender Abschluss: der große Kinderspielplatz. *Südliche Münchner Str. 35c, 82301 Grünwald, T: 6418910, gruenwalder-freizeitpark.de*

Olympia-Eissportzentrum

Disco on Ice – das ist im Olympiapark von München möglich und auch sehr beliebt, genauer gesagt im Eissportzentrum. Hier gibt es das gesamte Jahr über schön glattes und glänzendes Eis. Auf dem Programm stehen: Publikumslauf, Musikprogramm und eine spezielle Lightshow mit Disco. Wer keine Kufen hat, kann sich Equipment vor Ort ausleihen. Die Disco läuft allerdings nicht, wenn die Eishockeycracks vom EHC München auflaufen und in der deutschen Eishockey Liga auf Tore- und Punktejagd gehen. *Spiridon-Louis-Ring 21 und 25, 80809 München-Milbertshofen, T: 30672141, olympiapark.de*

Polariom Germering

Von Kopf bis Fuß auf Eis eingestellt ist das Polariom in Germering, eine große Halle mit Eisfläche und Tribünen. Neben Eishockey, Eisstockschießen und Eiskunstlauf

gibt es auch einen öffentlichen Eislauf von Mitte Oktober bis Mitte März. Da kratzen dann Kids und Erwachsene über die 60 Meter lange und 30 Meter breite Indoor-Eisfläche. Musik macht hier gute Laune und es gibt noch mehr Partystimmung: Am Geburtstag kann der schönste Tag des Jahres zur lustigen Eispartie werden. *Bertha-von-Suttner-Straße 5, 82110 Germering, stadtwerke-germering.de*

Waldsportpark

Ein Waldsportstadion, Hartplätze, eine Skilanglauf-Loipe, ein Skilift und eine Stockschützen-Anlage – das Angebot ist groß und vielseitig im Waldsportpark Ebersberg. So wird im Stadion Fußball gespielt, auf den Hartplätzen stehen Volleyball, Tennis und Basketball auf dem Programm. Bei den Stockschützen kann man auf zwölf Asphaltbahnen munter drauflos spielen. Im Winter sorgt der Skilift für Wintersport-Vergnügen und ist für Beginner bestens geeignet. Oder ihr gleitet über die 14 Kilometer lange Langlauf-Loipe. Im Waldsportpark habt ihr sportlich gesehen die Qual der Wahl. *Sportparkstr., 85560 Ebersberg, T: 08092-20081, waldsportpark-ebersberg.de*

Klettern und Bouldern

TIPP Boulderwelt Ost

In München gibt es zwei Boulderwelten – im Osten und im Westen. In Berg am Laim verteilen sich auf drei Etagen verteilen die Kletterwände, die teilweise im Raum zu schweben scheinen und wie bunte Meteoriten aussehen. Für Kinder ist hier auf über 100 Quadratmetern eine eigene Kinderwelt aufgebaut. Dort gibt es kindgerechte Boulderwände und Spielmöglichkeiten schon für die Kleinsten ab zwei Jahren. Vorkenntnisse sind nicht nötig, einfach vorbeikommen und klettern – das gilt auch für Erwachsene. Ihr braucht nur bequeme Sportkleidung, Schuhe gibt es vor Ort. *Hanne-Hiob-Str. 4, 81671 München-Berg am Laim, T: 45234823, boulderwelt-muenchen-ost.de*

Boulderwelt West

Mit über 1.600 Quadratmetern ist die Boulderanlage in Aubing eine der größten in der Welt. In allen Schwierigkeitsstufen stehen hier über 600 Boulder zur freien Verfügung und sorgen für ein schier grenzenloses Klettern in Absprunghöhe. Mit entsprechenden Kursangeboten für Einsteiger:innen, Fortgeschrittene und Kinder können hier alle ihre Kletterfähigkeiten noch verbessern. Nur der eigenen Yoga-Raum ist nicht auf Klettern ausgelegt. Dazu gibt es noch eine Trainingswelt mit Slingtrainern, Kettlebells und Stangenpark. Die bunte Boulder-Kinderwelt sorgt mit U-Boot und Inkas für spannende Abenteuer! *Bertha-Kipfmüller-Str. 19, 81249 München-Aubing, T: 82073499, boulderwelt-muenchen-west.de*

DAV Kletter- & Boulderzentrum München-Süd

Das DAV Kletter- & Boulderzentrum in Thalkirchen zählt zu den größten Anlagen weltweit und gilt als eine der Geburtsstätten des urbanen Freikletterns. In verschiedenen Hallen ragen Kletterrouten bis zu 20 Meter in die Höhe. Dazu gibt es Boulderfelsen und einen sehr vielseitigen Außenbereich. Kinder können ab drei Jahren an die Wände mit bunten Plastikgriffen, ins Piratenschiff und in der verwinkelten Ritterburg herumtoben. Unter 14-Jährige haben in Begleitung eines zahlenden Erziehungsberechtigten freien Eintritt! Geburtstage können in der Kletterwelt ebenso gefeiert werden. *Thalkirchner Straße 207, 81371 München, T: 1894163-11, kbthalkirchen.de*

DAV Kletterzentrum München-Nord

In Freimann kommen Kletterfreunde ebenfalls auf ihre Kosten: Die modernen In- und Outdoor-Bereiche bieten knapp 4.000 Quadratmeter Kletter- und Boulderfläche. Da dürfte für jeden Geschmack und jede Altersstufe etwas dabei sein. Die Anlage im Münchner Norden ist zusätzlich mit Trainingsraum, Kinderparadies, Spielplatz, Verleih und gemütlichem Bistro samt Dachterrasse komfortabel ausgestattet. Es gibt ein umfangreiches Kursprogramm der DAV-Sektionen und zahlreiche Schnupperangebote. *Werner-Heisenberg-Allee 5, 80939 München-Freimann, T: 215470540, kbfreiman.de*

DAV Kletterzentrum München-West

Weit in den Westen geht es für dieses Kletterabenteuer von München aus nach Gilching. Das Boulderareal im Outdoorbereich erinnert an das Fontainebleau in Frankreich. Riesige Steinklötze warten darauf, erobert zu werden. Insgesamt lachen die Freikletterer 1950 Quadratmeter Wandfläche an – gespickt mit bunten Griffen. Neben einem kindgerechten Boulderraum und einem Spielplatz im Außenbereich können im Kletterzentrum München-West auch Kindergeburtstage gefeiert werden. *Frühlingstr. 18, 82250 Gilching, T: 08105-37077-0, kbgilching.de*

Einstein Boulderhalle

Eine schöne, kleine und feine Boulderhalle – die ein besonderes Augenmerk auf Kinder legt. Denn sind Kinder nicht ohnehin schon die geborenen Klettertalente? Die Einstein Boulderhalle fördert den natürlichen Kletterdrang von Kindern, zumal Bouldern bestens dafür geeignet ist, um

Motorik und Koordination, Konzentration und Selbstkontrolle sowie einzelne Facetten sozialer Fähigkeiten zu schulen. Die pädagogisch ausgebildeten Bouldertrainer:innen wollen dies mit Spaß und Freude in Kursen vermitteln. In der Kinderwelt können auch Geburtstage gefeiert werden. *Landsberger Str. 185, 80687 München-Laim, T: 30701750, muenchen.einstein-boulder.com*

TIPP Heavens Gate

30 Meter hoch ragen die acht alten Silotürme in den Münchner Himmel am Ostbahnhof. In den mächtigen senkrechten Betonröhren befindet sich heute ein Kletterparadies. 1998 eröffnete in den alten Kartoffelflockensilos der ehemaligen Pfanniwerke das Heavens Gate – eine der ersten Kletterhallen in München. Doch die Zeit nagte an den Wänden. Von 2017 bis 2021 wurde das Heavens Gate generalsaniert und erweitert. Geblieben sind natürlich die hohen Silos. Hinzugekommen sind neue, moderne Kletter- und Boulderflächen sowie eine 19 Meter hohe Außenkletterwand. Für Kinder gibt es spezielle Bereiche, Ferien- und Anfängerkurse, auch für Kindergeburtstage ist es ein feiner Ort. Vor allem aber ist es das inklusive Konzept, das wir super finden! *Speicherstr. 21, 81671 München, T: 20003070, heavensgate-muc.de*

High-East

Die lichtdurchflutete und klimatisierte Kletterhalle in Heimstetten zählt zu den höchsten Indooranlagen der Alpenregion. Auf großzügigen Kletter- und Boulderflächen finden alle gute Bedingungen vor – Anfänger:innen genauso wie Profis. So gibt es innen zwei schöne Bouldergrotten mit Routen in unterschiedlichen Schwierigkeitsgraden. Der separate Kinderboulder-Bereich bietet auch den kleinen Kletterfreund:innen ein vielseitiges Areal zum Austoben. Die große Boulderaußenanlage rundet das Angebot ab. Auf Innen- und Außenboulderflächen hat jede:r die Möglichkeit, individuelle Grenzen auszutesten und neue Herausforderungen anzunehmen. Und nach dem Klettern geht es dann noch schön in die Sauna. *Sonnenallee 2, 85551 Heimstetten, T: 92794796, high-east.de*

TIPP Hochseilgarten am Ammersee

Normalerweise stehen Hochseilgärten in Wäldern, wo die Seile und Brücken zwischen alten, großen Bäumen gespannt sind. Am Ammersee ist das etwas anders. Dort steht ein riesiges Piratenschiff, die „Wilde Gretel". Dazu gesellt sich ein Kinder- und ein Bambiniparcours – so können hier schon die Kleinsten ab zwei Jahren erste Klettererfahrungen machen. *Fahrmannsbachstr. 2, 86919 Utting, T: 08806-9234920, hochseilgarten-ammersee.de*

Girl Power

Vorbeikommen, Spielen und Spaß haben — das ist die Devise bei „Mädchen an den Ball". Das inklusiv ausgerichtete Projekt ist ein beitragsfreies, regelmäßig stattfindendes, außerschulisches Fußballprogramm für Mädchen zwischen sechs und 17 Jahren. Es kommen immer weitere Standort in allen Stadtteilen hinzu, wo wöchentlich bei jedem Wetter trainiert wird. *Alle Standorte und Termine unter maedchen-an-den-ball.de*

Trainings-Spotting

Die Bayern-Profis beim öffentlichen Training der Herrenmannschaft an der Säbener Straße oder der Frauen am FC Bayern Campus zu beobachten, ist ein kostenloses Vergnügen nicht nur für eingefleischte Fans des Clubs, sondern auch der internationalen Nationalspieler:innen. *Besucher:innen-Infos und aktuelle Trainingstermine unter fcbayern.com*

Die höchste Liga

Am Kurt-Landauer Platz findet ihr den höchsten Bolzplatz Münchens auf dem Bellevue di Monaco. Man kann den Dachsportplatz kostenlos mieten, dazu meldet man sich bei buntkicktgut an. Der Verein betreibt die gleichnamige interkulturelle Straßenfußballliga, die ebenfalls ein super Projekt für Kinder und Jugendliche ist. *Bellevue di Monaco, Müllerstr. 6, 80469 München-Isarvorstadt, bellevuedi-monaco.de, buntkicktgut.de*

Sport für kleines Geld

Olympisch

Der Olympiapark hat eine Menge für kleine und große Sportfans zu bieten. Man kann sich auf der öffentlichen Tennisanlage einmieten, auch SoccArena, Schwimmhalle, Eissportzentrum, Minigolf-, Trampolin- und Bungee-Anlagen sorgen für abwechlungsreiche, allerdings kostenpflichtige Sportfreuden. Für Jugendliche ab 14 Jahren ist die kostenlos nutzbare und frei zugängliche AOK-Bewegunginsel mit verschiedenen Outdoor-Fitnessgeäten für Ganzkörper-Workouts geeignet.

Olympiapark, Seite 95

Kleine Artist:innen

Zirkus ist perfekt, um Kinder mit verschiedenen Fähigkeiten gemeinsam etwas auf die Beine stellen zu lassen – der Pop Up-Zirkus Pumpernudl und verschiedene Ferienprogramme laden kostenfrei oder -günstig zum Mitmachen ein. *Zirkus Pumpernudl, Ferienprogramme „Zirkuslust" und „Kinder-Zirkus-Attraktionen": Termine und Orte unter spielen-in-der-stadt.de*

Indoor- und Outdoor-Fitness

Die Stadt München fördert den Freizeitsport für alle: Das MUCKis für alle-Hallenprogramm bietet Trend- und Actionsportarten in der kalten Jahreszeit, das Fit im Park-Programm sorgt für kostenlosen sportlichen Spaß in den Grünanlagen der Stadt. Open Sport-Angebote gibt es auch speziell für Kinder und Jugendliche. *Infos unter sport-muenchen.de*

Ferien- und Freizeitspaß

Für sportliche Kinder ist er unverzichtbar – der Münchner Ferienpass verschafft ihnen die ganzen Ferien über aufregende Erlebnisse für kleines oder kein Geld, unter anderem enthält er fünf Gutscheine für freien Eintritt in eines der M-Bäder Genauso super: der Familienpass fürs ganze Jahr! *muenchen.de/ferienpass, muenchen.de/familienpass*

Klettergarten Baierbrunn

Bei Buchenhain, mit der S-Bahn von München aus in einer halben Stunde erreichbar, ragt aus dem Hochufer eine schroffe Felswand, die mit weißen Punkten übersät ist, denn entlang der 150 Meter langen Wand aus Nagelfluhgestein wird leidenschaftlich geklettert. Der kleine, natürliche Klettergarten bei Baierbrunn, genauer gesagt Buchenhain, bietet ausschließlich klassisches Bouldern, also Klettern ohne Gurt und Seil in maximal fünf Metern Höhe. Für Anfänger:innen und Profis gleichermaßen geeignet. Absolute Beginner:innen sollten dort aber nicht ohne erfahrene Freikletter:innen vor die Wand treten, die sich am Isarhochufer unterhalb des Waldgasthofes Buchenhain befindet.. *82065 Baierbrunn, lfu.bayern.de*

Kletterwald Blomberg

Der wohl höchstgelegene Hochseilgarten in Deutschland öffnet immer im April seine Tore. Am Blomberg in den wunderschönen bayerischen Alpen gelegen, hat er für Kinder und Erwachsene einiges zu bieten. Der Seilgarten ist baumschonend in den natürlichen Bergwald integriert und hat zehn verschiedene Parcours zur Auswahl. Dazu gesellt sich ein ruhig gelegenes Teamareal zum Durchschnaufen, perfekt für einen entspannten Tagesausflug geeignet – oder auch für Kindergeburtstage. *Am Blomberg 2, 83646 Bad Tölz-Wackersberg, der-blomberg.de*

Kletterwald München

Fünf spektakuläre Parcours, 65 Kletterelemente auf insgesamt 923 Metern Länge – der Kletterwald München fordert Anfänger:innen und Kletterprofis gleichermaßen. Im Walderlebniszentrum von Grünwald gelegen könnt ihr hier in luftiger Höhe durch die Natur wandeln. Eine 120 Meter lange Seilbahn lässt euch durch den Wald rauschen. In der Wald-Lounge sorgen Hängematten und Bänke für Entspannung – hier kann auch toll Kindergeburtstage gefeiert werden. *Walderlebniszentrum Grünwald, 82031 Grünwald, T: 88902355, kletterwald-muenchen.de*

NEU Kletterwald Prien

Auf eine zum Teil neu gestaltete Entdeckungsreise zwischen den Bäumen könnt ihr am Chiemsee gehen – die Winterpause wurde genutzt, um 2022 mit einer neuen Chill Out Area und neuen Parcourselementen aufwarten zu können. Dass sich der Kletterwald mit seinen 100-jährigen Baumriesen und dem grandiosen Ausblick auf den Chiemsee in idyllischer Umgebung befindet, braucht man wohl nicht extra zu betonen. Dass 13 verschiedene Parcours, darunter zwei schon für Dreijährige, erklommen werden können, macht ihn erst recht zu einem prima

Familienausflugsziel! *Harrasser Str. 39, 83209 Prien am Chiemsee, T: 08051-9650885, kletterwald-prien.de*

TIPP Kletterwald Vaterstetten

Man kann sich fast verlaufen, so groß ist der Kletterwald Vaterstetten östlich von München. Auf über 21.000 Quadratmetern schlängeln sich 13 verschiedene Parcours an Bäumen vorbei und fordern Kinder, Jugendliche und Erwachsene heraus. Hoch oben in den Eichen, Buchen und Fichten sind die Seile, Brücken und Kletterelemente befestigt und gespannt. Für Kinder ab drei Jahren stehen allein vier Parcours bereit, die sich in Bodennähe befinden. Ab sechs Jahren geht es dann in Begleitung Erwachsener schon höher hinauf. Durch das moderne Sicherungssystem „Ropeglider" ist kein Umhängen mehr nötig und ein Aushängen laut Betreiber:in „zu 100 Prozent unmöglich". *Ottendichler Str. 1, 85591 Vaterstetten, T: 08071-1035150, muenchner-wald.de*

Monkee Island

Wasser ist von dieser Insel aus nicht in Sicht. Die Kletterinsel in Fürstenfeld wird von Bäumen umringt. Ein Hochseilgarten mit unterschiedlichen Parcours in verschiedenen Schwierigkeitsgraden. Geklettert wird in Höhen von vier bis zwölf Metern. Höhenangst solltet ihr besser nicht haben, wenn ihr die Hindernisse kurz unterhalb der Baumkronen meistert. Für Einsteiger:innen und sportliche Kletter:innen gleichermaßen geeignet. Im Flying Fox-Parcours gleitet man beispielsweise zwischen Baumwipfeln durch den Wald und über einen Nebenfluss der Amper. Die Monkee Bar sorgt für Erfrischungen und eine Kletterwand für Erfolgserlebnisse bei den kleinen Kraxler:innen. Kindergeburtstage stehen ebenfalls auf dem Programm. Kleiner Ausflugstipp: Das Kloster Fürstenfeld ist nur einen Steinwurf entfernt. *Zisterzienserweg, 82256 Fürstenfeldbruck, T: 08141-8109264, monkeeisland.com*

Waldkletterpark Oberbayern

Ein kleines Dorf, gut 50 Kilometer von München entfernt, hat ein großes Abenteuer zu bieten. Die Rede ist vom Waldkletterpark Oberbayern. Zwischen mächtigen Eichen und Buchen können Kinder und Erwachsene nach Herzenslust klettern und dabei ihre Ausdauer und Geschicklichkeit testen. 14 verschiedene Parcours mit einer Gesamtlänge von 1,8 Kilometer ziehen sich über Plattformen, Stege und Hängebrücken durch den Wald und verlaufen je nach Schwierigkeitsgrad in einer Höhe von einem Meter bis 24 Metern. Wer möchte, kann hier auch in luftiger Höhe Geburtstag feiern. *Am Waldkletterpark 1, 85305 Jetzendorf, T: 0170-3267297, waldkletterpark-oberbayern.de*

Spielerische Entdeckungen

Die Stadtführungsspezialist:innen von stattreisen haben eine Vielzahl an Kindertouren im Gepäck, die als Geburtstagsspaß gebucht werden können. In der Regel sind die Rundgänge für Kinder ab fünf Jahren geeignet und dauern etwa anderthalb bis zwei Stunden. So bleibt danach noch genügend Zeit für ein Geburtstagspicknick und freies Spielen. Ob ihr bei den Touren in die mittelalterliche Geschichte der Stadt eintauchen, rätselhafte Vorfälle auf Schloss Blutenburg aufklären oder einen Einblick ins Leben der Kurfürst:innen und König:innen im Schloss Nymphenburg gewinnen möchtet – eines ist sicher: Mit den stattreisen-Guides feiert man stressfrei, unterhaltsam und im Zweifel lernen auch die Erwachsenen noch was dazu. Neu im Angebot ist die Führung „Hofgarten für Kinder", die Spiel, Tanz und Vergnügen im fürstlichen Garten bietet. Dezembergeborene können mit der Adventstour „Fatschnkindl, Paradeisl, Weihnachtssterndl" besonders festlich feiern.

stattreisen München

Ab 5 Jahren, einzelne Touren ab 8 Jahren, je Kind 7 Euro, erwachsene Begleitpersonen 11 Euro

stattreisen-muenchen.de

Trampolinhallen

TIPP AirHop Trampolinpark

Hoch und runter, kreuz und quer – in diesem Trampolinpark geht es rund. Auf über 3.400 Quadratmetern können sich Entdecker:innen und Adrenalinjunkies aller Altersklassen im AirHop austoben. Das XXL-Trampolinfeld mit seinen 70 Trampolinen lädt zum Springen ein. Zusammen mit Freund:innen könnt ihr 3D-Völkerball auf dem Dodgeball-Feld spielen, einem Air Jordan könnt ihr auf den vier Slam-Dunk-Bahnen nacheifern. Im Falle eines Falls fängt euch eine große Schaumstoffgrube weich auf. Sprungtechnik und Tricks lassen sich auf den AirTrack-Matten üben und beim sogenannten Wipe Out stellt sich die Frage, ob es euch umhaut oder ob ihr standhaft bleibt. Ganz neu: ein Hindernislauf mit Zeitmessung. Dazu gibt es noch Party-Pakete für Geburtstagsfeiern. *Ingolstädter Str. 172, 80939 München-Freimann, T: 70809907, airhoppark.de*

TIPP MAXX Arena

Nicht nur, aber besonders bei miesem Wetter der Tipp schlechthin für alle Bewegungshungrigen! Auf 5.500 Quadratmetern versammelt Münchens größte Indoor Fun Sports Arena nicht nur den größten Trampolinpark mit 90 verschiedenen Trampolinen, sondern auch eine Clip'n Climb Kletter Area mit 16 abenteuerlichen Kletterstationen, eine 3D-Schwarzlicht-Minigolfanlage, einen Laser Maze-Bereich für cooles Agent:innentraining und einen Inflate Park. Wie der Name vermuten lässt, besteht dieser Park aus aufgeblasenem PVC und sieht aus wie eine riesige Hüpfburg. Mit verschiedenen Hindernisparcours und zahlreichen Herausforderungen. In interaktiven Bereichen könnt ihr klettern und euch gegenseitig in Reaktionsspielen herausfordern. Auf zwei parallelen Tracks könnt ihr euch messen und um die Wette rennen. Das Tolle dabei: Egal, wie ihr springt, rennt oder auch fallt, es tut nicht weh, die Luftkissen federn alles ab. *Hürderstr. 4, 85551 Kirchheim, T: 98107500, maxxarena.com*

Superfly Air Sports

Auch ohne Flügel hebt ihr beim Superfly ab. Dabei sieht die 4.000 Quadratmeter große Halle wie ein modernes Gladiatoren-Spektakel aus. Überall sind krasse Battle-Felder und riesige Konstruktionen zu sehen, durch die ihr euch kämpfen könnt und durch die ihr via Trampolin immer wieder in die Luft katapultiert wird. Waterfall-Trampolin, Bounce Run, Ninja-Parcours, Zip Out, Main Court, Battle Bridge, Air Track, Freefall Slide, Tumbling Lane, Flying Dunk oder der Airbag Tower – alles ein riesiges

Spektakel. Mit den Family-Specials „Kids Flight" und „Birthday Flight" können Eltern ihren Kindern ab drei Jahren eine gute Flugzeit ermöglichen. *Martin-Kollar-Str. 4, 81829 München-Berg am Laim, superfly.de*

Skateparks

Skateboarding München e.V.

Ein Verein, der München zum Rollen bringt: Skateboarding München kümmert sich um Skateboarder:innen, deren Szene und Spots. Und die Expert:innen wissen auch, welche Events und Aktionen in München gerade so laufen, organisieren Skateboard-Kurse und natürlich auch entsprechende Workshops. Auf ihrer Website findet ihr eine Karte aller öffentlichen Skateparks in München. Also einfach auf die Seite klicken, die Lage und Brett schnappen! *skateboarding-muenchen.org*

Skatepark am Hirschgarten

Nur ein paar Meter von den Bahngleisen sorgt ein Skatepark mit Fullpipe und Pool für Gänsehaut – nicht nur bei Menschen mit Brett und Rollen. Daneben befindet sich noch ein äußerst feiner Bolzplatz, eine Kletterwand, ein Basketball-Court und große Schaukeln – die ebenfalls für grenzenlosen Spaß sorgen. Ein tolles Gelände, in dem ihr nach Lust und Laune mit Brett, Ball und Freund:innen spielen könnt. Der Skatepark ist jedoch das absolute Highlight hier, er zählt zu den größten und angesagtesten Funparks der Stadt. *Hirschgarten, 80639 München-Neuhausen*

Skatepark Im Gefilde

Statt Wasser habt ihr hier unter eurem Rollbrett feinsten Beton. So reitet ihr hier die urbanen Wellen. Aus einem großen Betonbecken ragen Gebilde, die einen Run durch diesen Park zu einem famosen Ritt auf dem Skateboard machen. Der Skatepark in Perlach sorgt für Flow. Unzählige Lines von flach bis sehr steil bieten sich sowohl für Anfänger:innen als auch für Pros gleichermaßen an. Ein besonderes Highlight ist die Oververtcorner: Ein Element, das wie eine aufgeklappte Muschel aus dem Becken ragt. *Putzbrunner Str. 178, 81739 München-Perlach*

Skatepark Theresienwiese

Klein und fein – auf der Theresienwiese rauscht es. Dafür sorgen die Skateboarder:innen in ihrem Park. Nette Spielsachen wie Boxen, Rampen oder Rails ziehen Rollbrettfahrer:innen aus ganz München und dem Umland an. Ab und zu schauen auch Roller- oder BMX-Anhänger:innen vorbei.

Doch das stört niemanden, das Zusammenspiel zwischen den einzelnen Disziplinen läuft gut und entspannt. *Theresienwiese, 80336 München-Ludwigsvorstadt*

Skatepark Wacker

Sobald es das Wetter zulässt, rollen sie los – die Skateboarder:innen. Jeder Tag wird genutzt und gefeiert, denn der recht kleine Skatepark direkt neben dem Vereinsgelände vom FC Wacker ist angesagt und macht einfach Spaß. Und wer mal eine Verschnaufpause braucht, der schaut sich die Fußball- und Basketballspieler:innen, Fitnessfreaks und Kids auf dem Spielplatz in direkter Nachbarschaft an. Ein Park, ein Platz für die gesamte Familie. Übrigens: Der Betonpark besteht aus einer Bowl, dazu gibt es Banks, Manual Pads, ein Handrail, Hubba und viele weitere Skate-Köstlichkeiten. *zwischen Plinganserstr. und Demleitnerstr., 81371 München-Sendling*

NEU SpaceForSkate

Zwei Brüder haben die lange Misere Münchens beendet und mit SpaceForSkate der Skateboardszene in der bayerischen Metropole endlich wieder eine Skatehalle beschert. 15 Jahre lang mussten die Rollbrettfahrer:innen darauf warten, dann kamen Pacel und Ali Khachab. In der Skatehalle an der Dachauer Straße laufen nun nahezu täglich Skateboard-Workshops für Anfänger:innen und Fortgeschrittene aller Altersklassen. Ferienkurse und Geburtstags-Sessions gehören ebenso zum Angebot. Bei den Open-Sessions können erfahrene Skater:innen ab zwölf Jahren Gas geben und losrollen. Montags ist Ruhetag. Die Brüder wollen SpaceForSkate zu einem sozialen Treffpunkt und Anlaufpunkt für alle Interessierten machen. Urbane Kunst an den Hallenwänden, Skate-Contests, Fotoausstellungen, Videopremieren oder kleine Konzerte runden das Ganze ab. Geplant sind zudem kostenlose Skateboard-Workshops für benachteiligte Jugendliche. *Dachauer Str. 110c, 80636 München-Neuhausen, 0176-43511961, skateschulemuenchen.de*

Stonepark

Der 700 Quadratmeter große Stonepark am Olympiapark gehört zu den ältesten Skateparks in Deutschland. Bei der Sanierung 2018 arbeiteten Planungsbüro, lokale Insider:innen, der Skateboarding München e.V. und die Stadt München eng zusammen. Mit Erfolg! Der Stonepark passt sich seiner Umgebung gut an, umringt von Olympiaturm und -dorf und der BMW-Welt. Allein optisch ist er ein Hochgenuss – mit Half-Bowl, Spine Wobbles, Speed Bump, Vulcano, Ledge, Manual Pads, Curves und Banks. *Olympiapark, 80809 München-Milbertshofen*

Am und auf dem Schliersee ist einiges los — da kommt keine Langeweile auf!

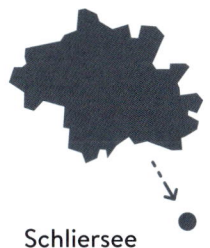

Schliersee

Strandbad Schliersee
Seestraße 29A,
83727 Schliersee
T: 08026-209495
strandbad-schliersee.de

Bootsverleih
Neuhauserstr. 4
83727 Schliersee
T: 8026-9255658
schlierseeschifffahrt.de

Kutschfahrten Hirtreiter
Schießstättstr. 7
83727 Schliersee
T: 08026-20011
kutsch-und-wanderfahrten.de

Entspannt und spannend

Vom Bahnhof in Schliersee startet eine sehr schöne und entspannte Wanderung zur Burgruine Hohenwaldeck, für die man etwa eine Stunde einplanen sollte. Normalerweise kann man dort auf den alten Festungsmauern herumrennen und den Blick über das zauberhafte Alpenland genießen. Aufgrund von Bauarbeiten sind diese allerdings voraussichtlich bis Jahresende 2022 nicht betretbar. Toll ist die Wanderung mit ihren spektakulären Ausblicken unterwegs dennoch.

200 Höhenmeter talwärts breitet sich die riesige Wasserfläche namens Schliersee aus, durch die man mit einem E-Motorboot tuckern kann. Wer es etwas sportlicher mag, kann auch Ruderboote beim Bootsverleih in Neuhaus stundenweise ausleihen. Für den Rückweg nimmt man

Markus Wasmeier Freilichtmuseum
Brunnbichl 5
83727 Schliersee
T: 08026-929220
wasmeier.de

den Erlebnispfad am Westufer des Sees, der einen zurück nach Schliersee und zum Bahnhof führt. Statt zur Burgruine kann man auch eine Tour zu den Josefsthaler Wasserfällen zwischen Schliersee und Spitzingsee machen. Eine nette, leichte Wanderung, die bei der Zughaltestelle Fischhausen-Neuhaus beginnt und am Hachelbach entlang führt. Auf dem Weg befindet sich ein großer Spielplatz mit Seilbahn, Kletterturm und Rutschen – perfekt für einen Zwischenstopp. Nach 45 Minuten steht man schließlich vor den zwölf Meter hohen und tosenden Wassermassen.

Wer weniger wanderlustige Kinder hat, findet puren Badespaß im Strandbad in Schliersee. Oder gönnt sich eine ganz besondere Pferde-Kutschfahrt über bunte Almwiesen. Der Biohof „Sonnenstatter" der Familie Hirschreiter veranstaltet von Mai bis Oktober Pferdewanderungen in den Schlierseer Bergen. Aber es gibt noch ein weiteres spannendes Familienausflugsziel am Schliersee: Im Markus Wasmeier Freilichtmuseum erwartet euch ein altbayerisches Bauernhofdorf mit abwechslungsreichem Kinderprogramm, Themenführungen und einem tollen Biergarten mit Bergblick.

Kartbahnen

TIPP **Gokart Arena & Familienpark Neufinsing**

Die Rennstrecke der GoKartArena sorgt für Formel-Eins-Feeling: Eine Streckenlänge von 300 Metern mit zwölf Kurven und Geraden verlangt den Rennfahrer:innen einiges ab. Dabei sitzen die kleinen Pilot:innen in Elektrokarts, die umweltfreundlich und fast geräuschlos über die Rennpiste sausen. Wer will, kann seine Rennkünste auch mit einer GoPro aufnehmen. Rennhelme gibt es direkt vor Ort. Ab acht Jahren (und Mindestkörpergröße von 1,30 Meter) kann man übrigens fahren und feiern – auch am Geburtstag. In Neufinsing gibt es aber noch mehr sportlichen Spaß: Der Familienpark bietet mit Minigolf, Bowling und Air Hockey viel Abwechslung. *Am Steinfeld 3, 85464 Neufinsing, T: 08121-2252280, gokartarena.de*

Kart Palast Funpark

Serpentinen, Spitzkehren, Schikanen und lang gezogene Kurven – der Kart Palast in Bergkirchen sorgt für ein königliches Fahrvergnügen. Drei Rennstrecken auf vier Ebenen verdrehen nicht nur Motorsportfans den Kopf. Der Spaß kommt hier ganz schnell und direkt auf Pedaldruck. Einfach ins Kart setzen und Gas geben. Der Kurs ist sehr sicher angelegt, wie auch die Rennwagen. Dazu ein Integralhelm auf dem Kopf, schon kann es losgehen. Für Kinder zwischen acht und 14 Jahren gibt es täglich Kids-Races und eine Fahrschule. Wer noch nicht genug hat, kann auch noch eine Runde Minigolf oder Bowling spielen. *Gadastr. 9, 85232 Bergkirchen, T: 08142-418510, kartpalast.de*

Kartshop Ampfing

Hockenheim, Nürburgring oder Silverstone – die Rennstrecke in Ampfing braucht sich hier nicht verstecken. Sie windet sich wie eine verknotete Schlange durch grüne Landschaften. Umringt wird die imposante Anlage von Bäumen, Rennställen und einem Aussichtsturm. Für Kinder zwischen acht und elf Jahren gibt es sogenannte SODI-Kinder-Karts, die speziell auf Jungs und Mädels angepasst sind. Toll ist auch der Doppelsitzer, bei dem schon Beifahrer:innen ab sechs Jahren Runden drehen können. *Notzen 11, 84539 Ampfing, T: 08636-983190, kartshop-ampfing.de*

TIPP **Kiddi-Car**

In Fürstenfeldbruck können sich Kinder zwischen sechs und zwölf Jahren hinters Steuer eines Quads setzen und Gas geben. Der Verkehrsübungsplatz für den Nachwuchs erstreckt sich auf einer Fläche von über 2.000 Quadratmetern. Ein Parcours mit echten Straßen, Kreuzungen, Ampeln und Zebrastreifen. Hier lernen Kinder auf ganz spielerische Art und Weise, was im Straßenverkehr so alles zu beachten ist – dafür stehen Kinder-Quads und Mini-Autos bereit. *Theodor-Heuß-Str. 7, 82256 Fürstenfeldbruck, T: 08141-42238, kiddicar.de*

Bowling

BOB'S Rock & Bowl

Die Mischung macht's – gerade bei Bob. Da stehen Pizza, Billard, Bowling und Rockmusik auf dem Programm. Im Klartext: 15 Bowlingbahnen stehen bereit und warten darauf, bespielt zu werden. Auf Kraft kommt es dabei gar nicht so sehr an, Technik ist gefragt. Dazu ertönt aus den Boxen feinste Rockmusik und in einem Holzofen werden Pizzen gebacken. *Stockacher Str. 5, 81243 München, T: 82074200, mein-bobs.de*

DREAM-BOWL-PALACE

Man mag sich schon mal die Augen reiben in diesem Palast. Das umfangreiche Angebot vom Dream-Bowl-Palace ist riesig: 52 Bowlingbahnen, zwölf Pool-Billardtische, eine Moonlight-Minigolfanlage, Darts und Tischkicker gibt es hier für reichlich Freizeitspaß mit Kindern. *Apianstr. 9, 85774 Unterföhring, T: 452442525, dreambowl.de*

Hollywood Super Bowling

Große Filmstars wurden bislang noch nicht erblickt. Doch beim Hollywood Super Bowling geht es ja auch um Kugeln und Pins. Auf 20 fluoreszierenden Cosmic-Bahnen mit Full Automatic Bumper donnern die Kugeln in die Pins und es wird um Strikes und Spares gekämpft. Für die kleinen Bowler:innen können an den Bahnen entsprechende Banden hochgefahren werden. So wird jeder Wurf zum Treffer. Und wer noch Fragen haben sollte, bekommt vom Personal die wichtigsten Bowling-Regeln erklärt. *Forstenrieder Allee 74, 81476 München, T: 753921, hsb-muenchen.de*

Isar Bowling

Im Untergrund wird hier gespielt beziehungsweise gebowlt. Auf 22 Bahnen könnt ihr beim Isar Bowling die Kugeln rollen lassen. Für Kinder unter zwölf Jahren ist es möglich, die Banden hochgefahren zu lassen, damit die Kugeln auf der Bahn gehalten werden. Das amerikanische Kegelspektakel findet im zweiten Untergeschoss statt. Im ersten könnt ihr beim Billard einlochen und die Queues schwingen lassen. *Martin-Luther-Str. 22, 81539 München-Obergiesing, T: 6924512, isarbowling.de*

Minigolf

TIPP Minigolf bei der WAWI

Am Isarhochufer befindet sich mitten im Wald ein schöner, kleiner Minigolf-Platz. Die einzelnen Bahnen sind förmlich umzingelt von mächtigen Fichten und Buchen. Das sorgt im Hochsommer für wohltuenden Schatten und beste Spielbedingungen. Die „Wawi" ist einer der schönsten und prominentesten Biergärten in ganz München, der statt Blasmusik lieber Jazz zum Besten gibt. Und das ist eine sehr entspannte Mischung – Musik und Minigolf. Parallel dazu gibt es Pitpat: eine Mischung aus Billard und Minigolf. *Georg-Kalb-Str. 1, 82049 Großhesselohe, T: 0177-2937545, klausdietrich.de*

Minigolf München-West

Ein kleiner Park in Lochhausen mit großen, alten Bäumen und schönen Rasenflächen, auf denen Blümchen wachsen. Bänke laden zum Verweilen ein, doch dafür ist fast keine Zeit, denn der Park entpuppt sich nämlich als Minigolfanlage. 18 Bahnen aus glattem Beton tauchen zwischen all dem schönen Grün auf. Wer will, kann auch den Golfschläger zur Seite legen und Skiddl spielen – mit einem Billardqueue wird dabei auf ähnlichen Bahnen wie beim Minigolf gespielt. Eine lustige Variante, die viel Spaß macht. Ein Biergarten sorgt währenddessen oder danach für Erfrischung. *Eschenriederstr. 128, 81249 München-Lochhausen, T: 8644158, minigolf-muenchen-west.de*

Minigolf Sport Klub Olching

Die Parklandschaft in Olching hat mehr von einem Steingarten. Um die Minigolf-Bahnen herum sind breit gepflasterte Wege, außerdem gibt es Laternen, die Licht spenden für abendliche Spielrunden im Sommer. Hier schaut alles sehr akkurat aus und ist vor allem barrierefrei. Die einzelnen Bahnen sind bunt gestaltet, so lassen sich auch Kindergeburtstage gebührend feiern – auf der Anlage und im direkt angrenzenden Vereinsheim. *Feurstr. 91, 82140 Olching, T: 08142-445980, minigolf-olching.de*

Open.9

Kinder und Jugendliche können hier mit Freund:innen und Familie in die Welt des Golfens eintauchen und ihre Fertigkeiten beim Einlochen der kleinen Kugel unter Beweis stellen. Wo? Auf dem Open.9-Kurs in Eichenried. Das ist der Club und Platz, auf dem sich die internationale Golftour trifft. Doch hier geht es nicht nur um Stars oder Profis – jede:r kann mal den Golfschläger schwingen und hineinschnuppern. Der Open.9-Kurs ist sogar extra auf die Bedürfnisse von Familien ausgelegt. Dabei entspricht die Anlage einem vollwertigen Golfplatz mit neun Bahnen, kleinem Seen, Bunkeranlagen und perfekt gemähten Grünflächen. Geburtstagskinder können mit ihrer Freund:innenschar in Eichenried ebenfalls abschlagen und putten. *Schönstr. 45, 85452 Moosinning-Eichenried, T: 08123-989280, open9.de*

Spielgolf Aschheim

Die Anlage sieht aus wie ein Golfplatz – allerdings en miniature! Hier wird das sogenannte Spielgolf gespielt. Dabei dürfen die Spieler:innen die Bahnen betreten und versuchen, mit möglichst wenig Schlägen den kleinen Ball einzulochen. Jede Bahn hat dabei eine Par-Vorgabe. Wer diese unterbietet, macht Punkte gut. Die Hindernisse bestehen aus Felsbrocken, künstlichen Wasserpfützen und Baumstämmen. Herumtoben ist hier weniger angesagt, es geht eher darum, eine ruhige Kugel zu spielen, wie es sich für einen Profi gehört. Es sei denn, ihr feiert Geburtstag auf dem Spielgolf-Platz. *Am Eventpark 24, 85609 München-Aschheim, T: 54546363, spielgolf-aschheim.de*

Indoor-Fußball

SoccArena Olympiapark

Auf vier großen Match Courts und einem kleineren Speed Court geht ihr am Olympiapark auf Torejagd. Die Spielfelder sind mit Granulat eingestreut. Netze umranden die einzelnen Courts. Die gepolsterten Banden mindern das Verletzungsrisiko beim Fight um den Ball. Doch es wird nicht nur gekickt, sondern auch gefeiert: Die SoccArena veranstaltet für kleine Kicker:innen Geburtstagspartys. *Spiridon-Louis-Ring 21, 80809 München-Milbertshofen, T: 30672137, soccarena-olympiapark.de*

Soccer im Sporttraum

Alle guten Dinge sind drei. Das gilt besonders für den Sportraum in Kirchheim, der mit der S-Bahn bestens erreichbar ist und direkt an der Haltestation Heimstetten liegt. Hier wird auf drei verschiedenen Courts gekickt – Minicourt, Midicourt und Maxicourt. Gegen eine geringe Leihgebühr und die Abgabe eines Pfands könnt ihr Spielball und Leibchen ausleihen. Zusammen mit „kickerkonzept" betreibt Sporttraum eine eigene kleine Fußballschule. Und natürlich könnt ihr hier auch legendäre Geburtstagspartys feiern – mit oder ohne Trainer:in. *Hürderstr. 2a, 85551 Kirchheim, T: 2376 9970, Geburtstagsanfragen: 0172-3973054, sporttraum.de*

Halle mit Haltung

—

Heavens Gate

Die imposante Kletter- und Boulderhalle im Werksviertel zählt fraglos zu den besten Spots für aktive Münchner:innen von Jung bis Alt, von Anfänger:innen bis Profis. Super finden wir, dass sich das Heavens Gate explizit als inklusiven Ort versteht, der allen sportliche Teilhabe ermöglicht, gleich welcher Herkunft, Sprache oder körperlichen Beeinträchtigungen. *Seite 141*

Soccerworld München

In Moosach am nördlichen Rand von München dreht sich die Welt um Fußball, dort steht die Soccerworld. Früher wurde hier Tennis gespielt. Statt gelber Filzkugeln fliegen nun schon seit langer Zeit Lederbälle durch die Luft und ins Tor. Die sechs Spielfelder sind mit Kunstrasen und speziellem Bandensystem ausgestattet und ringsherum von einem Netz umgeben. So bleibt der Ball stets im Spiel und auf dem Feld. Die Courts sind für Matches fünf gegen fünf ausgelegt und für Geburtstagsturniere gewappnet. Übrigens: Squash steht hier auch auf dem Programm. *Georg-Kainz-Str. 8, 80993 München-Moosach, T: 1492875, soccerworld-muenchen.de*

Sportscheck Allwetteranlage

Die Soccer-Arena der Allwetteranlage hat es in sich. Hier wird auf sieben Fußball-Courts in unterschiedlichen Größen mit FIFA-Premium-Kunstrasen gekickt. Kleine Spiele, Turniere oder Trainings lassen sich dort absolvieren. Oder ihr schlüpft in ein kugelförmiges, riesiges Luftkissen und spielt Bubblesoccer – ein großer Spaß! Dabei wird man selber zum Riesenball und hüpft durch die Gegend. In Ferienkursen oder individuellen Trainings lernen Spieler:innen jeden Alters ihre Fertigkeiten am Ball zu verbessern, schaut mal in der Ballschule vorbei. Neben Fußball gibt es auf der Allwetteranlage noch weitere Sportarten – wie Tennis und Padel. Auf über 40.000 Quadratmetern breitet sich die bunte Sportwelt am nördlichen Rand des Englischen Gartens aus und ist bei jedem Wetter eine super Adresse nicht nur für fußballbegeisterte Familien, sondern auch für Ferienkurse und Kindergeburtstage mit Tennis oder Tanz. *Münchner Str. 15, 85774 Unterföhring, T: 9928740, allwetteranlage.de*

Indoor-Spielplätze

Coco Loco

Früher wurde hier Badminton gespielt. Jetzt spielen und toben Kinder in dem 1.200 Quadratmeter großem Indoor-Spielplatz in Grünwald herum. Angefangen von kleinen Krabbelkindern bis zum zehnjährigen Grundschulkind, das auf den Kletterturm steigt. Es ist einiges los in dem Dschungel, in dem auch Coco Loco zu Hause ist. Ein kleiner, netter Affe – nach dem der Spielplatz benannt ist. *Südliche Münchner Str. 35, 82031 Grünwald, T: 64911938, cocoloco-gruenwald.de*

Erdino

Nicht nur für Kleine: Ältere Kinder sind vom Multifunktionsfeld für Fußball oder Basketball begeistert, auch der Klettervulkan, Wabbelberg und das riesige Labyrinth, das sich über drei Stockwerke zieht, kommen gut an. Der Hallenspielplatz hat noch mehr Highlights zu bieten: eine Eisenbahn, Rollenrutsche und die lustige Hai-Hüpfburg. Der Auto-Parcours mit batteriebetriebenen Fahrzeugen, die Riesenbausteine und das Teufelsrad sind ebenfalls top angesagt. Für die Jüngeren gibt es einen Extrabereich mit Rutschen, Bällen und Bauklötzen. *Rennweg 57, 85435 Erding, T: 08122-1808979, erdino.de*

Jimmy's Funpark

Seit über 15 Jahren sorgt dieser Funpark für großen Kinderspaß. In Dasing, zwischen München und Augsburg gelegen, direkt an der A8, können Kids nach Herzenslust herumtoben. Und das schon ab zwei Jahren – in Begleitung ihrer Eltern. Die größeren Kinder erklimmen einen Vulkan, klettern durch den Spidertower oder sitzen in Bumper Cars. Eine Geburtstagsparty könnt ihr in einem Boot oder auf der Bowlingbahn feiern. *Laimeringer Str. 1, 85453 Dasing, T: 08205-969492, jimmys-funpark.de*

Jux und Tollerei

Was alles so in eine Spielhalle passt: zwei Dropslide-Rutschen, ein Kletterturm, Klettervulkan und eine große Wellenrutsche. Die Trampolinfelder sind ebenfalls sehr beliebt. Für die etwas größeren Kinder sind das Soccerfeld und eine Kartbahn gedacht. Der Bereich für Kleinkinder wurde vergrößert, auf 2.500 Quadratmetern erleben jetzt allesamt geballte Spielfreude. Sogenannte Geburtstagspakete versüßen noch dazu den schönsten Tag im Jahr. *Posthalterring 7, 85599 Parsdorf, T: 992758929, juxundtollerei.com*

KiM-Indoorspielplatz

Von November bis März lädt der Indoor-Spielplatz KiM Kinder bis zu drei Jahren zum Spielen und Toben ein. Spielzeug und Spielgeräte sind hier im angesagt. Auch zusätzliche Angebote stehen auf dem Programm. Als integratives Musik-, Sport- und Spielzentrum bietet „KiM–Kinder in München" ein offenes und regelmäßiges Angebot für Familien. Der Pfadfinder-Club steht Kindern ab sechs Jahren offen. *Hanauer Str. 54, 80992 München-Moosach, T: 3398117888 , kim-muenchen.info*

Letz Fetz

Wie der Name schon sagt: In diesem Indoor-Spielplatz geht es ums Fetzen. Ein absolutes Highlight ist dabei der Hindernisparcours, der sich über drei Etagen erstreckt.

Kleine und große Klettermäuse können dort toben, durch Tunnel oder über Brücken kraxeln. Damit nicht genug: Bällebäder, Funshooter, ein Mini-Fußballplatz, Air Hockey, eine Elektro-Kartbahn, Trampoline und Wellenrutschen sorgen ebenso für jede Menge Spaß. *Zeppelinstr, 85375 Neufahrn, T: 0176-66868272, letzfetz-indoor.de*

WichtelWerk

Kleine und große Wichtel können hier einiges erleben. Auf 2.800 Quadratmetern entfaltet sich ein Kletterlabyrinth, eine kleine Kartbahn, eine riesige Wellenrutsche, ein Donut-Glider sowie Hüpfburgen. Das Wichtel-Wutzal ist für die ganz Kleinen das Größte – mit Bällebad und Hüpfburg. Zu dem Indoor-Vergnügen gesellt sich auch noch ein Außenbereich mit Wiese und Spielplatz. *Bertha-Kipfmüllerstr. 44, 81249 München-Neuaubing, wichtel-werk.de*

Escape Games

EscapeGame München

Sherlock, Puppenspieler:innen, Chicago Mafia, Tutanchamun, Magier:innen – bei Escape Game München taucht ihr in unterschiedlichsten Welten. Diese sind voller Rätsel, versteckt in einem Raum. Innerhalb von 60 Minuten müssen diese gelöst werden. Da sind die Spürnasen der gesamten Familie gefragt. In München gibt es sechs rätselhafte Standorte. *T: 71698773, escapegame-muenchen.de*

getAway LiveQuest München

Rätsel über Rätsel und mehr – bei getAway LiveQuest können alle ab acht Jahren mitmachen. Dabei taucht ihr ins Mittelalter oder in Fantasy-Abenteuer. Diese sind recht aufwendig inszeniert mit 3D-Kinoeffekten, Elektronik-Sensoren und Bewegungsmeldern. *Westenriederstr. 41, 80331 München-Altstadt, T: 21028885, getaway.games*

Heldenverlies

Diese Rätsel hier sind nur etwas für echte Held:innen und nichts für schwache Nerven. Als Magier:innen oder Krieger:innen können Kinder zwischen sechs und 14 Jahren in die verschiedensten Figuren und Rollen schlüpfen und in rätselhafte Welten eintauchen. Das Verlies erstreckt sich mit seinen unterschiedlichen Rätselwelten auf mehreren Hundert Quadratmetern. Mit Geschick und Geduld muss man verborgene Türen finden und öffnen, sich durch unheimliche Schatten- und Dämonen-Welten kämpfen und dabei abenteuerliche Aufgaben lösen. *Liebigstr. 9, 85551 Kirchheim, T: 99818085, labyrinth-der-legenden.de*

Am Kochelsee gibt es tolle Museen, gute Pommes und eine Reise direkt in die Vergangenheit.

Kochelsee

Franz Marc Museum
Franz Marc Park 8-10
82431 Kochel am See
T: 08851-924880
franz-marc-museum.de

Freilichtmuseum Glentleiten
An der Glentleiten 4
82439 Großweil
T: 08851-1850
glentleiten.de

Fahrplan der Kochelsee-Fähre
T: 08851-416 oder 7241
motorschifffahrt-kochelsee.de

Kunst und Kugeln

Der Kochelsee ist von München aus mit Zug bestens erreichbar, direkt am Bahnhof startet der Ausflug. Erste Station: das Franz Marc Museum. Nach einer halben Stunde Spaziergang durch Kochel steht man vor den bunten und recht wilden Bildern der Künstler:innengruppe „Blaue Reiter", die sich sehr stark auch von Kinderzeichnungen inspirieren lassen hat. Das Museum bietet immer wieder spezielle Workshops und tolle Ferienprogramme für Kinder und Jugendliche an.

Die Tour geht weiter runter an den Kochelsee und mit einer Fähre nach Schlehdorf. Dort gibt es eine wunderschöne Badestelle mit festem Floß auf dem See. Doch das ist nur ein Zwischenstopp, das eigentliche Etappenziel ist das Freilichtmuseum Glentleiten, das einen mit auf eine Reise zurück in die Vergangenheit nimmt. Alte Berghütten und Bauernhöfe, ein Sägewerk, ein

Zwei-Seen-Land
Etwa 70 Kilometer südlich von
München gibt es an Kochelsee
und Walchensee viel für Familien
zu entdecken, erfahren und
erleben. *zwei-seen-land.de*

Kramerladen und eine sehr lange und schöne Waldkugel-
bahn sowie ein großer Spielplatz sorgen hier für gute
Stimmung. Das Wirtshaus direkt beim Eingang des Museums punktet mit Schaubrauerei und einer Terrasse
mit fantastischem Ausblick über den Kochelsee und die
umliegenden Alpengipfel. Außerdem sind die Pommes
riesig und knusprig.

Der Ausflug nähert sich seinem Ende. Es geht zurück
nach Schlehdorf, mit der Fähre über den See nach
Kochel und von dort mit dem Zug nach München. Wer
für die gut einstündige Fahrt noch etwas braucht,
wird im Bioladen „Jäger" fündig – dort findet ihr tolle
regionale Produkte.

Übrigens: Wer keine Lust auf Museum hat, kann stattdessen auch eine Wanderung zum Lainbach-Wasserfall
unternehmen. Der wunderschöne Rundweg führt euch
sieben Kilometer durch den schattigen Bergwald, vorbei
an blühenden Almwiesen bis zum idyllischen Wasserfall.
Ihr merkt schon: Die Gegend rund um den Kochelsee lädt
zum Immerwiederkommen ein.

hunt4hint – unchain your brain

„Message in the bottle", nennt sich eine von drei spannenden Missionen bei hunt4hint. Neben der Schatzsuche gibt es noch eine aufregende „Alien Invasion" (beide ab acht Jahren) sowie eine Reise ins „Reich der Sinne" (ab zwölf Jahren). Eine Stunde, ein Raum und viele Rätsel. Man kann aber auch einen Familienausflug starten, der euch durch die Straßen von München führt, mit Rätseln für alle. Während die Kinder überwiegend Such- und Puzzle-Aufgaben bekommen, sind für Jugendliche und Erwachsenen knifflige Knobel-Rätsel reserviert. *Wendl-Dietrich-Str. 11, 80634 München-Neuhausen, T: 13013089, hunt4hint.de*

Mystery Rooms

Bei diesen Escape Games seid ihr nicht nur eingesperrt in vier Wänden und kämpft euch durch fantastische Welten. Ihr könnt auch Outdoor-Touren wählen und versuchen, geheimnisvolle Rätsel unter freiem Himmel zu lösen. Dazu gibt es tolle Geburtstagsaktionen: für alle Kinder ab neun Jahren. Dabei geht es um Schatzsuchen, die ihr drinnen, draußen oder online starten könnt. Um so etwa „Das Geheimnis des Captains" gemeinsam zu lüften. *Müllerstr. 54, 80469 Müchen, T: 62249277, mystery-rooms.com*

One Hour Left

„Ausser Kontrolle" und „Reise ins Unbekannte" – diese beiden Missionen eignen sich schon für achtjährige Rätselfans in Begleitung ihrer Eltern. Diese und weitere Escape Games für Jugendliche und Erwachsene findet ihr an zwei Standorten im Westend und in Ottobrunn. Wenn ihr euch in größeren Gruppen zusammenfindet, könnt ihr auch im Duell- oder Turniermodus gegeneinander spielen. *Jägerweg 10, 85521 Ottobrunn, T: 66594204, Landsberger Str. 75, 80339 München-Schwanthalerhöhe, T: 90164330, onehourleft.de*

Erlebnisorte

Allgäu Skyline Park

Über 60 Attraktionen schütteln euch ganz schön durch: die Achterbahnen, Wildwasserrutschen und Kinderkarussells, auch das Spaßbad mit Spiral-Rutsche sorgen für Wirbel. Im Skyline Park, geht es hoch her – Rafting, Kartfahren, Klettern und Twisten. Für Höhenangst habt ihr gar keine Zeit. Kleinere Besucher:innen können die Bauernhof-Spielinsel entdecken, in die neue Achterbahn Flotter Otto steigen oder mit Piratenbooten abheben. *Skyline-Park-Str. 1, 86871 Rammingen, T: 08245 96690, skylinepark.de*

TIPP Baumwipfelpfad Bayerischer Wald

Das Nationalparkzentrum Lusen wartet nicht nur mit spannenden Einblicken in den Bayerischen Wald und seiner Tierwelt auf – in direkter Nachbarschaft befindet sich auch der Einstiegsturm zum Baumwipfelpfad, der sich auf einer Höhe von acht bis 15 Metern durch die Kronen des Bergmischwaldes schlängelt. Kinder ab sechs Jahren haben freien Eintritt und es gibt regelmäßig Führungen und Veranstaltungen. Als Ferienregion hat der Bayerische Wald eine Menge zu bieten, wer länger bleiben möchte, findet auf der Website eine Liste mit Übernachtungsmöglichkeiten in der Nähe des Baumwipfelpfades, darunter eine Liste mit barrierefreien Unterkünften. *Böhmstr. 43, 94556 Neuschönau, T: 08558-738910, baumwipfelpfad.de*

TIPP Bavaria Filmstadt

Film ab! Hier wurde bereits Filmgeschichte geschrieben. Klassiker wie die „Unendliche Geschichte", „Das Boot" oder der Klamaukstreifen „Fack ju Göhte" wurden in den Bavaria Filmstudios gedreht. Und das könnt ihr euch in der Bavaria Filmstadt live und direkt anschauen und dabei einen spannenden Blick hinter die Kulissen werfen. Ein Highlight ist auch Münchens einziges 4D-Kino. Wer seinen Geburtstag dort feiern möchte, kann selbst vor die Kamera treten, eine besondere Führung mit Freund:innen erleben und darf sich über eine Überraschung freuen. Darüber hinaus gibt es günstige Familientickets, Stunt-Workshops und jede Menge Action. *Bavariafilmplatz 7, 82031 Geiselgasteig, T: 64992000, filmstadt.de*

Bayern-Park

Spiel, Spaß und Tiere bekommt ihr beim Besuch im Bayern-Park geboten. So sorgen Achterbahnen, ein Karussell, eine Fahrt mit einem Raddampfer, eine Wildwasserbahn und Bulldogfahrt sowie die Schweinchenbahn für jede Menge Abenteuer und Nervenkitzel. Ein wirklich herausragendes Highlight ist Süddeutschlands höchster Freifallturm mit einer Höhe von 109 Metern. Bei einer Fahrt könnt ihr zunächst die Aussicht über den Park bis in die Berge genießen, ehe es dann im freien Fall in die Tiefe geht. Zum Entspannen laden zahlreiche Spielplätze sowie Wildtiere in dem ruhigen Parkteil ein. Luchse, Ponys, Affen und viele weitere Tiere sind hier zu entdecken. *Fellbach 1, 94419 Reisbach, T: 08734-92980, bayern-park.de*

Besucherpark Flughafen München

Ständig heben sie ab und ständig landen sie – die vielen internationalen Flüge am Münchner Flughafen. Auf der Start- und Landebahn ist wirklich einiges los, was man vom Besucherhügel aus beobachten kann. Mindestens genauso viel Trubel herrscht im Erlebnispark des Flughafens. Vorbei an asiatischen Drachentempeln und Pagoden, durch den Kletterdschungel in Südamerika bis in die Wüste Afrikas könnt ihr spannende Welten entdecken. Hier werden die unterschiedlichen Kontinente zu einem greifbaren Erlebnis als Pilot:in im großen Spielflieger oder während ihr mit der Seilrutsche über die Start- und Landebahn saust. Dazu gehört auch ein schöner Minigolf-Platz. Der Besucherpark ist ganzjährig geöffnet und kostenfrei! *Nordallee 25, 85356 München-Freising, T: 97500, munich-airport.de*

TIPP Dinosaurier Museum Altmühltal

Dinosaurier-Skelette wie Rocky, der einzige je gefundene T. Rex-Teenager, der größte bislang gefundene Flugsaurier Dracula und der Urvogel Archaeopteryx sind im Dinopark bei Denkendorf hautnah zu erleben. Dazu gibt es über 70 lebensgroße Nachbildungen, die euch im Wald begegnen. Auf dem anderthalb Kilometer langen Erlebnispfad begebt ihr euch auf eine spannende Reise durch die Erdzeitalter. Gleich daneben befindet sich das Dinosaurier Museum Altmühltal. Dort können Kinder und Erwachsene Wissenschaft erleben, erfühlen und Tatsachen rund um die Urzeitwesen begreifen. Als Forscher:in beziehungsweise Paläontolog:in werden Fossilien präpariert oder nach Haifischzähnen gesucht. *Dinopark 1, 85095 Denkendorf, T: 08466-9046813, dinopark-bayern.de*

FC Bayern Erlebniswelt

Pokale, Meisterschalen, Trikots und vieles mehr – die Erlebniswelt vom FC Bayern nimmt euch mit auf eine tolle Fußballreise. Das größte Vereinsmuseum in Deutschland breitet auf 3.000 Quadratmetern die Erfolgsgeschichte des deutschen Rekordmeisters seit der ersten Meisterschaft anno 1932 aus. An zwei Stationen können Kinder kreativ werden: bei „Bernis Pokalschmiede" und „Bernis Arena-Baustelle". Immer wieder finden auch Familientage mit Kinderprogramm statt. Und natürlich kann hier Geburtstag gefeiert werden. Touren durch die Allianz Arena finden fast täglich statt, diese sind auch in Kombination mit der Erlebniswelt buchbar. *Werner-Heisenberg-Allee 25, 80939 München-Freimann, T: 69931222, fcbayern.com*

Filmkulissendorf „Flake"

Er reibt sich an der Nase und bekommt dann meistens eine gute Idee. Vor über zehn Jahren wurde ihm ein großer Kinohit gewidmet. Fünf Hütten der original Filmkulisse von „Wickie und die starken Männer" wurden im Sommer 2009 am Walchensee wieder aufgebaut. Die Kulissen fanden im Fortsetzungsfilm „Wickie auf großer Fahrt" erneut Verwendung und können weiterhin im Filmkulissendorf

„Flake" bestaunt werden. Schautafeln und regelmäßige Führungen in der Sommersaison bringen den kleinen und großen Besucher:innen das tatsächliche Leben der Wikinger dabei näher. Seit Herbst 2021 stehen neu gefertige Holzskulpturen im Dorf, darunter eine Drachenbank. Außerdem gibt es neue Spielstationen für Kinder. *Seestr., 82432 Kochel am See, T: 08858-411*

TIPP Freizeitpark Ruhpolding

55 Jahre hat der Freizeitpark in Ruhpolding nun schon auf seinem Buckel. Doch alles schaut beinahe aus, wie am ersten Tag. Im Chiemgau, herrlich in einem Wald gelegen lässt er besonders die Herzen von Kindern und aller Familienmitglieder höher schlagen. Beispielsweise bei einer Fahrt mit der Berg-Achterbahn oder mit den spektakulären Bootsrutschen „Wasser-Wirbel" und „Wasser-Hüpfer". Genauso wie bei einem Ritt auf dem legendären Drachen Siegfried und im Seilgarten. Etwas ruhiger, aber genauso aufregend ist die zauberhafte Märchenwelt des Freizeitparks. Viele der Attraktionen sind überdacht und somit regensicher. *Vorderbrand 7, 83324 Ruhpolding, T: 08663-1413, freizeitpark.by*

TIPP Jochen Schweizer Arena

Action wird bei Jochen Schweizer extrem groß geschrieben. Schwingt euch im Outdoor-Park durch den Hochseilgarten. Flying Fox sorgt mit acht Seilrutschen für Adrenalin, genauso wie der Sky Jump – aus zwölf Metern Höhe! Die kleineren Actionstars können sich derweil auf dem Abenteuerspielplatz mit Spielturm und Parcours vergnügen. Außergewöhnlich: Im Indoor-Bereich locken ein Windkanal zum Bodyflying und die Citywave zum Indoor-Surfen für alle ab acht Jahren. Sämtliche Action kann auch mit einer Geburtstagsfeier verbunden werden. Let's go! *Ludwig-Bölkow-Allee 1, 82024 Taufkirchen, T: 4524455995, jochen-schweizer-arena.de*

Legoland

64 Attraktionen in zehn verschiedenen Themenwelten, dazu formieren sich über 55 Millionen verbaute Legosteine. Das Legoland, das sich auf einer Größe von 26 Fußballfeldern am Rande der Kleinstadt Günzburg erstreckt, ist ein echter Hit. Herzstück ist das Miniland, in dem kleine und große Besucher:innen europäische Städte, Wahrzeichen und Landschaften bewundern können. Oder ihr baut Roboter zusammen oder bestreitet Ritterturniere. Wer alle Attraktionen, Fahrgeschäfte, Workshops und Shows in Ruhe ausprobieren möchte, kann hier auch übernachten. *Legoland-Allee 1, 89312 Günzburg, T: 08821-2573550, legoland.de*

Denn sie wissen nicht, was tun ...

—

Lieblings-Aktivitäten mit Teens

1

In Filmwelten eintauchen

Jugendliche sind heute täglich einer Vielzahl visueller Reize ausgesetzt – optische Täuschungen scheinen ihren Reiz aber trotzdem oder gerade deshalb nicht verloren zu haben. Teens haben jedenfalls eine Menge Spaß in diesen bunten Erlebniswelten.

Bavaria Filmstadt, Seite 159

2

Lecker stranden

Der einstige Ammersee-Liniendampfer, der seit 2017 auf einer ehemaligen Eisenbahnbrücke steht, ist eine lässige Location als Kleinkunst- und Konzertbühne. Vor allem aber lässt sich hier sehr entspannt und lecker Essen aus aller Welt genießen, das auch Teens mundet. *Alte Utting, Seite 82*

3

Urbane Kunst entdecken

Schon die Fassade des Urban Art-Museums im Herzen der Münchner Altstadt ist ein Kunstwerk, sie wurde vom Street Art-Künstler Stohead gestaltet. Das einstige Umspannwerk beheimatet nun wechselnde, immer sehenswerte Ausstellungen, spannende Workshops und Street Art-Führungen schärfen die Augen dafür, die urbane Kunst überall im Stadtbild zu entdecken. *MUCA, Seite 62*

4

Brachen neu beleben

Seit Mai 2021 wird das einstige Betonwerk in Obersendling bis voraussichtlich 2023 als Zwischennutzung mit Sport, Street Art und den verschiedensten Events bespielt. Hier können sich junge Freigeister so richtig austoben, viel Spannendes entdecken und im Kollektivgarten 3000 den Abend mit coolen Beats und Getränken ausklingen lassen. *Sugar Mountain, Seite 86*

5

Auf dem Wasser stehen

Auspowern, durchlüften und etwas Neues kennenlernen – SUP-Touren über die Gewässer in Münchens Umland sind eine gute Idee, mit der man auch Teens hinter dem Bildschirm hervorlocken kann. Aber auch im Münchner Stadtgebiet kann man sich z.B. auf dem Olympiasee ausprobieren.

Wassersport ab Seite 120

Märchen-Erlebnispark Marquartstein

In den Chiemgauer Bergen kann gestaunt und vieles entdeckt werden. Im Streichelzoo laufen und springen kleine Ziegen ausgelassen herum. Die Fährte der magischen Hexe führt euch auf den Waldspielplatz mit Hexenschule und Kraftwerk. Der Kinder-Bauhof wartet täglich auf neue Baumeister:innen und auch der Wasserspielgarten ist sehr beliebt. Kribbeln im Bauch bereiten die Steilkurven der Sommerrodelbahn und die Gaudi-Gondel. *Jägerweg 14, 83250 Marquartstein, T: 08641-7105, maerchenpark.de*

Märchenwald im Isartal

In einem Wald in Wolfratshausen gehen zauberhafte Dinge vor sich. Es blinkt und grummelt, Kinder werden zu Astronaut:innen oder rasen mit einem riesigen Eichhörnchen durch den Wald. Hexen und Wölfe sollen dort auch leben. Im Märchenwald erwarten euch über 20 Erzählungen der Gebrüder Grimm und Co. mit mehr als 260 bewegten Figuren. Mindestens genauso spannend ist die kleine Achterbahn – ohne Looping – mit der ihr haarscharf an den Bäumen vorbeirast. In Baumhäusern könnt ihr auch wunderbar Kindergeburtstag feiern. *Kräuterstr. 39, 82515 Wolfratshausen; T: 08171-3855838. maerchenwald-isartal.de*

Playmobil FunPark

Die Playmobil-Welt liegt in Zirndorf, gut 180 Kilometer von München entfernt. Doch die Reise lohnt sich: Kinder können in der Polizeistation mit Gokart-Parcours Gas geben, sich durch eine Goldmine buddeln, durch ein Feenland wandeln, auf einem riesigen Hüpfkissen herumtoben oder mit Power-Paddelbooten übers Wasser gleiten. Auch die Minigolf-Anlage, der Klettergarten und die Piratenwelt sind toll. *Brandstätterstr. 2-10, 90513 Zirndorf, T: 0911-96661455, playmobil-funpark.de*

Skyline Park

Dieser Park hat es in sich: Achterbahnen, Wildwasserrutschen und Kinderkarussells, ein Spaßbad und noch vieles mehr sorgen für wahre Adrenalinschübe. Über 60 Attraktionen hat der Freizeitpark im Allgäu zu bieten. Beim Bob Racing wird man kräftig durchgeschüttelt, auf der Schiffschaukel Alte Liebe sticht man stürmisch in See, der Autoscooter ist und bleibt ein Klassiker. Im Velodrom steht Gaudiradeln auf dem Programm. Die Kleinen können die Bauernhof-Spielinsel entdecken, die Achterbahn für Kinder im Kuh-Look ausprobieren, mit fliegenden Piratenbooten abheben, Formel-1-Feeling spüren oder durch unterirdische Gänge toben. *Im Hartfeld 1, 86825 Bad Wörishofen, T: 0180-5884880, skylinepark.de*

skywalk allgäu

Aus über 40 Metern schaut man vom Baumwipfelpfad aus übers Land, über Berge und Täler. Bei Sinnes- und Mitmachstationen entdeckt man den Wald und seine Tiere. Ein Geschicklichkeits-Parcours und ein Streichelzoo mit Ziegen und Eseln runden das Abenteuer mit den Baumriesen ab. Im Sommer ist dann noch Waldbaden angesagt. Auf dem Abenteuerspielplatz sind Balance und Kraft gefragt. Für Kindergeburtstage kann man eins der zahlreichen Sonderprogramme buchen, wie die skywalk allgäu-Rallye durch den Naturerlebnispark. *Oberschwenden 25, 88175 Scheidegg, T: 08381-8961800, skywalk-allgaeu.de*

TIPP Triassic Park

Eine spannende Reise in die prähistorische Vergangenheit ermöglicht der Triassic-Park auf der Steinplatte in Österreich. Er vermittelt auf spannende Art und Weise die längst vergangene Welt der Trias-Zeit. Es gibt eine interaktive Erlebnisausstellung mit echten Korallen, lebensgroß nachgebildeten Dinosauriern und einer prähistorischen Unterwasserwelt, wie sie damals im Gebiet der Steinplatte die Erdoberfläche bedeckte. Auf dem Triassic-Trail – einem vier Kilometer langen kinderwagentauglichen Rundweg – wollen spannende Rätsel gelöst werden. Die Tropfsteinhöhle entführt Forscher:innen in die Tiefen der Urzeit. Und der Triassic-Beach mit Röhrenrutsche und Sandstrand ist perfekt zum Toben und Planschen. *Alpegg 10, 6384 Waidring, T: 0043-5353-53300, triassicpark.at*

Wannda Circus

Vorhang auf! Für einen Zirkus der ganz besonderen und zauberhaften Art – dem Wannda Circus in München-Freimann. Von Mai bis September 2022 gibt es fünf Circus-Open Airs, die euch in das Wannda-Wunderland entführen. Akrobat:innen, Magier:innen und weitere Künstler:innen veranstalten ein tolles Spektakel. Viel mehr können und wollen wir gar nicht verraten – lasst euch überraschen! *Im Park, Einfahrt links von Völckerstr. 5, 80939 München, wannda.de*

Wildpark Oberreith

In der Nähe von Wasserburg am Inn liegt das hübsche Dorf Oberreith in einer Wald- und Wiesenlandschaft mit dem Wildpark Oberreith. Einheimische Tiere und deren Lebensraum lassen sich dort beobachten. Neben einem Indoor-Spielplatz sorgen der Waldseilgarten, Mega-Fox, die Parkeisenbahn, eine Falknerei sowie eine Trampolin-Bungee-Anlage für viel Spaß. *Oberreith 6A, 83567 Unterreit, wildpark-oberreith.de*

SHOPPING

Baby und Schwangerschaft

Baby Ansorge

Die Lindwurmstraße ist nicht unbedingt als die Shoppingmeile Münchens bekannt. Dennoch pilgern Bald-Mamas oder Großeltern-to-be hierher, um diesen einen Laden nahe am sonst so hektischen Sendlinger Tor zu besuchen. Schon das nostalgische Ladenschild wirkt vertrauenserweckend. Es verrät: Hier kennt man sich seit Generationen bestens mit den Belangen frischgebackener Eltern aus. Im Sortiment findet sich alles, was diese für den Start ins Leben mit Baby brauchen. *Lindwurmstr. 17, 80337 München-Isarvorstadt, T: 265431, baby-ansorge.de*

BabyOne

Von der ersten Umstandshose bis zur kompletten Babyausstattung: BabyOne hilft dabei, in der aufregenden Zeit der Schwangerschaft und nach der Geburt alles Nötige für ein Leben mit Kind zusammenzusuchen. In den Läden kann man wunderbar verschiedene Marken vergleichen, Neues entdecken sowie sich vom geschulten Personal beraten lassen. Niedliche Strampler für das Baby finden sich hier ebenso wie die Kinderwagen sämtlicher Marken: BabyOne hat, was sich junge Eltern wünschen. Neben der Möglichkeit, im Onlineshop zu bestellen, wartet in den drei Filialen im Münchner Umland eine große Vielfalt an Produkten zum Anschauen und Ausprobieren auf euch. *Zusestr. 17, 85649 Brunnthal, T: 95085590, Münchner Str. 173, 8 5757 Karlsfeld, T: 08131-279450, Johann-Auer-Str. 2-4, 85435 Erding, T: 08122-880210, babyone.de*

baby-walz

Der bundesweit vertretene Fachmarkt hat es sich auch in den Münchner Filialen zur Aufgabe gemacht, die ersten Jahre des Nachwuchses professionell zu begleiten. Werdende Eltern sind hier gut beraten, denn die große Auswahl an hochwertigen Babyartikeln vieler bekannter Marken reicht vom niedlichen Strampler bis hin zum schicken Kinderwagen. Auch im Bereich Umstandsmode ist baby-walz ein guter Tipp. *Bahnhofplatz 7, im Karstadt, 80335 München-Ludwigsvorstadt, T: 59989500, Keferloher Str. 24, 85540 Haar, T: 12021410, babywalz.de*

bonbelly

Die Anzahl der passenden Kleidung im Schrank schwindet mit Voranschreiten der Schwangerschaft meist deutlich. Wie gut, dass es für Schwangere oder Neu-Mamas diesen hübschen Laden auf der Sendlinger Straße gibt. Hier wird liebevoll-kompetent beraten, ganz genauso, wie man es sich in dieser turbulenten, oft emotionsgeladenen Zeit wünscht. Von den passenden Wohlfühl- bis Ausgehklamotten im Bereich Umstands- und Stillmode deckt bonbelly die ganze Palette ab, ebenso in Sachen fairer und nachhaltiger Produktion. *Sendlinger Str. 62, 80331 München-Altstadt, T: 20355350*

chic + schwanger

Schwanger sein und schick gekleidet, das muss kein Widerspruch sein. Sich dabei außerdem rundum wohlzufühlen, das ist der Wunsch fast jeder Schwangeren. Wie gut, dass es Profis gibt, die auch für festliche Anlässe die richtige Garderobe im Angebot haben. Mit Everyday-Basics sowie einem umfangreichen Sortiment an Braut- und Festtagsmode bekommt jeder Babybauch sein passendes Ausgehkleid. Für alle gut erreichbar, da super zentral am Isartor gelegen. *Frauenstr. 40, 80469 München-Altstadt, T: 833183, chicundschwanger.de*

Kinnings babythings

Kompetente Trageberatung, Kinderwagen-Teststrecke, Waren-Lagerung bis zum persönlichen Wunschliefertermin – bei Kinnings Babythings dürfen sich Kund:innen über solche Zusatzleistungen freuen. Dank Rundum-sorglos-Paket können die werdenden Eltern guten Gefühls in die erste Zeit mit Baby starten. Auf 1.400 Quadratmetern Erlebniswelt dreht sich alles um die Themen Schwangerschaft, Baby und Kind. Bei der Markenauswahl lässt Kinnings babythings keine namhaften Hersteller:innen außen vor. Das weit gefächerte Sortiment, darunter viele edlere Marken, überzeugt ebenso wie das gut geschulte Personal. Bei so viel Input tut man gut an einem Päuschen in der gemütlichen Kaffee-Lounge. *Ottobrunner Str. 6, 81737 München-Ramersdorf, T: 12114660, kinnings.de*

Lykkehus

Im Lykkehus – dänisch für Glückshaus – wird hübsche Bio-Babymode schon für die Allerkleinsten angeboten. So werden Frühchen ab Größe 38 bei Larissa Bieber liebevoll ausgestattet. Neben ausgewählten Stücken aus den Kollektionen bekannter Labels verkauft die Inhaberin Handgestricktes in skandinavischem Design unter ihrem eigenen Label Lykkehus. Besonder gut gefällt der nachhaltige Aspekt des wunderschönen Ladens: Damit hochwertige Designer:innen-Mode für Kinder nicht ungenutzt im Schrank verstauben muss, gibt es im Laden eine kleine Secondhand-Ecke. *Oßwaldstr. 1a, 82319 Starnberg, T: 08151-5550751, lykkehus-babybox.com*

Krabbelfreuden

—

Lieblings-Aktivitäten mit Kleinkindern

1

Vor dem großen Krabbeln

Auch mit Baby muss auf Kinovergnügen nicht verzichtet werden: Im Neuen Maxim laufen beim Babykino regelmäßig Filme aus dem aktuellen Programm. Licht und Lautstärke bleiben dabei angenehm gedämpft. Wenn die Kleinen beginnen, herumzukrabbeln, werden sie leider zu groß fürs Babykino. *Neues Maxim. Landshuter Allee 33, 80637 München-Neuhausen, T: 89059980, neues-maxim.de*

2

Kunst mit Traglingen

Schöne Abwechslung im Babyalltagstrott: Mehrere Münchner Kunsthäuser bieten babygerechte Führungen für Eltern mit Babys und Kleinkindern durch die jeweils aktuellen Ausstellung an. *„Kunst mit Baby": Kunsthalle München, Seite 61, „Frischgebacken": Lenbachhhaus, Seite 71, „Känguruführungen": Museum Brandhorst, Seite 63, Pinakothek der Moderne, Seite 66*

3

Wohlfühlen im Wasser

Die Aqua & Soul-Familienbäder sind perfekt, um Kinder von Anfang an mit Freude ans Wasser zu gewöhnen. 34 Grad warmes, Wasser in kontrollierter Qualität, ein funktioniertes Hygienekonzept und ein tolles Kurs- und Wellnessangebot sorgen für Spaß und Entspannung. *Aqua & Soul, Seite 121*

4

Musikalische Schwingungen

Für den Genuss klassischer Musik gibt es keine Altersgrenzen. Bei den regelmäßig stattfindenden Babykonzerten gemeinsam den Klängen der Profimusiker:innen und ihrer Instrumente zu lauschen und ihre Schwingungen zu spüren, ist für alle ein wunderbares Erlebnis! Und gut für die kognitive Entwicklung der Kleinen. Aber Achtung: Die Konzerte sind immer schnell ausverkauft. *babykonzert.de*

5

Immer aktuelle Tipps für Minis

Es gibt eine Vielzahl an Events, Kursen und Angeboten für Babys und Kleinkinder in München. Wenn ihr davon immer erfahren möchtet, legen wir euch unseren monatlichen Mini-Tipps-Newsletter ans Herz. Die HIMBEER-Redaktion versorgt euch dort immer mit aktuellen Informationen, was ihr mit Kleinst- und Kleinkindern unternehmen könnt. *Mini-Tipps-Newsletter: muenchenmitkind.de*

Neuhauser Kinderecke

Wenn ein neuer Mensch erwartet wird, ist das eine besondere Zeit. Die Vorfreude ist groß, die To Do-Liste und
der Einkaufszettel vergleichsweise lang. Denn Kinderwagen,
Autositz, Hochstuhl, Beistellbett, Tragetuch, Tragehilfe,
Wickeltasche, Erstausstattung, Spielebogen, Fußsack sind
in etwa das, was besonders Erstlingseltern besorgen
möchten. All das hat die Neuhauser Kinderecke für ihre
Kund:innen im Angebot. Natürlich von beliebten Marken
wie Cybex, Joolz, EasyWalker, Stokke – um nur eine
kleine Auswahl bei den Kinderwagen und Hochstühlen zu
nennen. *Hirschbergstr. 21, 80634 München-Neuhausen,
T: 13011363 kinderecke-neuhausen.de*

Noppies

Der wahr gewordene Traum für Mehrfach-Mamas und
modebewusste Schwangere. Ein Laden, der neben
Umstands- oder Stillmode auch Säuglings- und Kinderkleidung von Geburt bis zum Schuleintritt im Sortiment
hat – das nennt man ein breit gefächertes Angebot. So
ist man allen Höhepunkten und Herausforderungen eines
Lebens als Eltern gewachsen – zumindest modisch betrachtet. Der Shop, im Herzen Schwabings gelegen, führt
neben Noppies auch die Marken Esprit sowie Supermom.
*Hohenzollernstr. 20, 80801 München-Schwabing,
T: 33039479, noppies.com*

NEU Popolini organic parenting since 1991

Früher war doch manches besser, so wundert es nicht, dass
der Trend unter Eltern zurück zur Stoffwindel geht. Dabei
können die verschiedenen Systeme nur bedingt mit den
früheren Windeln verglichen werden, auch wenn die Ma-
terialzusammensetzung in Teilen gar nicht so unähnlich zu
damals ist. Sicher ist, die heutigen Systeme sind praktisch,
ökologisch, gesünder für Babys Haut und in Summe preis-
werter als Wegwerfwindeln. Popolini aus Österreich
hat sich auf Stoffwindelsysteme und windelfrei-Produkte
spezialisiert, die in der ersten Niederlassung Deutschlands
nun seit 2019 auch in München verkauft werden. Bekannt
für kompetente Beratung, faire Preise wie ökologische
Produkte bietet Popolini eine große Auswahl an hochwertigen Produkten für Baby, Kind und Eltern. Gemeint sind:
Stoffwindeln, Windelfreitöpfchen und Bekleidung, Baby-
und Kinderkleidung, Heimtextilien, Schlafsäcke, Spielzeug,
Stillhilfen, Pflegeprodukte, Kinderwagen, Tragen und mehr.
Richtig toll: Die Filialen punkten mit Still- und Wickelmög-
lichkeiten sowie Spielbereichen. Eine wirklich gute Adresse!
*Lindwurmstr. 5A, 80337 München-Ludwigsvorstadt-Isarvor-
stadt, T: 74033627, popolini.com*

TIPP Rasselfisch

Im Werksviertel bei Rasselfisch gibt es gute Neuigkeiten. Seit dem letzten Jahr gehört der Laden zum Zwergperten-Netzwerk. Das heißt konkret: Neben all den tollen Dingen an Kindermöbeln von Leander und Sanders, der großen Auswahl an Kinderwagen von baby jogger, Mountainbuggy, Uppababy oder Thule und der riesigen Auswahl an hochwertigem, meist ökologisch hergestellten Textilien, tollem (Holz-) Spielzeug und anderen Accessoires berät das besonders geschulte Personal in allen Fragen rund um die so wichtige wie schwierige Wahl des passenden Kindersitzes – spezialisiert auf den Bereich Reboarder. Wer hier einkauft, nutzt am besten die Chance, noch ein wenig durchs Werksviertel zu schlendern. *Atelierstr. 10, 81671 München-Berg am Laim, T: 41876864, rasselfisch.de*

Reinartz Babyland

Reinartz Babyland blickt auf eine fast 30-jährige Erfolgsgeschichte zurück. Schon seit 1993 weiß man hier, was Elternherzen höher schlagen lässt. Alles von A-Z, das den Familienalltag erleichtern kann, unter einem Dach! Kinderwagen, Buggys, Kindersitze, schönes Spielzeug, lässige Baby-, Kinder und Umstandsmode, bequeme Schuhe, wunderschöne Kinderzimmer und vieles, vieles mehr. Geführt werden die Marken: Naturkind, MaxiCosi, ErgoBaby, Stokke, Joolz, Leander, Bugaboo, Cybex, Hartan und weitere. *Lochhamer Schlag 10, 82166 Gräfelfing, T: 89820000, reinartz-babyland.de*

Tuchfühlung Trageladen München

Erst den Säugling, dann das Baby, später das Kleinkind. Es ist nicht ungewöhnlich, den Nachwuchs heutzutage lang und ausgiebig zu tragen. Egal, ob Papa oder Mama – die Hauptsache ist, nah am Herzen. Ob man nun lieber im Tuch, im Sling, auf dem Rücken, vorne oder auf der Hüfte, mit Half- oder Fullbuckle trägt – das bleibt Geschmackssache. Auch kann es in einem Haushalt durchaus mehrere Tragesysteme geben, für die unterschiedlichen Situationen im Alltag der tragenden Eltern. Für all diese Eventualitäten gibt es in München beste Beratung, denn Körper und Ansprüche können grundverschieden sein. Der Trageladen Tuchfühlung in Neuhausen bietet ein sehr umfangreiches Sortiment verschiedener Fabrikate an. Dazu hochwertige Babykleidung von Disana, Engel Natur, loud + proud oder Reiff. *Schulstr. 37, 80634 München-Neuhausen, T: 23753540, tuchfuehlung-muenchen.de*

Wäschewunder

Es gibt diese ganz besonders warme Atmosphäre, die von einem Inhaber:innen-geführten Laden ausgeht. Die einen schon beim Betreten des Ladens willkommen heißt. Sylvia Sedlmeiers Wäschewunder ist so ein Ort. Hier findet man Nützliches und Schönes rund um Schwangerschaft und die erste Zeit mit Baby. Kompetente Beratung, auch in puncto „passende Trage" gibt es gratis dazu. Ihr Augenmerk liegt auf der Auswahl naturbelassener Stoffe und hautfreundlicher Materialien. Sylvia bietet in ihrem Geschäft Naturtextilien von der Mütze bis zur Socke, für drunter und drüber, für drinnen und draußen, für Sommer und Winter, für Tag und Nacht. Im Laden gibt es auch Spielzeug, Spieluhren, Babytragen, Still-BHs sowie Bio-Pflegeprodukte für Babys, Schwangere und Mütter. Selbst zur Wiesn oder für besondere Anlässe lässt sich hier das richtige Baby-Outfit erwerben – in der Trachtenabteilung findet man Babydirndlröckchen- und Babylederhosen-Unikate. *Kaiserstr. 51, 80801 München-Schwabing, T: 31202090, waeschewunder.de*

Kinderkleidung und Accessoires

NEU Armor Lux

Wer bekommt beim Anblick der „Marinieres" nicht augenblicklich schweres Fernweh? Wir denken sofort an die bretonische Atlantikküste, kleine Fischerdörfer und duftende Lavendelfelder. Wie toll, dass es das kleidsame Matrosenhemd seit Oktober 2021 ganz passend in der Pariser Straße im Münchner Franzosenviertel zu erstehen gibt. Für die ganze Familie hat Franziska Wintermeyer die mit Bio-Baumwolle nachhaltig produzierten Lieblingsstücke im Angebot ihres Flagshipstores. Für die Allerkleinsten gibt es außerdem süße Bodies im gestreiften Matrosenlook. Was die Kollektion sonst noch zu bieten hat? Jede Menge zeitlose Klassiker im sportlich-eleganten französischen Stil. Nous aimons! Armor Lux. *Pariser Str. 50, 81667 München-Haidhausen, T: 20971769, amor-lux-muenchen.de*

Auryn Naturfashion

Organic, nachhaltig und fair ist schon lange kein Widerspruch mehr zu hip, schick und modern. Für Laden- sowie Label-Inhaberin Christine Frehe-Reynartz bereits seit über 25 Jahren nicht. Seit dieser Zeit führt sie ihr Herzensprojekt im schnelllebigen Gärtnerplatzviertel. Hier hat sie über die Jahre sicher einige kommen und gehen sehen. Sie ist geblieben und mir ihr das Händchen bei Marken- und Produktauswahl, sowie ihr feines Auge für die Präsentation der auserwählten Schätze. Dass alles, was sich im Laden zeigt, unter fairen Herstellungsbedingungen und mit

Phänomenale Bastelsets.
Nauli & Stories, Adalbertstr. 12, in der
Maxvorstadt. nauliandstories.com

Der kuschelige Oktopus ist ein
treuer Begleiter für die ganze
Kindheit. *kindsgut.de*

Mehr Bewegung und Fantasie für
Kinder. Spiel-Elemente in vielen
Farben. *stapelstein.de*

GMT for Kids „Light" vierteiliges
Schulranzen-Set in vielen Varianten.
gmtbags.com

Wer hätte das gedacht? Tapir Theo
wird Schimpfwortkönig – Mitmach-
spaß für alle. *mixtvison.de*

Entdecke die „Toddys by siku":
Harry Helpy & Co. sind vielseitig
kombinierbar. *toddysbysiku.com*

TELYOH fertigt superweiche, nachhaltige Lauflernschuhe in Portugal.
telyoh.eu

Conscious school bags. Simply cool.
Ökologisch, ergonomisch und zeitlos schön. *canopist.de*

Nachhaltige französische Mode.
Armor-lux München, Pariser Str. 50,
81667 München, armor-lux-muenchen.de

schadstofffreien Materialen produziert wurde, ist für sie selbstverständlich. Auryn hat neben Bekleidung auch niedliche Accessoires sowie Spielzeug im Angebot. Ein Laden mit echtem Lieblingsteile-Potential dank Labels wie Liewood, Meri Meri oder Hust & Claire, Play Up, GoBabyGo. *Reichenbachstr. 35, 80469 München-Isarvorstadt, T: 2010103, auryn-shop.de*

NEU Bazaar Noir

Marie-Charin, bekannt durch „The Lovely Concept Store", hat mit „Tiny Totsies"-Gründerin Heidi ein neues Baby. In den ehemaligen Salto-Ladenräumen, ziemlich gut in Haidhausen am Beginn der Wörthstraße gelegen, lädt das Bazaar Noir seit März 2022 zum Shoppen ein. Die hellen Ladenräume lassen das fein ausgewählte Kids, Fashion & Interior-Warenangebot äußerst gut wirken. Stilsicherheit bewiesen die beiden bereits bei ihren vorherigen Projekten und haben sich auf Schönes und Nachhaltiges jenseits des Mainstreams fokussiert. Man darf sich also auf die neu dazugewonnene Möglichkeit freuen, hier dem persönlichen Sinn für „Ästhetik trifft Design" bei der Ausstattung von Kindern und Wohnung nachgehen zu können. Ach ja, komplettiert wird der Concept Store durch einen tollen Cafe-Bereich im Laden. *Preysingstr. 39, 81667 München, T: 0178-5855635, bazaar-noir.com*

NEU Bube & Dame

Wie schön, dass es immer wieder mutige Gründer:innen gibt, die ihre Ideen in die Tat umsetzen, indem sie zum Beispiel neue Läden eröffnen – wie das Bube & Dame. Genau genommen müsste im Namen auch irgendwo noch Kids vorkommen, für diese gibt es dort nämlich auch einiges zu entdecken. Besonderes Spielzeug von Djeco ebenso wie die allseits beliebten Tonie Figuren für die dazugehörige Box, um nur zwei Dinge zu nennen. Für Mamas und Papas findet sich schicke Kleidung von vertrauenswürdigen Hersteller:innen neben Geschenkideen, Dekoartikel und Accessoires. Neuhausen freut sich über diesen beliebten Laden-Neuzugang. *Wilderich-Lang-Str. 6, 80634 München, T: 0172 9960630, bube-dame.com*

Carlotona und Co.

Dass sich im Laden von Maria del Mar von Borries in den letzten beiden Jahren einiges getan hat, merken aufmerksame Lesende sofort. Neu hinzugekommen ist das Co. im Namen und damit gemeint ist ihr ältester Sohn Philip, der mit ins Business eingestiegen ist. Gemeinsam denken sie ihr Label neu, ohne dem Ursprungsgedanken untreu zu werden. Weiterhin setzt Carlotona auf zeitlose Klassiker, edle Stoffe, feine Schnitte und beste Verarbei-

tung für Kinderkleidung, die sich für alle Anlässe wie Hochzeiten, Taufen oder Kommunionen eignet. Aber auch alltagstaugliche Kindermode mit dem gewissen Unterstatement. Maria del Mar von Borries beschreibt ihr Anliegen so: „Ich glaube, Kinder gut und elegant anzuziehen, dient nicht nur dem schönen Aussehen. Es ist wie eine Reise. Auf dem Weg werden den Kindern wichtige Werte vermittelt und sie lernen unter anderem, hochwertige Dinge und Materialien zu schätzen!" *Steinstr. 3, 81667 München-Haidhausen, T: 48998770, carlotona.de*

Chi*Ka so kind

Kleiner Laden, große Auswahl. Bei Chi*Ka so kind machen nicht nur Kinder große Augen. Jede Ecke niedlich dekoriert, werden hier fröhlich-frisch die bei Groß und Klein beliebten Dinge angeboten. Darunter Liewood, Play Up, Djeco, Jellycat, SindiBaba, ava&yves oder Textil von Disana. Auch spanisches Spielzeug von me&mine oder Little cozmo ist dabei, sowie die niedlichen Canvas Schuhe von Victoria Shoes. Wer durch die Gegend um den Gärtnerplatz bummelt, sollte hier auf alle Fälle einen Stopp einlegen. Der Laden liegt sehr zentral zwischen Gärtnerplatz und Viktualienmarkt. *Müllerstr. 1, 80469 München-Isarvorstadt, T: 66561617, chi-ka.de*

TIPP De Bambini Concept Store

Montessori-Pädagogin Antje Müller gründete vor mehr als zwölf Jahren die Kinderkrippe De Bambini. Durch die Arbeit mit den Kindern sowie dem dadurch entstandenen engen Kontakt zu den Eltern bemerkte sie immer mehr, welche Bedürfnisse die Kinder und ihre Eltern an Textilien stellen, worauf es wirklich ankommt bei der Bekleidungswahl. Die Idee zum De Bambini Concept Store war geboren. Seit der Eröffnung hat sich das Konzept stetig weiterentwickelt. Geblieben ist die Einstellung zum Thema Ökologie sowie Qualität. Bei ihrem Label setzt Antje auf nachhaltige und umweltfreundliche Produktion, bei der öko-zertifizierte und antiallergene Stoffe aus Europa verwendet werden. Genäht wird gemäß dem Motto „mit 100% Bio-Liebe handgemacht in Deutschland". Zu begutachten gibt es die Kollektion im Showroom. Toll sind auch die Geschenkboxen zur Geburt, zum ersten oder zweiten Geburtstag! *Barer Str. 82, 80799 München, T: 23549545, de-bambini.de*

die kleine manufaktur

Viele, viele tolle Dinge! Dafür steht die kleine manufaktur. Kund:innen erwartet eine erlesene Auswahl an Kinderbüchern, Kinder- sowie Babygeschenken, ergänzt durch bezaubernde Wohnaccessoires, Taschen, Körbe und

Bekleidung. Die kleine Werkstatt ist außerdem spezialisiert darauf, Kinderkleidchen, Schultüten, Shirts, Kissen und Kindergartentaschen mit personalisierten Wunschapplikationen zu versehen. *Langobardenstr. 6, 81545 München-Harlaching, T: 95444779, die-kleine-manufaktur.com*

domino Kindermoden

Der feine Laden für Kindermode führt exklusive Marken für Babys wie für Teens. Roswitha Strauchs Erfolgsgeheimnis „Dem Trend eine Saison voraus" scheint voll und ganz aufzugehen. Wie sonst könnte sie es schaffen, seit mehr als 35 Jahren erste Adresse am Platz zu sein. Denn wer Wert auf stilsichere Beratung und Einkaufen in gemütlicher Atmosphäre legt, ist in Grünwald bei domino Kindermoden goldrichtig. Gut sortiert finden sich hier die besten Teile der Saison vieler namhafter Labels wie Play Up, Solo Tu, Gent, Pepe Jeans, Mayoral, Il Gufo, LUPACO, Save The Duck, oder Polo Ralph Lauren. *Schloßstr. 14c, 82031 Grünwald, T: 6414860, dominokindermoden.de*

en petit

Das kleine Lädchen im malerischen Haidhausen ist bunt und vielfältig wie eh und je. Schon beim Betreten von Stefanie Dulliens Geschäft kann man sich kaum entscheiden, in welcher Ecke zuerst gestöbert werden soll. Bis unter die Decke ist es voll mit Dingen, die man sich für seine Kinder wünscht. Egal, ob man auf der Suche nach einem Festtagsdress oder dem Wollwalk-Anzug für den Winter ist, einem die gute Knete ausgetrocknet ist oder ein Taufgeschenk gekauft werden soll – bei en petit wird man höchstwahrscheinlich fündig. *Johannisplatz 13, 81667 München-Haidhausen, T: 44/69707, stefaniedullien.de*

TIPP Engel und Bengel

Bei Petra Lock sind alle herzlich willkommen, egal ob Engel oder Bengel. Die Kids sind meistens prompt in der süßen Spielecke verschwunden, während die Eltern das stets hübsch dekorierte, zum ausgiebigen Stöbern einladende Geschäft durchforsten. Das dauert so seine Zeit, denn das Angebot ist so ansprechend wie umfangreich. Möbel von Sanders, Mathy by Bols oder Oliver Furniture, Hübsches aus Textil von Liewood, Number74 und Spielzeuge von OMY, Maileg oder Ava & Yves findet ihr hier. Huch, bevor wir es vergessen – Spielzeug, Kindergeschirr und Wohn-Accessoires gibt es außerdem zu entdecken. Hübsch einkleiden kann man die Kinder hier auch. Wer es nicht in den Laden schafft, keine Sorge: Der Engel & Bengel-Onlineshop zählt zu den besten in Deutschland! *Innere Wiener Str. 61, 81667 München-Haidhausen, T: 44419868, engelundbengel.com*

TIPP hessnatur Store

Bei hessnatur werden keine halben Sachen gemacht. Alle Produkte sind kompromisslos nachhaltig und fair produziert unter Berücksichtigung der hessnatur-Sozialstandards. Zum Einsatz kommen ausschließlich Naturfasern wie Bio-Baumwolle, Leinen oder Merino. Auch Allergiker:innen sind im Münchner Store der hessischen Naturtextilienmarke bestens aufgehoben. Die vielfältige Produktplatte umfasst alles vom Babystrampler über Damenwäsche bis hin zu Herren-Outdoorbekleidung. Auch sämtliche Accessoires finden sich im Sortiment. Alles zu begutachten, befühlen und bestaunen auf 500 Quadratmetern in bester Schwabinger Lage. *Hohenzollernstr. 10, 80801 München-Schwabing, 1: 12473172, hessnatur.com*

TIPP heyRuby!

Die Mode von heyRuby! kommt aus München – zu 100 Prozent wird sie hier entworfen, genäht, verarbeitet. Jasmin Meuthens Vision, mit ihren Textilien die Gesundheit der Kinder zu schützen, indem sie ausschließlich GOTS-zertifizierte Stoffe verwendet, geht auf. Dass sie dadurch auch Natur und Umwelt schützt, ist kein zufälliger Nebeneffekt, sondern ihre Prämisse. Ihre Kollektion besticht durch zeitlose kindgerechte Schnitte, die hohen Tragekomfort garantieren. Besonders hübsch sind die festlichen Kleidungsstücke für Hochzeit, Taufe oder andere Anlässe, aber auch für den Alltag könnt ihr eure Babys und Kinder hier einkleiden. In ihrem Laden bietet Jasmin neben den eigenen Teilen auch ausgewählte Accessoires von Labels an, die zu ihrer Philosophie passen, wie Maileg, CamCam oder Fabelab. *Hohenzollernstr. 33, 80801 München, T: 38859893, heyruby.de*

NEU Infanzia Kindermode

Im Vorgänger:innenladen Marc & Celine konnte man italienische, spanische und französische Kindermode mit einem extra Quentchen Chic kaufen. Unter neuer Führung von Valeria und Paolo wird nun mit neuem Namen weitergemacht. Der Fokus bleibt auf alltagstauglicher, dennoch schicker Kindermode bestehen. Zu erstehen gibt es die besten Teile von Northsails, pure pure by Bauer, weekend a la mer, Isartrachten oder Vingino. Bei den Schuhen stehen italienische Marken im Regal, allen voran Primigi und Naturino. *Marktstr. 10, 80802 München-Schwabing, T: 337343, infanzia.store*

Jacadi

Dieses französische Label steht für Baby- und Kindermode vom Feinsten. Jacadi ist mit knapp 300 Stores weltweit

Gut gerüstet

—

Lieblingslabel für Schulranzen

1

HÄNSKA

Das Label HÄNSKA entstand aus dem Bedürfnis von Eltern nach einem hübschen, funktionalen und nachhaltigeren Schulranzen für ihr Kind. Inzwischen umfasst die Kollektion auch andere Taschen. Mit dem Custom Colours Kit können Farben individuell kombiniert werden, außerdem bekommt ihr im Onlineshop auch Faltmäppchen oder Brustbeutel. *haenska.com*

2

canopist

Nur 780 Gramm wiegt der klimaneutral in Europa produzierte Ranzen von Canopist und ist dabei ergonomisch, langlebig, schlau durchdacht und extrem widerstandsfähig – da reißt oder scheuert so schnell nichts ab. Ach ja, wasserfest sind die Carrier und Turnbeutel auch noch, was will man mehr? *canopist.de*

3

kundschafter

Jeder der robusten, formschönen und leichten Schulranzen entsteht ebenso wie Sportbeutel und alle weiteren kundschafter-Produkte in Manufakturarbeit in Berlin. In München bekommt ihr die Ranzen, Feder- und Schlampermäppchen bei Stadtkind. *Marienplatz 8 /Landschaftsstr., 80331 München-Altstadt, T: 18944180, stadtkind-muenchen.de, Seite 176, derkundschafter.de*

4

aruzzi taugo

Zeitlos schön sind die Bioleder-Ranzen, Federmäppchen und Stifteetuis aus Annaberg. Keine wilden Designs, die bald nicht mehr dem Geschmack des Kindes entsprechen, stattdessen wunderschöne Farben und das Leder gewinnt mit der Zeit an Patina statt abgeranzt auszusehen. Wer es etwas extravaganter mag, kann auch die Fellvariante wählen. *aruzzitaugo.com*

5

Superranzen

Auch für diese nachhaltigen Schultaschen gilt, dass man sie nicht in jedem Laden findet. Dabei ist das Konzept wirklich super: Die „For ever and a Day"-Designs bestehen aus nachwachsenden und recycelten Rohstoffen und darüber hinaus wird ein Mietservice für Schulranzen angeboten. Im digitalen 360° Sustainable Showroom könnt ihr Designs aus allen Blickwinkeln begutachten. *superranzen.de* international für Kindermode mit dem gewissen französischen Etwas beliebt wie bekannt. Im Münchner Flagshipstore lässt sich herrlich elegante Baby- und Kinderbekleidung mitsamt schöner Accessoires und Schuhe shoppen. Jacadi führt, worin kosmopolite stilsichere Eltern ihren Nachwuchs gerne gekleidet sehen. *Brienner Str. 6, 80333 München-Maxvorstadt, T: 28803556, jacadi.de*

Lieblingsstücke

Es hat seinen Grund, dass bei Andrea und Niki im Würmtal Lieblingsstücke zu finden sind. Sie kennen ihre Kund:innen, wissen, welche Vorlieben diese haben und geben sich besonders viel Mühe mit der Beratung der Kleinen und Großen. Andrea und Niki stecken viel Liebe in die Auswahl der Labels sowie des aktuellen Sortiments. Helles Mobiliar, viel Tageslicht – so kommen die Kollektionen richtig gut zur Geltung. Genug Platz für witzige Geschenke oder Accessoires bleibt auch. Für Fans von Noppies, Cerises, Pepe Jeans, Vingino, Play Up oder Name It. *Bahnhofstr. 32, 82152 Planegg, T: 8599511, lieblingsstuecke-kindermode.de*

TIPP Lili & Milou

Es gibt sie, die Store-Liebe auf den ersten Blick! Wer durch die Tür in den niedlichen Laden tritt, dem zaubert der Anblick der vielen schönen Dinge ein Lächeln ins Gesicht. Lässige Mode, witzige Geschenke für jede Gelegenheit, alles hübsch arrangiert. Ihr findet Sachen von Bobo Choses, Billiblush, Jellycat, Vilac und Djeco. Dank der tollen Lage mitten in Schwabing eignet sich ein Besuch hervorragend als Startpunkt für ausgedehnte Shopping-Bummel. Für alle, die selten in die Nähe kommen: Ihr könnt hier auch prima online shoppen. *Kurfürstenplatz 8, 80796 München-Schwabing, T: 38888867, lilietmilou.de*

Lodenfrey

Münchens Innenstadt ist einem steten Wandel unterlegen. Gleich bleibt jedoch: Wer auf exklusive Designer:innenmode sowie ein umfangreiches Sortiment an hochwertigen Trachten Wert legt, geht zu Lodenfrey, dem Münchner Original seit 1842. Neben der hauseigenen Lodenfrey-Trachtenlinie steht das Traditionshaus heute vor allem für internationale Labels aus dem gehobenen Segment. Im sehr schicken Haus mitten in der Innenstadt kann man die ganze Familie fein einkleiden. *Maffeistr. 7, 80333 München-Altstadt, T: 210390, lodenfrey.com*

TIPP LOVE Kidswear

Hochwertiges nachhaltiges Material, transparente faire Produktion und die Kombination aus „Fashion forward pieces und all time Classics" – diese Designphilosophie schreibt sich das Münchner Label LOVE Kidswear auf die Fahne. Inhaberin Franziska Bergmiller schafft es, zwischen schlicht und verspielt, zwischen sportlich und elegant und zwischen öko und hip zu liegen und trifft damit den Nerv der Stunde. Als Modedesignerin, die bei internationalen Labels wie Vivienne Westwood gearbeitet hat, schöpft sie aus einem reichen Erfahrungsschatz im Bezug auf Stoffe, Verarbeitung und Designs. Als Mutter kennt sie die Anforderungen, die an Robustheit und Bewegungsfreundlichkeit gestellt werden. Dabei entsteht Mode für Kinder von null bis 14 Jahren, die Freude macht – seit ein paar Jahren auch für Mamas. *Sedanstr. 11, 81667 München-Haidhausen, T: 76702238, love-kidswear.com*

Ludwig Beck

Egal, ob es um Bekleidung für die ganze Familie, Hüte, Taschen, Koffer oder auch Papeterie geht – hier bleibt kein Wunsch unerfüllt. Das Traditionshaus, auch Kaufhaus der Sinne genannt, liegt mitten in der Innenstadt und bietet in der Baby- und Kinderabteilung in der zweiten Etage wie im Strumpfhaus in der ersten eine große Auswahl für den Nachwuchs von null bis 16 Jahren. *Marienplatz 11, 80331 München-Altstadt, T: 236910, ludwigbeck.de*

[ma:1]

Es gehört glücklicherweise inzwischen zum guten Ton, sich Nachhaltigkeit und fairen Produktionsbedingungen zu verschreiben. Nicht immer wird es so klar gelebt wie bei Angela Martens. Sie schneidert Mädchen und Frauen die Kleider auf den Leib. Kein Stoffverschnitt, keine Überproduktion, individuelle Wünsche werden berücksichtigt – das ist nachhaltig und fair. Ihre wunderschönen Kommunionskleider, Taufkleider oder Blumenmädchenkleider können nach dem Anlass als Sommerkleider hervorragend weitergetragen werden. Die Schnitte sind klassisch, die Stoffe hochwertig und alle Stücke kindertauglich, sodass darin getobt, gelacht und gespielt werden kann. *Rothmundstr. 6, 80337 München-Isarvorstadt, T: 0179-4873888, ma-eins.de*

Marie Morenz

Stil kann man nicht kaufen? Bei Marie Morenz schon. Ihre Kleider für Kinder sind von klassischem Design, verbinden dabei Zeitgeist und Traditionsbewusstsein, vergessen jedoch niemals die Alltags-Ansprüche, welche Eltern an die Kleidung ihrer Kinder beim Spielen und Toben stellen. Dass der Großteil ihrer Kollektion in Deutschland produziert wird, gehört ebenso zur Philosophie der Marke wie der Sinn für Qualität von Material und Verarbeitung. *Rumfordstr. 4, 80469 München-Isarvorstadt, T: 23000280, mariemorenz.de*

Milchtiger

Nachhaltiger Konsum bedeutet auch, am besten regionale Produkte zu nutzen. Dies gilt auch für Lederschühchen für Krabbelkinder oder Lauflerner:innen, Babydecken aus Schurwolle, niedliche Mützen oder Wendekäppis, vielen weiteren Dingen für kleine wie große Kinder sowie in bester Qualität gearbeitete Taschen oder Geldbeutel aus weichem Rindsleder, die nach eigenen Wünschen angefertigt werden können. All dies findet ihr im Milchtiger-Ladenatelier im schönen Untergiesing, nah am Schyrenbad. Auch die Babyschühchen gibt es in personalized, das heißt, ihr sucht euch Motiv und Farben nach euren Vorlieben aus. Entworfen, von Hand gefertigt und verkauft werden die Stücke von Carola Nickel, die nach ihrem Kommunikationsstudium an der Münchner Modeschule ihre Nähleidenschaft zum Beruf machte. Außerdem zu haben sind schöne Dinge weiterer Labels, darunter besondere Accessoires aus Beton von Herna Studio sowie Papeterie von Frau Ottilie. Kleine, feine Dinge, die das Leben schöner machen. *Freibadstr. 26, 81543 München-Giesing, T: 41552111, milchtiger.com*

Moritz Home Collection

Im Karree von Theatinerstraße, Maffeistraße und Schäfflerstraße liegt der Schäfflerhof vis-a-vis der Fünf Höfe und so an einer der besten Adressen der Münchner Innenstadt. Passend zur Lage gestaltet sich das Angebot von Sabine und Franz Hengst. Ihr Credo: „Kindermode ohne Firlefanz, aber mit Anspruch". Dem werden sie seit über 25 Jahren gerecht. International renommierte Designlabels wie Marc Jacobs, Chloé, Balmain, Dsquared2 Kids, Liu Jo, Scotch & Soda sind hier ebenso mit ihren Kinderlinien vertreten wie junge Designer:innen. Nicht zu vergessen die außergewöhnlichen Mini-Ohrensessel für Kinder, die es so nicht oft zu kaufen und zu sehen gibt. *Schäfflerstr. 8, 80333 München-Altstadt, T: 25556970, moritzhome.de*

Murmelwald

Bei Dorothea Hall hat sich einiges getan in den letzten Jahren. Der Cafébereich ist einer gewachsenen Verkaufsfläche gewichen, um ihrem Angebot den Raum zu geben, den es verdient. Geblieben ist ihr Augenmerk auf ökologische Herstellung und faire Arbeitsbedingungen – beides liegt der Inhaberin des Murmelwaldes am Herzen. Erweitert hat sich ihr Sortiment an Kinderbüchern, süßen Geschenkideen für werdende Eltern, hübschen Accessoires, nachhaltigen Spielsachen und Kinderkleidung von kleinen, feinen Labels. Besonders beliebt unter den Spielsachen sind die Stempel von Perlenfischer, beim Textil kommt einiges vom schwedischen Hersteller Joha sowie von Frugi

aus Großbritannien. Neu gestaltet ist auch der Spielbereich mit der Holzmurmelbahn. *Schleißheimer Str. 34, 80333 München-Maxvorstadt, T: 55275060, murmelwald.de*

TIPP ## Nui Concept Store

Ihr seht viel Sinn in umweltfreundlichen, ökologisch-nachhaltigen Stoffen? Euch ist qualitative Handarbeit genauso wichtig wie faire Produktionsbedingungen? Und kleine, limitierte Kollektionen von spannenden Jungdesigner:innen zu entdecken ist eine eurer Leidenschaften? Dann seid ihr in der Volkartstraße an der richtigen Adresse, wo ihr Wunderschönes für Mamas und Geschmackvolles, Cooles wie Niedliches für Babys und Kinder findet. Garantiert mit gutem Gewissen und richtig gutem Look. Logisch, dass auch die hauseigene Kindermodemarke Nui KIDS durch ein gelungenes Zusammenspiel aus stilvollen Stoffen in wunderschönen Farben, bequemen Passformen und grafischen Designs besticht. Dass sie zum Mitwachsen konzipiert ist, unterstützt zusätzlich den nachhaltigen Ansatz von Ladeninhaberin Mercedes Diaz de Leon Felgueres. *Volkartstr. 23, 80634 München-Neuhausen, nui-conceptstore.com*

TIPP ## Nyani

Wer in Bayern einen Blick in den Kinderwagen oder Buggy eines Kleinkindes wirft, entdeckt dort mit ziemlicher Sicherheit eines – ein Stück Brezel! Inspiriert von der Laugengebäckliebe der Kleinen kam Melanie Epp einst die Idee zur Plüsch-Brezel. Inzwischen gehört das kuschelige Ding zur Grundausstattung beinahe jeder Münchner Spielzeugkiste. Es gibt sie in verschiedenen Designs mit diversen Füllungen, die dann je nach Machart wahlweise knistern, rasseln oder gar quietschen. Nyanis Brezel ist aber nur eins der vielen besonderen Produkte aus Melanie Epps Kindertextil-Linie. Bei dieser, ebenso wie bei der Trachtenlinie „Wildfang by Nyani", legt sie größten Wert auf hochwertige, ökologisch unbedenkliche, nachhaltig produzierte Teile. Die Kleidchen, Hosen, Röcke, Hemden, T-Shirts oder Pullover fallen durch ansprechende Schnitte und Designs auf. Ihr Laden führt daneben auch eine gut sortierte Auswahl an schönen Dingen für Babys und kleine Kinder von Djellycat, Moses, Djeco oder Scoot and ride. *im Forum Schwanthalerhöhe, 1. OG, Theresienhöhe 5, 80339 München-Schwanthalerhöhe, T: 15893470, nyani.de*

OKOMOi – Organic Fashion

Die originale Kinderkleidung von OKOMOi ist so frech wie farbenfroh, Tiermotive oder grafische Muster auf den ökoloisch und fair produzierten Stoffen sind bei Designerin Lena Höfer, selbst Zweifachmama, sehr beliebt.

Weitergeben!

Woran erkennt man nachhaltige Kindermode?

An anerkannten Siegeln wie GOTS, IVN, FairTrade, FairWear oder dem grünen Knopf, aber auch daran, dass Unternehmen transparent mit Infos zu Materialien und Produktion umgehen. Viele kennen das Siegel Ökotex Standard 100 – es steht aber nicht für Nachhaltigkeit, sondern bedeutet lediglich, dass alle Bestandteile dieses Artikels auf Schadstoffe geprüft wurden.

Welche Tipps für nachhaltigen Kleiderkauf hast du für Eltern?

Das Nachhaltigste, was wir tun können, ist das zu nutzen, was bereits vorhanden ist. Secondhand bzw. Upcycling ist nachhaltiger als ökofaire Mode, die neu produziert wird. Mein Tipp: Sucht euch feste Kinderkleidungs-Tauschpartner:innen in Kita oder Schule!

Was wünschst du dir für eine nachhaltigere Kleidungsbranche?

Von Unternehmen mehr echte Aufklärung, Transparenz, Fokus auf Qualität und faire Löhne. Von Konsument:innen mehr Verantwortungsbewusstsein dafür, dass ihr Kauf ein Stimmzettel ist. Kaufen sie fairer oder mehr Secondhand, wird das die Unternehmen pushen. Von der Politik die Weichen, damit beides baldigst möglich wird.

Janine Dudenhöffer

Janine ist als Personal Stylistin mit nachhaltigem Ansatz tätig. „Kleiderschrankshopping" nennt sie es, wenn sie aus dem, was sie bei euch im Schrank vorfindet, neue Kombinationen stylt, auf die ihr selbst so vielleicht nicht gekommen wärt.

the-sustainable-stylist.com

Janines Tipps für Plattformen:
instagram.com/pomkaland
bubblemumsociety.com
instagram.com/jimmi_wow
instagram.com/minibazaar.berlin

Neben der Optik spielt die Funktionalität eine große Rolle. Freilich achtet sie bei ihrer kindgerechten, bequemen Wohlfühlkleidung auf sozial verträgliche Standards. Ihre selbst entworfenen Teile kann man daher ebenso guten Gewissens kaufen wie alle anderen Dinge von Labels, die ihrem Geschmack wie Anspruch gerecht werden. Dazu gehören Rucksäcke, Tassen, Spielsachen von Fresk, OMM Design, Maileg oder Poco Nido. Dafür lohnt sich ein Ausflug in die Brudermühlstraße allemal. Einen gut sortierten Onlineshop gibt es auch. *Brudermühlstr. 1, 81371 München-Sendling, T: 23961212, okomoi-shop.com*

Pebbles loves me

Wer bei Pebbles an das kleine Mädchen aus „The Flintstones" denkt, liegt richtig. Sie ist Namensgeberin des bezaubernden Concept Stores, mit dem sich Sabrina Guthmann einen lang gehegten Traum erfüllte. Bei ihr finden nur Mode- oder Accessoires-Labels den Weg ins Sortiment, die ihr selbst richtig gut gefallen. Vorrangig sind das kleine Brands, die Wert auf Individualität und ebenso auf Nachhaltigkeit legen und die man sonst nicht so oft in München findet. *Ismaninger Str. 98, 81675 München-Bogenhausen, T: 18926298, pebbleslovesme.de*

Petit Bateau

Ein französischer Kinderreim war einst namensgebend für dieses Label, das vor allem für seine Kindermode bekannt ist, die auch in vielen schönen Münchner Shops zu finden ist. Alle zeitlosen Teile vom Strampler bis zum Schneeanzug gibt es in der offiziellen Boutique von Petit Bateau. Neben dem allseits beliebten Ringellook gibt es noch mehr hübsche Teile mit dem kleinen Boot für alle Altersklassen. *Weinstr. 11, 80333 München-Altstadt, T: 2426860, petit-bateau.de*

petit faune

Stilecht an der teuersten Einkaufsstraße, der Maximilianstraße, gelegen, bietet das petit faune seit 1976 High Fashion für Kinder. Ein wenig versteckt in einer Passage, muss man den Weg dorthin erst finden. Dann eröffnet sich eine Welt der guten Stoffe, toller Qualitäten und luxuriöser Marken – alles für Kinder von null bis 16 Jahren. Top-Adresse für Fans von Armani, Burberry, Moncler, Cavalli oder Fendi. *Maximilianstr. 32, 80539 München-Altstadt, T: 299688, petitfaune.de*

Phelinchen Fashion Boutique

Wenn es um Fashion geht, fällt der Apfel oft nicht weit vom Stamm. Ein Glück für die Sprösslinge modeaffiner Eltern, dass viele Luxuslabels eigene Kinder- und Jugend-linien herausbringen. Elena Hoffmann und ihr Team kuratieren das Angebot der Boutique mit herausragender Expertise sowie viel Liebe zum Detail. Ein gutes Gespür für den Zeitgeist kann die Inhaberin dank jahrelanger Erfahrung im Bereich Design und High Fashion vorweisen. Bei Phelinchen werden die Wünsche modebewusster Frauen ebenso bedient wie die des Nachwuchses. Von ganz klein bis ins Teenager:innenalter kann man diesen hier in Schönes von Chloe, Karl Lagerfeld, DKNY, Diesel, The Marc Jacobs Kids, Bellerose oder Scotch & Soda einkleiden. *Planegger Str. 64, 81241 München-Pasing, T: 82087126, phelinchen.de*

Rapunzel

Sicher würden uns viele der Kindersachen, die hier 1977 an den Stangen hingen, heute wieder gut gefallen – auf sage und schreibe mehr als 45 Jahren Ladengeschichte schaut Rapunzel bereits zurück und darf sich somit ältestes Geschäft für Kinderkleidung in Haidhausen nennen. Auf kleiner Verkaufsfläche schafft es die Betreiberin beständig, ein Sortiment anzubieten, das sich sehen lassen kann. Eltern kaufen dort für ihre Kinder robuste Outdoor-Kleidung von Minymo, Schönes von Hust & Claire, Cremie oder von Bio-Modelabels wie Enfant terrible oder Kite. Zudem werden auch individuelle Accessoires nach Maß angefertigt, darum kümmert sich Schneidermeisterin Jennifer Danner. *Preysingstr. 67, 81667 München-Haidhausen, T: 4484316, rapunzel-kinderkleider.de*

TIPP Spielplatzkind

Nomen est omen – im Spielplatzkind steht alles unter dem Motto: Es gibt kein schlechtes Wetter, nur die falsche Kleidung! Damit eure Sprösslinge garantiert bei jedem Matschvergnügen auf dem Spielplatz trocken bleiben, findet ihr in dem Schwabinger Concept Store alles, um sie zum Draußensein auszustatten. Premium-Outdoormarken sind hier ebenso gut vertreten wie etwas erschwinglichere, unter anderem Reima, Miniature, ISBJÖRN, Villervalla oder Huttelihut. Wer etwas von LUPACO Munich sucht, wird dank des gut bestückten Shops im Shop garantiert fündig. Langlebigkeit ist den Betreiber:innen ebenso wichtig wie Nachhaltigkeit – auch Eltern von Waldkindergartenkindern werden hier glücklich und gut ausgestattet den Laden verlassen. *Pündterplatz 2, 80803 München-Schwabing, T: 33039580, spielplatzkind.de*

TIPP Stadtkind

Zwischen Ludwig Beck und dem Petit Bateau Store liegt eine ganz besonders empfehlenswerte Adresse: das Stadtkind. Mittendrin und ganz vorne mit dabei mit zauberhaftem für die Kleinen und Großen. Schön dekoriert lockt

schon die Auslage in den Laden mit Baby- und Kinderkleidung in bester Qualität, einem feinen Schuhsortiment,
tollen Holz- und anderen Spielsachen, schicken Schulranzen, Hübschem und Nützlichem, kleinen und große Geschenken, die auf Wunsch auch liebevoll verpackt werden.
Da ist man doch gleich ganz verliebt in die Dinge von
Poudre Organic, FUB, Bobo Choses, Grimms, Jellycat,
Djeco oder Gray Label. *Marienplatz 8, 80331 München-Altstadt, T: 18944180, stadtkind-muenchen.de*

TIPP Studio 163 – Finest Cashmere

Es wäre viel zu schade, wenn Barbara und ihr Design-Team
ausschließlich in Kaschmir machen würden. Diese Schnitte,
diese Stoffe! Ein Glück, dass STUDIO163 seine Kollektion
erweiterte und inzwischen auch Kleider, Röcke wie allerlei
Schickes-Schönes aus Tencel, Seide oder Baumwolle
anbietet. Niedliches für Kinder wie Babys findet sich weiterhin im Sortiment. Ihr helles Ladengeschäft, ist ein absolutes Must beim Bummel durch das Glockenbachviertel.
*Jahnstr. 25, 80636 München-Isarvorstadt, T: 18928267,
studio163.de*

Süßling

Einen Laden wie das Süßling sollte jedes Viertel haben.
Einen Ort, an dem es neben hochwertigen Schuhen
für Groß und Klein stylische Klamotten für Kids, Jugendliche und die Mamas, Tanten oder Großmütter gibt. Abgesehen von der exzellenten Kleider- sowie Schuhauswahl
findet ihr hier stilvolle Wohn-Accessoires, Handschuhe,
Taschen, Geldbeutel, Tücher und wovon ihr sonst noch so
träumt. *Sollner Str. 47, 81479 München-Solln, T:79086516,
suessling-muenchen.de*

Thierchen – Atelier für Kindermode

Wie der Name schon vermuten lässt – Thierchen ist eine
etwas altertümliche Schreibweise von Tierchen. Denn
Inhaberin und Designerin Constanze Mehler lässt sich für
ihre Schnitte und Muster gerne von der kunterbunten
Welt der Tiere inspirieren. Die fröhlichen und bunten Krea-
tionen werden beinahe ausschließlich in ihrem Atelier
mitten im Glockenbachviertel sorgfältig von Hand hergestellt. Dabei achtet sie besonders auf die Qualität
der Stoffe und den hohen Tragekomfort der Schnitte.
Ob süße Schlupfhosen, niedliche Mützchen oder hübsche
Kleider – bei Thierchen lassen sich Kinder schön einkleiden. Und wenn man nicht das entdeckt, was einem vorge-
schwebt hat, können die eigenen Vorstellungen auch
bei Constanze in Auftrag gegeben werden. *Hans-Sachs-
Str. 15, 80469 München-Isarvorstadt, T: 266776,
thierchen.com*

TIPP WiLLi the Label

Kurz gesagt: WiLLi the Label stickt Kinderzeichnungen auf
hochwertige Kleidungsstücke – zum Verlieben cool! Angefangen hat alles mit den Bildern von Gründerin Utes
Sohn Willi, der verdammt gut zeichnen kann. Und weil Ute
und ihre Freundin Alex als Kreative bei einer Modezeit-
schrift arbeiteten, lag es nahe, die Zeichnungen auf Textil
zu bringen. Aus der Idee entstand das Label und dann kam
noch der Laden dazu. Hier kann man entweder die ultra-
coolen Shirts und Pullis von der Stange kaufen oder den
künstlerischen Output der eigenen Kinder präzise gestickt
auf der gewünschten Kleidung verewigen lassen. Parallel
zur Isar, direkt gegenüber von Münchens beliebtestem Kiosk
an der Reichenbachbrücke, lockt der Laden zu WiLLi the
Label außerdem mit witzigen Geschenkideen. *Auenstr. 2a,
80469 München, T: 45204409, willithelabel.com*

Kinderschuhe

Der Kinderschuh

Ausmessen ist gut – aber Anprobieren ist besser! Das macht
hier besonders viel Spaß: Ein großes Sortiment von über
40 Marken und Verkaufsflächen gestaltet wie ein Spielplatz
machen den Kinderschuhkauf an beiden Standorten zum
entspannten Erlebnis für die gesamte Familie. Um die passenden Schuhe kümmern sich gut geschulte Mitarbeiter:in-
nen. *Kochelseestr. 10, 81371 München, T: 7243485, Karl-Theo-
dor-Str. 42, 80803 München, T: 337477, Kochelseestr. 10,
81371 München-Sendling, T: 7243485, kinderschuh.de*

TIPP der kleine Knurrhahn

Mehr als diese Adresse braucht es eigentlich nicht, um
Kinder vom Laufenlernen bis zum Erwachsenwerden
mit gutem Schuhwerk für alle Gelegenheiten auszustatten. Genau genommen sind es zwei Läden, die sich im
selben Haus befinden – im Vorderhaus werden im „Ganz
kleiner Knurrhahn" die Minis mit den ersten Lauflernschu-
hen bis Größe 25 versorgt, im idyllischen Hinterhof findet sich für größere Kinder bis Schuhgröße 41 eine
ebenso tolle Auswahl bester Marken von Aigle über Bisgaard, Ricosta, Sun San bis zu Timberland. Von garantiert
wasserfesten Gummistiefeln bis zu schicken Sommer-
sandalen, ergänzt durch bunte Accessoires und hübsche
Geschenke findet man hier einiges, was man so schnell
nicht in anderen Läden findet, auch die eine oder andere
Mutter kauft gerne für sich selbst mit ein. *Adalbertstr. 10
und 12, 80799 München-Maxvorstadt, T: 38799709,
kleinerknurrhahn.de*

Familien-bande

Mercedes Diaz De Leon ist in der Straße aufgewachsen, in der sie bis heute lebt und ihren Concept Store führt.

In Mexiko geboren, kam Mercedes im Ater von fünf Jahren nach Deutschland, seitdem sie 13 ist, lebt sie in der Volkartstraße. Hier ist der Lebensmittelpunkt der Familie, wo die lebensfrohe Modedesignerin bis heute wohnt, ebenso wie Bruder und Mutter, die als Künstlerin ein paar Häuser entfernt ihre Galerie und ihr Atelier hat. Dort hat der Nui Concept Store seinen Ursprung, den ersten Pop Up Store mit eigener Kollektion und Stücken befreundeter Designer:innen veranstaltete Mercedes in der mütterlichen Galerie. Als Reminiszenz hängt hinter ihrem Arbeitsplatz ein Kunstwerk ihrer Mutter.

Schon als Kind wusste sie, dass sie etwas mit Mode machen möchte. Nach der Modeschule führte sie ihr Weg rasch zur Kindermode, die Nui Kollektion zeugt von Mercedes' Können und Anspruch an Qualität und Nachhaltigkeit. Aber auch Kinder- und Frauenmode anderer Designer:innen findet man in ihrem charmanten Laden.

Nui Concept Store

*Volkartstr. 23,
80634 München-Neuhausen,
nui-conceptstore.com,*

Der kleine Schuh

Von Kleinkind bis Teenie – der kleine Schuh begleitet seine Kund:innen mit optimal sitzendem Schuhwerk in allen Lebenslagen. Neben der riesengroßen Auswahl an Kinderschuhen bietet der Laden im Münchner Norden viel Platz zum Spielen. Da wird der notwendige Einkauf zum vergnüglichen Familienausflug. Inzwischen bietet das Geschäft außerdem persönliche „Onlineberatung" per E-Mail oder Messanger-Dienste an und liefert die Schuhe im Umkreis zur Anprobe aus – regionales Homeshopping! Neben der umfassenden Auswahl an Schuhen gibt es ein gutes Sortiment an Funktions-Kinderkleidung wie Regen-Kombis, Schneehosen oder Strumpfwaren, dazu eine spezieller Beratung für Eltern von Walkindergartenkindern. *Baubergerstr. 49, 80992 Moosach, der-kleine-schuh.com*

TIPP GEA gehen – sitzen – liegen

Um neue Pfade zu gehen und die Welt zu erobern, braucht es Schuhwerk, das optimal passt und die Kinderfüße bei ihrer Entwicklung unterstützt. Krabbelkinder und Lauflerner:innen werden bei GEA mit erstem Schuhwerk ausgestattet, größere Kinder und Erwachsene können aus einem umfangreichen Sortiment wählen. Das Österreicher Unternehmen engagiert sich nicht nur in puncto Fußgesundheit, sondern auch für einen verantwortungsvollen Umgang mit Mensch und Umwelt. Aber es heißt ja nicht nur gehen, sondern auch sitzen und liegen, folgerichtig findet ihr zudem Möbel bei GEA. Wer auch beim Kinderwagen ökologisch sein möchte – die Modelle von Naturkind findet ihr in beiden Läden in München. *Weißenburger Platz 1, 81667 München-Haidhausen, T: 52032020, Amalienstr. 71, 80799 München-Maxvorstadt, T: 46227603, gea-waldviertler.de*

Geiger Kids

Nichts ist beim Kauf eines Kinderschuhs wichtiger als eine umfassende und gute Beratung. Hier wird dafür gesorgt, dass jeder kleine Fuß seine passende Sohle findet – und zwar auch dann, wenn der Nachwuchs noch nicht selber sagen kann, wo es drückt. Denn bei Geiger KIDS gibt es geschultes Personal, das sich genau darum kümmert. Geführt werden Marken wie Superfit, Ricosta, Kamik, Primigi, Bisgaard, Sketchers, Lurchi und Balduggi. *Leibstr. 17, 85540 Haar, T: 42002679, geiger-schuhe.de*

KinderSchuhKlub

Neben dem physischen Fußabdruck ist beim Schuhkauf auch der ökologische Fußabdruck von Bedeutun. Nicht nur die Frage, wie der Schuh aus orthopädischer Sicht passt, will beantwortet werden. Es stellen sich auch die Fragen: Woraus besteht er? Wo wurde er gefertigt? Wurde auf Umweltfreundlichkeit geachtet? Um Antworten zu finden, lohnt ein Besuch beim KinderSchuhKlub. Dort stimmt Auswahl und Beratung, obendrein wird den Hersteller:innen genau auf die Finger geschaut. Nachhaltigkeit sowie Umweltfreundlichkeit sind den Inhaber:innen ebenso wichtig wie Passform, Herstellungsart, hochwertige Verarbeitung und Materialien. *Wasserburger Landstr. 186, 81827 München-Trudering, T: 30705894, Augsburger Str. 16, 82110 Germering, T: 89460388, kinderschuhklub.de*

Oselot Kinderschuhe

Durch Pfützen hüpfen, über Wiesen flitzen oder über Waldboden wandern – das Oselot Team hilft bei der Auswahl des richtigen Kinderschuhs und stellt sicher, dass es bei all den Abenteuern nirgendwo drückt. Die bei Oselot bevorzugten Modelle sind aus feinem Leder mit flexiblen Sohlen, die zudem den ästhetischen Wünschen anspruchsvoller Kund:innen entsprechen. Dazu gehören unter anderem Froddo, Naturino, clic!, Bisgaard, Vado und Viking für Draußenabenteuer. *Josef-Retzer-Str. 44, 81245 München-Pasing, T: 80070959, oselot.de*

Schmid

Wer es schafft, sich mit mehr als 50 Filialen in Deutschland zu platzieren, muss wohl vieles richtig machen. Seit mehr als drei Generationen steht Schuh Schmid für Qualität sowie fachkundige Beratung – auch bei Kinderschuhen, die man hier von Marken wie Pepino, Lurchi oder Geox findet. Denn kindgerechte Schuhe, ein hohes Maß an Qualität und die optimale Passform sind die Basis gesunder Kinderfüße. Da diese so unglaublich schnell wachsen, wird ein Rabatt von 20 Prozent auf ein Paar Kinderschuhe eingeräumt, wenn die Kleinen sechs Mal im Jahr ihren Kinderfußmessspass gezückt haben. *Riesstr. 61, München, T: 143329190, Münchner Str. 173, 85757 Karlsfeld, T: 08131-299360, schuh-schmid.com*

Sohletti

Der Kinderschuhbedarf im bekanntlich kinderreichen Glockenbachviertel ist riesig und so finden unentwegt kleine Füße ihren Weg in das Lädchen mit der guten Lage, direkt neben dem beliebtesten Spielplatz der Gegend. Auch sonst stimmt dort alles: Es wird auf ökologische Produktion im europäischen Raum geachtet, jeder Kinderfuß wird sorgfältig ausgemessen und im Sortiment sind so beliebte Marken Kavat, Naturino, Ricosta, Froddo, Acebos, Telyoh, Lowa, Bergstein oder RAP vertreten. *Am Glockenbach 11, 80469 München-Isarvorstadt, T: 18985289, sohletti-kinderschuhe-am-glockenbach.business.site*

Tausendfüssler

Kein Fuß gleicht dem anderen – und deshalb ist es umso wichtiger, sich bei der Auswahl der passenden Kinderschuhe Zeit zu lassen. Das nette Team berät gerne rund um das umfangreiche Sortiment, das Schuhwerk von clic!, Gallucci, Primigi, Naturino, Froddo, Super Fit, Telyoh, Acebo's oder Naturalworld umfasst. Schöne Dinge wie Spielzeug, Kinderbesteck oder Regenschirme werden auch verkauft. *Naupliastr. 81, 81545 München-Harlaching, T: 64280198, kinderschuhe-tausendfuessler.de*

Willibald – Schuhe für Kinder

Kleine Zehen brauchen genügend Platz zum Wackeln, Wachsen, Laufen und Rennen. Das Wachstum und die Entwicklung der Füße sollen unterstützt werden, auf keinen Fall aber gestört oder gar behindert. Bequeme Lauflernschuhe, Ballerinas für den Sommer oder coole Sneakers zum Herumtoben – dank der großen Auswahl ist bestimmt für alle etwas Passendes dabei. Praktisch: Hier werden auch Mamas fündig, das Angebot geht bis Größe 42. *Willibaldplatz 1, 80689 München-Laim, T: 58929454, willibald-kinderschuhe.de*

Secondhand

Das Engelhaus

Ein ausgewähltes Secondhand-Sortiment zu fairen Preisen neben Neuware in Bio-Qualität – das bietet Sally Salzmann in ihrem Laden in der schönen, grünen Au. Neben bestens erhaltener Kleidung und schicken Schuhen könnt ihr hier auch Spielzeuge, Bücher sowie Selbstgenähtes oder nette Mitbringsel erstehen. Damit die Eltern in Ruhe shoppen können, gibt es eine bestens ausgestattete Spielecke. Außerdem hat sich in den letzten Jahren ein „Onlinehandel" etabliert, indem Sally ihre schicken Schnäppchen auf Instragam oder Facebook zeigt. *Pilgersheimerstr. 2, 81543 München-Giesing, T: 01577-2876693, dasengelhaus.com*

Kinder-Secondhand

Wenn der Nachwuchs seinen Kleidern schon wieder entwachsen ist, finden sich hier echte Schnäppchen, mit denen man sie wieder ausstaffieren kann. Der Laden schafft es hervorragend, auch auf kleinem Raum ein riesiges Sortiment anzubieten. Nicht nur Baby- und Kinderbekleidung bis Größe 152 schaffen es ins Sortiment, sondern auch gut erhaltene Buggys, Kinderwagen, Spielsachen und Schuhe. *Rosenheimer Str. 187, 81671 München-Ramersdorf, T: 69372928, secondhand-kind.com*

Kinderkram

Wer in dem Secondhand-Laden des Sozialdiensts katholischer Frauen München e.V. hinter der Kasse steht oder im Verkauf berät, tut dies ehrenamtlich. Die guterhaltene Kleidung für Kinder von null bis sechs Jahren, das Spielzeug, die Kinderbücher und Ausstattungsgegenstände stammen aus Spenden. So kann der ganze Gewinn in soziale Projekte des Vereins für bedürftige Frauen und Kinder fließen. So schont ihr mit dem Einkauf hier nicht nur euren eigenen Geldbeutel, leistet einen Beitrag für die Umwelt, indem ihr Gebrauchtes statt Neuproduziertes erwerbt, sondern tun direkt noch was Gutes. *Kidlerstr. 34a, 81371 München-Sendling, T: 7298944811, skf-muenchen.de*

Klamöttchen

Allseits beliebte Marken wie Petit Bateu, Finkid oder Mini Boden, die sich durch gute Qualität sowie Langlebigkeit auszeichnen, sind bei Stephanie Heikes im Klamöttchen zu erstehen. Zu finden ist der kleine Laden gegenüber vom großen Spielplatz beim Gollierplatz. Auf wenigen Quadratmetern tummelt sich Stephies feine Auswahl an hochwertigen und bestens erhaltenen Kinderkleidern in den Größen 56 bis 146, Kinderschuhe in allen Varianten, Bilderbücher und hochwertiges Spielzeug aus zweiter Hand. *Gollierplatz 12, 80339 München-Schwanthalerhöhe, T: 0152-02906051, klamoettchen-secondhand.de*

Romy's Room

Hier kommt nur Gebrauchtes an die Stange, das für stilvoll befunden wird. Eltern, die gern auf High Fashion-Labels zurückgreifen und Sinn für Secondhand haben, sind bei Romy's Room goldrichtig. Mit einem besonders guten Blick für Stil und Qualität arrangiert die Inhaberin ihre Ware, die sie in ganz Europa einkauft. Preloved Ware von Missoni, Burberry, Prada Kids oder Little Marc Jacobs baumelt neben einer feinen Auswahl an Neuware. *Seitzstr. 13, 80538 München-Lehel, T: 0177-2077000, romysroom.de*

Spielwaren

BlueBrixx Store München

Man nenntsie „Klemmbausteine" oder „Noppenbausteine" – wir alle kennen sie in Form der dänischen Marke LEGO. Kompatibel dazu sind die Steine von BlueBrixx, die sich allerdings weniger zum Spielen für Kinder eignen, sondern eine große Vielfalt für kleine und große Modellbauer:innen bieten. Diese erfreuen sich daran, Klassiker aus Architektur, Fahrzeugwelt oder Raumfahrt nachzubauen. Im

Schöner schreiben

—

Lieblingsläden für Papeterie-Fans

1

pleased to meet

Bundesweit unter Fans schöner Papierwaren bekannt, haben Münchner:innen das Glück, dem pleased to meet-Studio im Glockenbachviertel einen Besuch abstatten zu können und die hübschen Drucke, Karten und Notizblöcke, aber auch ein paar ausgewählte Wohnaccessoires persönlich in Augenschein nehmen zu können. *Hans-Sachs-Str. 18, 80469 München-Ludwigtvorstadt-Isarvorstadt, pleasedtomeet.com*

2

CARTA PURA Papierladen

Am Laden in der Maxvorstadt steht schlicht „Papierladen" und genau das findet man: wunderschöne Papiere in allen erdenklichen Farben, Größen, Grammaturen und Strukturen. Auch fertige Buchblöcke und Zubehör, um eigene Büchlein zu gestalten, bekommt man hier. *Schellingstr. 71, 807 München-Maxvorstadt, T: 2881130, cartapura.de*

3

Gmund Papiershop

Der nächste Ausflug an den Tegernsee lässt sich damit verbinden, das Gmunder Qualitätspapier direkt vom Hersteller zu kaufen. Unmittelbar neben der Fabrik gelegen, kann man in dem Papiershop durch die riesige Auswahl stöbern. *Mangfallstr. 5, 83703 Gmund am Tegensee, T: 08022-750011, gmund.com*

4

Papeterie Papu

Franziska Puchner nennt ihren Laden bewusst „Papeterie für Kinder und Erwachsene – dementsprechend findet man bei ihr neben schönen Schreibwaren und Papieren auch einiges zum Spielen sowie Partyzubehör. *Kaiserstr. 46, 80801 München-Schwabing-West, T: 01577-1968419, papeteriepapu.home.blog*

5

Bogenhauser Schreibwaren

Vor allem von kleineren Labels stammen die ausgewählt schönen Dinge aus Papier und einiges anderes, das ihr in der kleinen Schatzkammer von Amelie und Theresa Klotz bestaunen und erwerben könnt. Auch Schulkinder lassen sich hier prima mit Schreibwaren ausstatten. *Ismaningerstr. 77, 81675 München-Bogenhausen, T:980207, bogenhauser-schreibwaren.de*

BlueBrixx Store werden daneben weitere Baustein-Marken von Achko bis ZHE GAO geführt. *im Forum Schwanthalerhöhe, Theresienhöhe 5, 80339 München-Schwanthalerhöhe, bluebrixx.com*

TIPP Brauseschwein

Der etwas versteckte Laden in Neuhausen ist ein Traum für Klein und Groß. Für die Schultüte, den Adventskalender, das Mitgebsel-Säckchen beim Kindergeburtstag oder einfach so als nette Geschenkidee gibt es hier witzige Radiergummis in allen Formen und Varianten, Murmeln und altmodisches Blechspielzeug. Außerdem ist die Auswahl an Süßigkeiten geradezu paradiesisch. Wer hier einkauft, darf sich über farbenfrohen Krimskrams, ausgefallene Spielzeuge sowie witzige Kleinigkeiten freuen. Wir sagen nur: bunt, bunter, Brauseschwein – ein Kindertraum auch für Erwachsene! *Frundsbergstr. 52, 80637 München-Neuhausen, T: 13958112, brauseschwein.de*

Der Würfel

Um für seine Kund:innen ein vielfältiges, hochqualitatives, aufregendes, lustiges und spannendes Sortiment an Kinderspielzeug bereitzuhalten, stöbert das Team auf Messen, wälzt Kataloge und spricht mit zahlreichen Vertreter:innen. Diese Passion spürt man beim Betreten des Ladens, in dem unzählige Mobiles an der Decke hängen, es nach Büchern riecht, Plüschtiere einem entgegenschauen und Schränke, Regale sowie Kisten unzählige Überraschungen bergen. Hier bekommt ihr alles – von Spielen und Stofftieren über Puppenhäuser, Ritterburgen bis hin zu Büchern und Bastelzeug. *Sollner Str. 45, 81479 München-Solln, T: 7499123, derwuerfel.de*

Die Spielzeugkiste

Wie der Name schon verrät: Hier geht es vorrangig um alles, was das Kinderspieler:innenherz von begehrt. Damit beim nächsten Geburtstag garantiert auf dem Gabentisch das richtige Geschenk liegt, bietet die Spielzeugkiste eine Geburtstagskiste an. Toll, dass Eltern sich hier ebenso mit Schreibwaren für den Schulbedarf eindecken können. Die Spielzeugkiste ist der Anlaufpunkt für Kinderspielzeug im Münchner Süden. Eine Besonderheit: die Heliumballons in verschiedensten Formen, Motiven und Farben. *Wolfratshauser Str. 207, 81479 München-Solln, T: 23549599, diespielzeugkiste-solln.de*

TIPP Flügels Spiel- und Holzwerkstatt

Der nachwachsende Rohstoff spielt hier die Hauptrolle. Wer den kleinen Laden direkt am Nymphenburger Kanal betritt, findet sich zwischen wunderschönem Holzspiel-

zeug, Schaukelpferden und allerlei hübschen Kleinigkeiten wieder. An der Decke hängen traumhaft schöne Mobiles und in jeder Ecke gibt es etwas Neues zu entdecken. Bei der Auswahl des Sortiments legen die Flügels großen Wert auf hohe Qualität, pädagogischen Nutzen und faire Bedingungen. *Nördliche Auffahrtsallee 62, 80638 München-Nymphenburg, T: 177682, die-fluegels.de*

NEU KOSMOS Shop München

Für Entdecker:innen ab drei Jahren hat München seit April 2021 eine spannende Anlaufstelle im Shopping-Repertoire. Beinahe das vollständige Angebot von Kosmos gibt es im Shop zum Entdecken, Erproben und Erstehen. Vorher kann ausgiebig an den verschiedenen Probierstationen getestet werden. Neben den allseits beliebten Experimentierkästen gibt es für Nachwuchs-Detektiv:innen die drei ???- oder TKKG-Bücher und -Produkte. Außerdem jede Menge prima Spiele, Puzzles, Bücher*Thomas-Wimmer-Ring 11, 80539 München, T: 29088120, kosmos.de*

TIPP Kunst und Spiel

Die Institution in München seit vielen Jahrzehnten, genau genommen seit 1956. Die Inhaber:innen von Kunst und Spiel haben sich seit jeher zur Nachhaltigkeit verpflichtet, begründet auf der Idee, dass die zur Verfügung stehenden Ressourcen behutsam genutzt werden sollen. Was man hier kauft, besteht fast ausschließlich aus Materialien wie Holz, Wolle, Textil oder Metall und hält bestenfalls mehrere Generationen. Im Angebot finden sich neben den hochwertigen Spielwaren auch nachhaltige Baby- und Kinderbekleidung bis Größe 140, Bücher, eine breite Auswahl an Bastelmaterialien und schöne Geschenkartikel, an denen sich auch Erwachsene erfreuen. Viel, viel mehr als nur ein Spielzeugladen! *Leopoldstr. 48, 80802 München-Schwabing, T: 3816270, kunstundspiel.de*

myKäfer

Kinder lernen im Spiel – in der Kinderküche beim Kochen, mit Holzgemüse, beim Basteln mit Schere, Papier und Kleber, beim klassischen Gesellschaftsspiel oder beim Türme bauen mit Klötzen. Das ganze Repertoire zum Spielen und Gestalten, dazu Nützliches wie Außergewöhnliches für Kinder bietet mykäfer in Großhadern seinen kleinen Kund:innen. *Heiglhofstr. 4a, 81377 München-Hadern, T: 32490464, mykäfer.de*

TIPP Nauli & Stories

Die Geschichte von Nauli & Stories begann bei Etsy, wo die beiden Schwestern Eva-Dewi und Johanna Pangestian Harahap ihre handgemachten Papeterie-Kleinode verkauften. Seit 2018 kann man ihre schönen Fotoalben, Notizbücher, Schachteln und preisgekrönten Kabelkisten in dem eigenen Concept Store begutachten. Doch es gibt noch viel mehr in dem hübschen Laden zu entdecken, der sich übrigens in direkter Nachbarschaft zum Kinderschuhladen „Der kleine Knurrhahn" befindet. Auch bei der Auswahl des übrigen Sortiments beweisen die beiden kreativen Frauen Geschmack und Gespür für besondere Stücke. Geboten sind erfrischende Designs kleiner Labels aus dem Münchner Umland oder der Etsy-Kolleg:innen, die sich um Abwechslung in der Spielzeugkiste und bei den Wohnaccessoires bemühen. Nicht zuletzt machen tolle DIY-Bastelsets und eine super Auswahl an Spielen und Spielsachen es zu einem tollen Spot, um Geschenke für Klein und Groß zu finden. Der Laden bietet viel Auswahl, aber wenn ihr etwas Bestimmtes von Nauli haben möchtet, das ihr online gesehen habt, kontaktiert sie vorher, damit es dann auch sicher vor Ort sein kann. *Adalbertstr. 10-12, 80799 München, T: 0179-4838022, nauliandstories.com*

Obletter

Ein wenig Nostalgie darf sein, zwar gehört das Spielwarengeschäft, seit 1825 am Münchner Stachus, inzwischen zur Drogeriekette Müller, eine Spielwareninstitution ist es dennoch geblieben. Schon von Weitem lassen die rot leuchtenden Lettern einen in Erinnerungen schwelgen. Wer hier aufgewachsen ist, suchte schon in Kindertagen seine Schätze dort in den Regalen aus. Und wer nach einer großen Auswahl der gängigen Spielzeugmarken sucht, wird auch heute noch fündig. *Karlsplatz 11/12, 80335 München-Altstadt, T: 55089510, mueller.de*

Peters Spielkiste

Ene, mene, miste, es rappelt in der Spielkiste! In dem Inhabergeführten Spielwarengeschäft treffen quietschbunte Badeentchen auf Brettspielklassiker. Peter Böhm berät kompetent und hilfsbereit zu jedem Stück in seinem Sortiment. Wer auf der Suche nach klasse Kinderspielzeug in der Spielkiste landet, wird so bestimmt nicht mit leeren Händen nach Hause gehen. *Gebhardweg 1, 81247 München-Obermenzing, T: 89137770, petersspielkiste.de*

Sapino – Spiel, Sport, Therapie

Bewegung ist für Kinder so wichtig wie die Luft zum Atmen oder gesunde Ernährung. Da wundert es nicht, dass Margarete Tannenbaum in ihrem Reich den Dreiklang aus Spiel, Sport und Therapie vereint. Der Spielzeugladen ist an einen Massage- und Pilatesraum angeschlossen. Das erklärte Ziel der Inhaberin und ausgebildeten Rückenschulleiterin: Wohlfühlmomente zu schaffen, eine Oase fernab des Alltagstrubels zu sein. Vorne im Verkaufsraum findet man neben allen möglichen Spielwaren von Bauklotz bis zur Handpuppe viel Motorik- und Bewegungsspielzeug. *Balanstr. 10, 81669 München-Haidhausen, T: 4801122, sapino.eu*

sent from heaven

Obwohl Obersendling bereits 1900 eingemeindet wurde, hat es sich seinen beinahe dörflichen Charakter an vielen Ecken erhalten können. Der niedliche Kinderladen passt mit seinem bunten Sortiment für Kinder bis ins Grundschulalter gut hierher. Von knalligen Brotzeitdosen und wundervoller Schultüten bis hin zu pastelligen Glitzerstiften und witzigen Kartenspielen gibt es hier jede Menge schöner Sachen. *Danklstr. 8, 81371 München-Sendling, T: 20926225, sentfromheaven.de*

Steiff Store

Wunderschön in einem denkmalgeschützten Haus warten Teddys & Co. mit dem obligatorischen Knopf im Ohr auf neue kleine Besitzer:innen. Am Wittelsbacherplatz im Flagshipstore versammeln sich Kuschel- und Schmusetiere, Babyartikel, fröhliche Kindermode sowie als besonderes Highlight eine Auswahl an Studiotieren in Originalgröße. Das Obergeschoss beherbergt die exklusive Sammler:innenwelt. Und um das Leben auch im Münchner Westen etwas kuscheliger zu machen, hat Steiff in den Pasing Arcaden eine Dependance eröffnet. Hier sagen sich Bär, Tiger, Löwe, Pferd, Katze, oder Maus guten Tag. Außerdem zu finden: Spielzeug, Textilien, Schuhe sowie Sondereditionen und limitierte Repliken. *Brienner Str. 9, 80333 München-Maxvorstadt, T: 55284006, Pasinger Bahnhofsplatz 5, 81241 München-Pasing, T: 87765890, steiff.com*

TIPP Toms Spielzeugladen

Kaum zu glauben, dass das Lieblingsviertel hipper Großstädter:innen in München – das Glockenbachviertel – lange keinen festen Spielzeugladen für größere Kinder hatte. Dann kam Tom! Erst mit seinem mobilen Stand auf dem Klenzemarkt, später mit diversen Pop-Ups, bis 2019 endlich der feste Laden in der Müllerstraße eröffnete. Seitdem zeichnet sich dieser durch ein besonders ausgewähltes Angebot aus. Neben Klassikern wie Kapla und Brettspielen findet ihr hier antroposophisches und Fair Trade-gehandeltes Gummibaumholz-Spielzeug. Sein Bestseller ist der fast unzerstörbare Segelflieger Felix IQ mit Looping aus Nürnberg. Außerdem stehen spaßige Outdoor-Spiele neben handgestrickten Babyrasseln aus Paris im Regal. *Müllerstr. 50, 80469 München, T: 0177 7505444, shop.tomsspielzeugladen.de*

DREI
FRAGEN
AN...

**Marie Zeisler und
Isabel Robles Salgado**

Marie und Isabel betreiben zusammen nicht nur little years, die
digitale Plattform für moderne
Eltern, sondern haben auch
„Fifty-fifty-Eltern: Raus aus der
Mama ist für alles da Falle. So
gelingt euch die gleichberech-
tigte Elternschaft" geschrieben.
Beides unbedingt lesenswert!

littleyears.de

Gemeinsam geht's besser

Was hindert Familien an gleichberechtigter Elternschaft?

Es gibt viele Fallstricke vom Gender Pay Gap bis zu gesellschaftlichen Erwartungen. Uns ist aber ganz wichtig:
1. Man kann in jeder Phase der Beziehung den Schalter
umlegen und für mehr Gleichberechtigung sorgen.
2. Jede Familie ist anders. Es muss nicht immer streng
50/50 sein, man muss nicht zwingend die Stunden akkurat aufteilen. Aber die Bedürfnisse und Wünsche des:der
anderen zu sehen, wahrzunehmen und zu unterstützen
– das ist immer die Basis.

Was sind die Vorteile einer 50/50-Aufteilung?

Wir glauben fest daran, dass es für die Eltern-Beziehung
gut ist, wenn beide Elternteile das Leben mit Kindern
und Haushalt kennen, wissen, wie anstrengend ein Tag
mit Kindern sein kann. Eigentlich wünschen sich alle
Eltern „alles": Zeit mit den Kindern, berufliche Entfal-
tung, finanzielle Sicherheit und genug Zeit für sich
selbst. Das kann man am besten mit einer guten Aufteilung erreichen – dazu gehören natürlich auch unbeliebte
Aufgaben. Aber am Ende profitieren in der Regel alle!

Was braucht es für eine familiengerechtere Welt?

Abschaffung des Ehegattensplittings – es ist einfach
ungerecht Familien gegenüber (die ja sehr divers sind!),
denn hier wird die Ehe und nicht die Tatsache, dass
man Kinder versorgt, subventioniert. Die Elternzeit auf-
zuteilen ist ein wichtiges Fundament für eine gleichbe-
rechtigte Partnerschaft, wir finden sogar Pflichtmonate
für Väter keine schlechte Idee. Die Arbeitswelt sollte
für alle Eltern familienfreundlicher und flexibler werden.

Vorbilder

Jana Schützendübel und Miriam Tretter eint die Leidenschaft für gute Illustrationen und diverse Geschichten.

Die kreativen Mütter haben sich über ihre Kinder angefreundet und bald festgestellt, dass sie beide stets auf der Suche waren nach besonders schön illustrierten Kinderbüchern und Geschichten, die die Welt so divers zeigen, wie sie ist. Mehr und mehr standen sie darüber im Austausch, bis die Idee reifte, einen Kinderbuchladen zu eröffnen, der diese besonderen Bücher aus der Masse der jährlichen Neuerscheinungen heraushebt.

Durch eine glückliche Fügung konnten sie den einstigen Lottoladen mit viel Eigenarbeit in den im besten Sinne bunten Buchladen verwandeln, dessen Regale nun sorgsam kuratierte Werke rund um Diversität, Empowerment und Nachhaltigkeit präsentieren. Vor allem aber strotzt der Kuckuck vor ansehens- und lesenswerten Büchern für Kinder und Jugendliche. Mit ihrem mobilen Buchladen, dem „Zugvogel", bringen Jana und Miriam diese auch zu Festivals und anderen Events, um die Vielfalt zu feiern.

Kinderbuchhandlung Kuckuck

Kanalstr. 15
80538 München-Lehel
T: 55263546
buchhandlung-kuckuck.de

Kinderbücher und Comics

Buch in der Au

Lesen macht glücklich! Mit diesem Credo führen die Buchhändlerinnen in der Au ihr Geschäft – das inzwischen seit mehr als 20 Jahren besteht. Dort gibt es meist viel Neues zu entdecken. Im Bereich der Kinderbücher ebenso wie bei den Erwachsenen – so werden alle Familienmitglieder fündig. Zum direkt Loslesen und ein wenig die Seele baumeln lassen gibt es Platz im Laden. Besonders toll: Bestellt hier über Nacht jedes lieferbare Buch, die Lieferung in der näheren Umgebung ist ab einem Warenwert von 20 Euro sogar frei Haus. *Humboldtstr. 12, 81543 München-Au, T: 62269665, buch-in-der-au.de*

Buch Perthel – Buchhandlung am Gasteig

Die Ecke, an der sich Innere Wiener Straße und Rosenheimerstraße treffen, ist ein wichtiger Knotenpunkt und daher ein guter Standort für einen so fein sortierten Buch- und Papierladen wie es der von Herrn Perthel ist. Ein Glück, dass er und seine Angestellten ein Händchen für ansprechend dekorierte Schaufenster haben. So kann man eigentlich gar nicht anders, als hier wenigstens kurz zu stöbern ... Ein neues Kinderbuch, der aktuelle Bestseller, vielleicht eine persönliche Empfehlung der belesenen Menschen, die hier arbeiten – irgendetwas wandert immer über die Ladentheke. Hauptsache, es ist noch genug Budget im Portemonnaie für die leckere Pizza bei Pizzesco nebenan oder eine himmlische Kugel Eis bei True12 keine zehn Meter weiter. *Rosenheimer Str. 12, 81669 München-Haidhausen, T: 45879909, buchperthel.de*

Buchhandlung Horne

Die Allerjüngsten finden bei Frau Horne ihr erstes robustes Bilderbuch, während ältere Geschwisterkinder sich an der lobenswerten Auswahl an Kinder- und Jugendliteratur sowie einigen Spielsachen erfreuen können. Auch für Erwachsene gibt es hier natürlich neues Lesefutter, dazu gute Beratung und meistens nette Unterhaltung von Frau Horne höchstpersönlich. In der Wörthstraße befindet sich der Laden in bester Gesellschaft, es lohnt sich ein Bummel von Orleans- bis fast zum Johannisplatz. *Wörthstr. 18, 81667 München-Haidhausen, buchhandlung-horne.de*

NEU Buchhandlung Kuckuck

Viele Münchner Buchläden führen Kinderbücher, etliche davon haben ein gutes Sortiment. Doch mit expliziten Kinderbuchhandlungen ist die Stadt noch unterversorgt. Dies war allerdings nicht die Initialzündung für die Kinderbuchhandlung Kuckuck, sondern der Mangel an Kinder- und Jugendbüchern, die wirklich die Diversität unserer Welt widerspiegeln. Die nicht mit erhobenem Zeigfinger, sondern empathisch und authentisch die Themen unserer Zeit ansprechen, Geschichten erzählen und Vorbilder zeigen, die der Lebenswelt heute lebender Kinder und Jugendlichen entsprechen. Und die dabei nicht zuletzt schön gestaltet und nachhaltig produziert sind. Diese aus den Tausenden von jährlichen Neuerscheinungen auf dem Kinderbuchmarkt herauszufiltern, haben sich Jana und Miriam zur Aufgabe gemacht und mit viel Herzblut ihre wundervolle Kinderbuchhandlung für Illustration, Diversität und Nachhaltigkeit gegründet. Auch wer sich vielleicht bislang nicht so viel mit diesen Themen auseinandergesetzt haben mag, wird sich an der Vielfalt und Schönheit der im Kuckuck versammelten Illustrationsschätze erfreuen. *Kanalstr. 15, 80538 München-Lehel, T: 55263546, buchhandlung-kuckuck.de*

TIPP Buchpalast

Es ist fast unmöglich, das schier grenzenlose Engagement von Katrin Rüger für ihre Leidenschaft, das Buch, in wenig Worte zu fassen. Im besonderen der Bereich Jugendliteratur und Literatur für Kinder ist der Buchhändlerin eine Herzensangelegenheit. Ihre Aktionen gehen weit über Verkauf von Büchern und anderen Medien hinaus. Davon zeugen der Leseclub „Bücherfresser" , ihre Unterstützung von Kindergärten und Schulen bei der Ausstattung von Bibliotheken, Bücherbäumen oder Kindergartenkisten bis hin zu den großartigen Veranstaltungen für Kinder und Jugendliche. Im Buchpalast-Sortiment finden sich in erster Linie spannende, kleinere Verlage – ein Quell inspirierender Lektüren! *Kirchenstr. 5, 81675 München-Haidhausen, T: 54041862, buchpalastmuenchen.de*

Bücher Hacker

Ein Buchladen, besonders der im eigenen Viertel, ist ein Sehnsuchtsort, er kann eine Heimat sein. Bücher Hacker in Laim ist so eine Institution, seit 1946 gehört er zum Stadtbild dazu. Neben Belletristik liegt der Fokus besonders auf der Kinder- und Jugendliteratur. Eine ausgesuchte Ecke für Sach- und Lifestylebücher darf natürlich nicht fehlen sowie ein Sortiment an kleinen Geschenken. Das Besondere: Bei Bücher Hacker wird das Buch nicht nur verkauft, sondern auch daraus vorgelesen. In regelmäßigen Abständen finden hier Lesungen mitunter namhafter Autor:innen statt. *Fürstenrieder Str. 44/46a, 80686 München-Laim, T: 54674111, buecherhacker.de*

Comic Company

Peter Zemanns Laden gilt zu Recht als Mekka für alle, die Comics und Graphic Novels lieben. Aber auch Einsteiger:innen in die Materie werden hier kompetent beraten und an die Feinheiten dieser lange unterschätzten Literaturgattung herangeführt. 1989 gründete der Münchner seinen Laden, in dem Fans der US-amerikanischen Comics ebenso fündig werden wie Liebhaber:innen außergewöhnlicherer Exemplare aus aller Welt. *Fraunhoferstr. 21, 80469 München-Isarvorstadt, T: 2014385, comic-company.de*

Comics N'More München

Der älteste Comicladen Münchens versorgt Fans und Neugierige seit 1982 mit Comics, Graphic Novels, Action-Figuren und Merch-Produkten. Heute findet ihr hier Werke bekannter und weniger bekannter Verlage vom All Verlag bis Weissblech Comics, Genres von Abenteuer bis Western, von kindgerecht bis Erwachsenenlektüre. *Gollierstr. 16, 80339 München-Schwanthalerhöhe, T: 5028885, comicsnmore.de*

Glockenbachbuchhandlung

Lesenswertes mit dem Schwerpunkt Belletristik und Kinderbuch sind hier vorrangig zu finden. Ebenfalls in den Regalen: ausgesucht schöne Gartenbücher, aktuelle Reiseführer, packende Krimis oder ausgefallene Kochbücher. Für die Zusammenstellung ihres Sortiments geht Petra Schulz stark nach persönlichen Gesichtspunkten vor, dafür werden endlos Leseexemplare gewälzt, Verlagsvorschauen studiert und wird stets nach neuen kleinen Verlagen Ausschau gehalten. Zusätzlich liefern geschätze Kund:innen und Freund:innen Inspiration. Daraus ergibt sich eine liebevoll gehegte und gepflegte Buchhandlung, die zum Glockenbachviertel gehört wie die die Chocolaterie „GötterSpeise" oder das Arena Kino. *Hans-Sachs-Str. 11, 80469 München-Isarvorstadt, T: 2603214, glockenbachbuchhandlung.de*

Haidhauser Buchladen

„Kinder sind besonders willkommen, denn Leseförderung heißt: Bücher von Anfang berühren und betrachten". Diese Einstellung wird im Haidhauser Buchladen von Beginn an gelebt. Die Buchhändler:innen bieten kompetente Beratung auch abseits der Bestsellerlisten. Pädagog:innen werden bei der Auswahl von Klassenlektüren beraten und für Eltern und Erzieher:innen veranstaltet der Haidhauser Buchladen Büchernachmittage, bei denen empfehlenswerte Bücher für Kindergartenkinder ausführlich vorgestellt werden – tolle Sache! *Weißenburger Str. 29, 81667 München-Haidhausen, T: 4480774, haidhauserbuchladen.de*

Hugendubel

Neun Filialen im Münchner Stadtgebiet betreibt der Literatur-Filialist Hugendubel, unter anderem befindet sich der Stammsitz in der bayrischen Hauptstadt. Am Marienplatz ist das Café des Lesens besonders beliebt. Der Laden am Stachus hebt sich vor allem durch das spezielle Sortierungskonzept der Lesewelten hervor. Die weiteren Filialen in den fünf Höfen, im Westend oder in Neuhausen sind zwar etwas kleiner, zeichnen sich aber ebenso durch die exquisite Auswahl und eine fachkundige Beratung aus. Überall darf man sich auf ein feines Kinderbuchsortiment freuen. *Marienplatz 22, 80331 München-Altstadt, Stachus: Karlsplatz 12, 80335 München-Altstadt, Fünf Höfe: Theatinerstr. 11, 80333 München-Altstadt, Forum Schwanthalerhöhe: Theresienhöhe 5, 80339 München-Schwanthalerhöhe, Neuhausen: Nymphenburger Str. 168, 80634 München-Neuhausen, Perlacher Einkaufspassage: Ollenhauer Str. 6, 81737 München-Perlach, Olympia-Einkaufszentrum: Riesstr. 59, 80993 München-Milbertshofen, Riem Arcaden: Willy Brandt-Platz 5, 81829 München-Riem, Pasing Arcaden: Pasinger Bahnhofsplatz 5, 81241 München-Pasing, T: 30757575, hugendubel.de*

NEU kekz

Im April 2022 hat das Münchner Start Up seinen ersten Laden eröffnet, in dem man sich einen Eindruck von den Audioplayern für Kinder verschaffen kann. Dahinter stehen neben Mitgesellschafter Peter Maffay die beiden Gründer Carl Taylor und Adin Mumma, beides Väter, die aus den eigenen Erfahrungen mit ihren kleinen Kindern die Kekzhörer entwickelten. Dass ihre Kinder Musik und Hörspiele ohne Download, ohne Internetverbindung, ohne Kabel selbstbestimmt steuern können und das so Handy- und Internetfrei wie möglich, war die Grundidee. Gelungen umgesetzt – davon kann man sich beim Ausprobieren in Haidhausen überzeugen. *Wörthstr. 13, 80802 München-Haidhausen, T: 23544730, kekz.com*

Lehmkuhl

Man trifft sich beim Lehmkuhl, sagen Stammkund:innen. Oder einfach nur in der „Kuhle", wie Freunde des Hauses die Traditionsbuchhandlung im Herzen Schwabings liebevoll nennen. 1903 eröffnet, hat das Lehmkuhl viel erlebt. Die Institution war und ist neben einer Buchhandlung auch Theaterbühne, Vortragssaal sowie Konzertraum. Seit den 1920er-Jahren gehören Veranstaltungen dazu, das Angebot geht weit über Autor:innenlesungen hinaus. Für den Nachwuchs: Mit LehmCOOL bietet die Buchhandlung ein Lesungs-Format für junge Zuhörer:innen. *Leopoldstr. 45, 80802 München-Schwabing, T: 3801500, lehmkuhl.net*

TIPP LeseLotte

Kinderbücher begeistern selten nur die Kleinen, meist verlieben auch wir Erwachsene uns in die bunten Illustrationen und schönen Texte. So erging es auch den Betreiber:innen der Leselotte, die aufgrund der eigenen Leidenschaft für die Bücher ihrer Kinder vor 17 Jahren die LeseLotte eröffneten. Die Kinder sind inzwischen längst zu Teenager:innen geworden, die Begeisterung für Kinderbücher und Bücher im Allgemeinen ist geblieben. Deshalb gibt es auch heute noch unweit des schönen Gärtnerplatzes Stoff- und Pappbilderbücher für die Kleinsten, Bilder-, Freunde- und Vorlesebücher für Kita-Kinder und jede Menge Kinder-, Sach- und Jugendbücher für die Größeren. Alle, die zwischendurch mal basteln oder Geschichten hören wollen, kommen ebenso auf ihre Kosten. *Reichenbachstr. 30, 80469 München-Isarvorstadt, T: 13929238, leselotte-muenchen.de*

LeseLust

Bibliophilen im Münchner Süden sei angeraten, einen Abstecher in die Leselust zu wagen. Hier wird akute wie chronische Leselust fachkundig gestillt. Neben den aktuellen Bestsellerlisten legt man hier auch Wert auf Titel abseits des Mainstreams. Eine gut sortierte Kinder- und Jugendbuchabteilung fehlt selbstverständlich nicht. Besonders toll: Unter den Veranstaltungen im Haus finden sich auch Kinderbuchlesungen. *Am Bahnhof 6, 82205 Gilching, T: 08105-8727, leselust-buchhandlung.de*

Literabella Buchhandlung

Wie das Wortspiel im Namen bereits erahnen lässt, Literabella widmet sich vorrangig der schönen Literatur. Das gilt auch für das umfangreiche Angebot an Kinder- und Jugendliteratur. Eine Stadtteilbuchhandlung, wie sie im Buche steht, mit feinem Sortiment und ausgewählten Veranstaltungen für Jung und Alt. Hier bekommt ihr auch hübsche Grußkarten, Spiele sowie Accessoires rund ums Buch. *Isabellastr. 49, 80796 München-Schwabing, T: 2715976, literabella.buchhandlung.de*

Literatur Moths

Es ist schwierig in Worte zu fassen, was den Zauber dieses Buchladens ausmacht. Allein die Architektur ist schon außergewöhnlich und ausgesprochen gut auf die Ansprüche der Bücher, Bilder, Kunstgegenstände, die hier von großen wie kleinen Leser:innen gesehen werden wollen, abgestimmt. Ein perfektes Zusammenspiel von der feinen Auswahl an Büchern und Bildbänden, optimal im Raum mit Licht in Szene gesetzt. *Rumfordstr. 48, 80469 München-Isarvorstadt, T: 29161552, li-mo.com*

Phantásia Bücher & Spielwaren

Eine Kinderbuchhandlung, die so gut ausgestattet ist wie diese, ist gar nicht so leicht zu finden. Alle Bücher werden eigens auserwählt, um in den Regalen ihre großen und kleinen Leser:innen zu erwarten. Der Laden in Planegg hat neben dem Fokus auf das geschriebene Wort Tonies, Schreibwaren, Spielzeuge, Schulranzen und einiges mehr zu verkaufen. Super sind auch die Geburtstagskisten. Vorab ausgesucht, landet garantiert nur Gewünschtes auf dem Gabentisch. *Bahnhofstr. 31a, 82152 Planegg, T: 89930250, phantasia-welt.de*

TIPP Wortwahl – Salon für Buchkultur

Hinter Wortwahl steht ein Team von Freund:innen aus Kunst, Ethnologie, Schauspiel, Sprach- und Theaterwissenschaft, die Bücher lieben und sie hier präsentieren. Einfluß auf das Angepriesene haben alle Aspekte des kulturellen Lebens wie Kunst, Mode, Fotografie, Kulinarik, um nur eine Auswahl zu nennen. Auch anspruchsvolle und auffallend gestaltete Kinder- und Jugendbücher finden hier ihren Platz. Denn Kinder, die Bücher mit Anspruch erleben durften, rezipieren später leichter und lieber Kunst und Kultur – so die Erfahrung und Hoffnung. Die Freude und der Spaß beim Konsum gut gemachter Bücher spielen dabei eine große Rolle. Nicht zu vergessen, im Wortwahl hat es auch eine klasse Auswahl an kleinen Geschenken und Papeterie. *Reichenbachstr. 15, 80469 München-Ludwigsvorstadt, T: 26019311, wort-wahl.net*

Wohnaccessoires und Möbel

NEU heißeliebe

Kleine, spannende, innovative Labels gibt es glücklicherweise einige! Eine Plattform, ihre Produkte zu präsentieren, leider zu wenige. Eine Ausnahme macht die heißeliebe im Westend. Passend zum jungen Flair des Viertels stellt Phaedra hier jungen Kreativen, Designer:innen und Künstler:innen eine Fläche für ihre Produkte von Accessoires über Möbel bis zu Kosmetik zur Verfügung. Die Produktpalette wechselt häufig, daher lautet die Empfehlung; Schaut häufiger mal dort vorbei! Auf den Ladentisch schafft es jedenfalls nur, was nicht von der Stange ist und dem Anspruch von Phaedra entspricht. Alle angebotenen Labels sind von ihr auf Herz und Nieren und auf ihre Credibility geprüft. *Parkstr. 4, 80339 München-Schwanthalerhöhe, T: 0176-84868145, heisseliebe.store*

Mit Kinderblick

—

Lieblingsläden für Kinderbrillen

1

Brillen Winkler

Alle vier Filialen führen Brillen für Kinder, die bei deren Fertigstellung sogar selbst Hand anlegen dürfen. Besonders gut mit einer einzigartigen Auswahl für die kleinen Kund:innen ausgestattet sind die Filialen in Fürstenried und Großhadern. *Züricher Str. 37, 81476 München-Fürstenried, T: 7593903, Heiglhofstr. 4, 81377 München-Großhadern, T: 7409511, Engadiner Str. 2, T: 758408, 81475 München-Fürstenried, Schöngeisinger Str. 2, 82256 Fürstenfeldbruck, T: 08141-18149, brillen-winkler.de*

2

Optik Holinka

Gut sehen – gut aussehen. So lautet das Motto des Optikfachgeschäfts mit einer extra Kinderabteilung, in der behutsam und kompetent auf die besonderen Bedürfnisse von Kindern bei der Brillenauswahl eingegangen wird. Zudem gibt es einen extra kindgerechten Sehtestraum. *Landsberger Str. 507, 81241 München-Pasing, T: 883508, optik-holinka.de*

3

Leidman Rookies

Stylischer wird's nicht – die hohen Ansprüche an Design und Handwerkskunst, die bei Leidmann gelten, sieht man auch dem Ableger Rookies mit seinen edlen Brillen für den Nachwuchs an – Store wie Sortiment haben Klasse, und klar – auch ihren Preis. *Maximilianstr. 13, 80539 München-Altstadt, leidman.com*

4

Optik Trudering

Als Kinderbrillenspezialist:innen kümmern sich Anja Kolbe und ihr Team um die passende Brille schon für Babys ab dem vierten Monat. Babybrillen, Kinderbrillen, Schulsportbrillen, Sonnenbrillen für Kinder – Optik Trudering hat sie alle im Angebot. Damit der Spaß nicht zu kurz kommt, gelangen die Kids über eine Rutsche in die Kinderabteilung. *Wasserburger Landstr. 206, 81827 München-Trudering, T: 4301077, optik-trudering.de*

5

Wörle.Optik SehkraftCentrum

Die Wörle Optiker:innen sind echte Spezialist:innen auch für kompliziertere Brillen- und Kontaktlinsenfälle. Schon Babys, die eine Sehhilfe benötigen, werden hier kompetent versorgt. Besonders bei Kleinkindbrillen gibt es einiges zu beachten, hier findet man guten Rat. Dank der hauseigenen Werkstatt können die Kinderbrillen dann optimal an den jeweiligen Kinderkopf angepasst werden. *Augustenstr. 6, 808333 München-Maxvorstadt, T: 55224321, woerle.de*

Gut zu Fuß

Claudia Deby hat schon viele Kinderfüße wachsen sehen und für alle Gelegenheiten mit passendem Schuhwerk ausgerüstet.

Der Innenhof des kleinen Knurrhahns ist eine echte Oase, in dem man die Kleinen beim Kinderschuhkauf unbesorgt spielen lassen kann. Claudias Laden ist seit vielen Jahren Anlaufstelle für Familien auf der Suche nach hochwertigem Schuhwerk, das man nicht an jeder Ecke findet. Seit 2018 sind es genau genommen zwei Läden: Im Vorderhaus werden kleine Laufanfänger:innen ausgestattet, ab Größe 26 versorgt dann das Stammgeschäft die heranwachsenden Kinder bis Schuhgröße 41.

Als Claudias große Zwillingsjungs vor 17 Jahren in den Kindergarten kamen und die Rückkehr in ihren Beruf nicht so einfach möglich war, wollte sie etwas mit Hand und Fuß machen. Die eigenen, oft enttäuschenden Erfahrungen beim Schuhkauf für ihre Söhne, ein Jahr Recherche und die Überzeugung, dass gute Kinderschuhe und die passende Beratung dazu immer gebraucht werden, führten zur Gründung des kleinen Knurrhahns.

Der kleine Knurrhahn

Adalbertstr. 10 und 12
80799 München-Maxvorstadt
T: 38799709
kleinerknurrhahn.de

abovo. Interior Design und Lifestyle-Accessoires

Schöner Wohnen dank abovo. Möbel, Geschenke, Accessoires, Leuchten, Geschirr und weitere Interior-Teile für euren Wohlfühlort. Neben Taschen von Freitag und den beliebten Sitzsäcken von Fatboy widmet sich abovo weiteren besonderen Designer:innen sowie Manufakturen, die sich auch mal trauen, aus der Reihe zu tanzen. Bereits seit 1999 im Gärtnerplatzviertel beheimatet, gibt es seit mehreren Jahren das Pendant in der Maxvorstadt, dort liegt der Schwerpunkt auf Regalen. Und welche Familie könnte nicht noch mehr Stauraum gebrauchen? *Rumfordstr. 8, 80333 München-Isarvorstadt, T: 26018000, Theresienstr. 38, 80333 München-Maxvorstadt, abovohome.com*

Achwiesüß

Coole Statementketten und hübsches Bling-Bling sind nicht nur was für Mamas – da glitzern aller Schmuckfreund:innen Augen. Inspiriert von den vielen schönen Dingen dort, kann man sich entweder sein ganz persönliches Schmuckstück anfertigen lassen oder ihr sucht euch was aus der hauseigenen Kollektion go shining aus – weitere Schmuckkollektionen sind ebenfalls im Sortiment. Wer dann noch etwas Neues für sein Zuhause möchte, darf sich an ansprechenden Wohn-Accessoires wie plüschigen Decken, stilvollen Vasen, Kerzen und Co. erfreuen. Einen Onlineshop hat Achwiesüß aka go shining Jewelry übrigens auch. *Bleibtreustr. 16, 81479 München-Solln, T: 0170-2931825, go-shining.de*

apartment

Unter dem Motto „Shop Around The World" versammelt das apartment in Schwabing Quietschbuntes, Witziges, Absurdes, sinnvolle Gebrauchsgegenstände und Seltsames aus den entlegensten Winkeln dieser Erde in einem Laden. Mit seinen Geschenkideen, Spielwaren, Papeterie-Artikeln und unzähligen Kleinigkeiten ist das apartment längst zur Institution geworden und schart eine Fangemeinde hinter sich. Zu finden ist hier alles vom Ansteckbutton bis zur Zuckerdose. *Barer Str. 49, 80799 München-Maxvorstadt, T: 4482440, apartment-shop.com*

TIPP Breitengrad

Auf der Schellingstraße lässt sich gut flanieren, um dann auf Höhe der 29 in den Breitengrad einzukehren. Dort findet ihr eine Handvoll ausgewählter Textilien, Fußmatten mit lustigen Motiven oder Sprüchen, die beliebten Tonies für Kinder, ein paar ausgefallene Spaß-Accessoires, dazu erlesene Interior-Teile, witziges Partygeschirr, niedliche Deko-Artikel, dazu eine Prise Spaß und gute Laune.

Fertig ist die perfekte Mischung für einen Lieblingsladen wie Breitengrad. *Schellingstr. 29, 80799 München-Maxvorstadt, T: 2802325, breitengrad-muenchen.de*

Das Kinderzimmer

Vom Babybett bis zum Jugendzimmer – Das Kinderzimmer in Schwabing bietet hochwertiges Mobiliar an. Entweder aus der eigenen Möbelkollektion, die mit großer Sorgfalt und ohne giftige Materialen im Allgäu oder von internationalen Hersteller:innen in ebenbürtiger Qualität produziert wird. Auch bei der Planung für das Kinderreich unterstützt man Eltern professionell. Die Möbel zeichnen sich durch kind- und anatomiegerechte Gestaltung aus. Dank ihrer Einfachheit und Klarheit lassen sie sich vielfältig bespielen und halten auch hohen Belastungen stand. Daneben gibt es ausgesuchtes, pädagogisch wertvolles Spielzeug, Kinderbücher und Kinderwagen verschiedener Marken. *Kurfürstenstr. 55, 80801 München-Schwabing, T: 2716800, das-kinderzimmer.de*

Das Kochgut

Läden wie das Kochgut sind quasi Spielzeugeschäfte für Erwachsene. Allen, die beim Kochen mehr empfinden als nur eine Erfüllung der täglichen Pflicht, seine Liebsten zu verkösten, sei ein Besuch am Max-Weber-Platz empfohlen. Stundenlang zwischen Emaille-Töpfen, japanischen Kochmessern, hochwertigen Pfannen, filigranen Porzellan-Tassen stöbern zu können. Dieses und jenes bestaunen und vielleicht sogar das ein oder andere Teil mit an die Kasse nehmen. Herrlich! Gehandelt werden Marken wie Alessi, Rösle, De Buyer oder Staub. *Max-Weber-Platz 8a, 81675 München-Haidhausen, T: 4702806, das-kochgut.de*

DEPOT

In Unterfranken 1948 als „Fabrikation von künstlichen Früchten und Christbaumschmuck" gegründet, wird heute in mehr als 500 Filialen Schönes zum Wohnen verkauft, darunter eine große Auswahl an Spielsachen, Accessoires und Möbeln für Kinder. Fündig werdet ihr hier aber für alle Bereiche der Familienwohnung, und dem Ursprung der Firma gemäß können hier alle jahreszeitlichen Dekowünsche von Ostern bis Advent befriedigt werden. *Tal 20, 80331 München-Altstadt, T: 24208784, in der HOFSTATT, Sendlinger Str. 12, 80331 München-Altstadt, T: 23225781, im Olympia EKZ, Hanauer Str. 68, 80993 München-Moosach, T: 12177715, im München EKZ pep, Ollenhauerstr. 6, 81737 München-Neuperlach, T: 62728732, im Riem EKZ, Willy. Brandt-Platz 5, 81829 MünchenRiem, T: 95993393, Grimmer Weg 10, 82008 Unterhaching, T: 61208196, Zusestr. 5, 85649 Brunnthal, T: 60806967, depot-online.de*

Doppler

Beim Thema Einrichtung möchte Sabine Doppler, dass sich ihre Kund:innen keine Vorschriften machen lassen. Ob es Kitsch ist oder einfach nur knallig bunt, sei sowieso nebensächlich. Hauptsache, die Welt wird ein wenig fröhlicher. Dazu trägt Doppler in der Metzstraße mit voller Überzeugung bei. Freund:innen von auffallend bunten, witzigen bis kuriosen Geschenk- oder Einrichtungsideen werden hier freudestrahlend den Laden wieder verlassen und gerne wiederkommen. *Metzstr. 15, 81667 München-Haidhausen, T: 44140040, doppler-shop.de*

Friede + Stern

Spiegleín, Spiegleín an der Wand – wo gibt es die schönsten Accessoires im ganzen Land? Womöglich würde der Spiegel antworten: Im Herzen Schwabings gibt es hübsche Dinge aus aller Welt. Kissen, Körbe, Tassen, Halstücher, Körperpflege, Schmuck und Papeterie, zwischen anderen selten gesehenen Schätzen und Vintage-Stücken – alles auf Reisen entdeckt, mit viel Liebe arrangiert. *Elisabethplatz 2, 80796 München-Schwabing, T: 23755498, friedeundstern.de*

Hands Gallery

Hier ist handmade weitaus mehr als ein Trend – es ist ein Lebensstil. Denn nicht nur die eigene Kreativität wird in den Produkten ausgedrückt, sondern auch die Ablehnung von Massenware und der damit verbundenen Konsumgesellschaft. Hinter den ansprechend dekorierten Ladenräumen und Schaufenstern steht demnach eine politische Mission. Die Kooperative für Handkunstwerk bietet einzigartige Babygeschenke, Patchworkdecken, Strickwaren, Schmuck und Keramiken von verschiedenen Hersteller:innen und Künstler:innen aus der Gegend an. Zudem ermöglicht ein breites Kursangebot wie Nähen für Anfänger:innen und Fortgeschrittene, Schmuckmachen, Spinnen, Häkeln oder Stricken großen und kleinen Interessierten, selbst kreativ zu werden. *Pariser Str. 21, 81667 München-Haidhausen, T: 67971964, handsgallery.de*

Karusa – Laden für Handgemachtes, Regionales und Besonderes

Auch „Kaufraum für Handgemachtes, Regionales und Besonderes" genannt, bietet der schöne Laden in erster Linie handgemachte Produkte von Menschen aus nächster Umgebung gefertigt. Wer hier zu stöbern beginnt, findet oft Sachen, von denen man vorher gar nicht wusste, wie dringend man sie braucht. Nicht nur Hübsches für die Wohnung findet man, sondern auch Leckeres wie Ingwersirup von Inge oder Kaffe von Fausto. Neuerdings gibt es bei Karusa eine Probierecke zum direkten Testen der angebotenen Getränke, auch die Ecke mit Kinderspielzeug wurde etwas erweitert. *Humboldtstr. 6, 81543 München-Giesing, T: 61466424, karusa.de*

Kauf dich glücklich

Die erste Kauf dich glücklich-Generation ist inzwischen selbst vielfach Eltern geworden. Kein Wunder, dass es bei den beiden Münchner Store-Ablegern auch immer öfter Kinderspielzeug, Kindermützen, lustige Kinderdinge oder hübsche Musselintücher gibt. Daneben selbstverständlich weiterhin alles andere, was Mama oder Papa zum Einrichten, Dekorieren, Anziehen toll finden. Gut erreichbar gelegen, einmal mitten im Glockenbachviertel, der andere Laden in Schwabing. *Reichenbachstr. 14, 80469 München-Isarvorstadt, T: 25549269, Schellingstr. 23, 80799 München-Maxvorstadt, T: 24290317, kaufdichgluecklich.de*

TIPP KidsWoodLove

Im Laden in Neufahrn und im ausgezeichneten Onlineshop dreht sich (fast) alles um den wundervollen Werkstoff Holz. Denn dieser ist das perfekte Material für gesundes und haltbares Kindermobiliar und Kinderspielzeug. Bei KidsWoodLove findet ihr auf 250 Quadratmetern Ausstellungsfläche Kinderbetten, Wickelkommoden, Spielsachen, Hochstühle und Laufräder aus dem nachhaltigen Rohstoff. Dazu gibt es Accessoires, Teppiche und Wohntextilien. Angeboten werden namhafte Marken wie Ecolignum, Sebra, Leander, Charlie Crane, Snúz, Flexa und viele weitere mehr. *Lohweg 27, 85375 Neufahrn, T: 08165-9905956, kidswoodlove.de*

TIPP Kinder-Ambiente

Was brauchen Kinder, um sich in den eigenen vier Wänden wohlzufühlen? „Es gilt, einen Raum zu schaffen, in dem sich Kinder gerne aufhalten, kreativ entfalten und austoben können – also ein kleines Reich voller Fantasie." Mit diesem Credo geht Innenarchitektin Susanne te Meer an ihre Arbeit. Seit 2003 berät sie Eltern, die neue Einrichtung fürs Kinderzimmer oder Stauraumlösungen für die Wohnung suchen. Zu kaufen gibt es in ihrem Showroom ausgewählte Kindermöbel und -accessoires von kleineren, besonderen Marken. Hier findet man immer etwas, das die Wohnung schöner macht. *Schleißheimer Str. 73, 80797 München-Schwabing, T: 14330230, kinder-ambiente.de*

Kokolores

Krimskrams, Kleinzeug, Firlefanz, Brimborium – es gibt beinahe so viele Synonyme für Kokolores wie dort wunderschöne Papierwaren, nette Mitbringsel, bunte Schachteln,

Digital gestalten

DREI FRAGEN AN...

Verena Pausder

Verena ist Unternehmerin, Expertin für Digitale Bildung, Gründerin von Fox & Sheep und den HABA Digitalwerkstätten. 2017 hat sie den Digitale Bildung für alle e.V. gegründet, 2020 den Bildungs-Hackathon #wirfürschule initiert und „Das Neue Land: Wie es jetzt weitergeht!" geschrieben.

verenapausder.de

Was sind die dringlichsten Aufgaben im Bildungssystem?

Lehrer:innen und Schulen brauchen mehr Freiräume. Wir müssen das Curriculum ausmisten und deutlich mehr Platz für projektbasiertes Lernen und digitale Bildung schaffen und die Voraussetzungen dafür: schnelles WLAN an den Schulen, genug Endgeräte und vor allem unkomplizierte Fortbildungen für Lehrkräfte.

Was empfiehlst du Eltern?

Kinder sind heute digitale Konsument:innen. Wir müssen aber alles daransetzen, sie zu digitalen Gestalter:innen zu machen. Das heißt: Statt YouTube-Videos nur zu gucken, lieber selbst Stop-Motion-Filme produzieren. Statt Games nur zu spielen, Grundlagen im Game Design lernen. Als Eltern können wir vor allem unterstützen, indem wir neugierig sind. Ein tolles Format dafür ist eine „Zukunftsstunde": Einmal die Woche verabredet man sich als Familie und jede Woche darf jemand anderes bestimmen, wie die Stunde aussieht: Mal lässt man sich von den Kindern Minecraft zeigen, mal schaut man sich zusammen an, wie man einen Podcast aufnimmt.

Was können wir alle tun, um den Wandel voranzutreiben?

Wir müssen unsere politische Agenda und unsere Haltung als Gesellschaft neu denken. Es braucht einen klaren Fokus auf die großen Themen Digitalisierung, Klimaschutz, Chancengerechtigkeit. Wir können es uns nicht mehr leisten, im Kleinklein mit Minimalkompromissen zu handeln. Wir haben in der Politik keinen Ideenmangel, sondern ein Umsetzungsproblem. Ich wünsche mir deshalb als Haltung, dass wir für diese Umsetzung alle zusammen Verantwortung übernehmen.

Bänder und allerlei andere wundervolle Kleinigkeiten. Im Kokolores ist man ruck, zuck in einer anderen Welt – ein wahres Paradies für alle, die das Kunterbunte und Fantasievolle lieben oder Inspiration suchen, das eigene Zuhause neu zu dekorieren. *Wörthstr. 8, 81667 München-Haidhausen, T: 4483251, kokolores-muenchen.de*

Kristina Sack Küchen & Tischkultur

Bei Kristina Sack dreht sich alles um Küche, Kochen, Tischkultur – und das seit mehr als 20 Jahren. Neben edlem Porzellangeschirr und unverwüstlichen Töpfen findet man Schönes und Nützliches rund ums Kochen, Backen, Essen und Trinken. Außerdem hübsche Holztierchen, Accessoires und andere Kleinigkeiten. Wer einen Anlass wie Hochzeit oder runden Geburtstag anstehen hat, kann sich hier eine Wunschliste anlegen lassen. *Wilderich-Lang-Str. 6, 80634 München-Neuhausen, T: 5023464, kristina-sack.de*

MAGAZIN

In den Fünf Höfen könnt ihr im Münchner MAGAZIN-Laden auf 600 Quadratmetern das Sortiment in Augenschein nehmen, probesitzen und euch von Funktionalität, Ästhetik und Qualität der schönen Designmöbel überzeugen. Vor allem die eigenen M-Produkte bestechen durch ihr klares und durchdachtes Design. Vom Kinderzimmer bis zum Balkon findet ihr hier und im umfangreichen Onlineshop alles, was das Wohnen, Basteln, Spielen mit Kindern schöner und einfacher macht. *Fünf Höfe, Prannerpassage, Kardinal-Faulhaber-Str. 11, 80333 München-Altstadt, T: 23888031, magazin.com*

Motel a Miio

Die Geschichte der beiden Münchnerinnen, denen wir verdanken, dass wir hier die wundervolle Keramik aus Portugal in einer fantastischen Farb- und Formvielfalt vorfinden, ist schnell erzählt: Anna von Hellberg und Laura Castien sind seit Schulzeiten befreundet, sie eint ihre kreative Ader, Reiselust und die Portugalliebe. Dort entdeckten sie die schönen Schüsseln, Becher, Teller, Vasen, die sie zunächst für Pop Up-Sales nach München brachten und sofort Erfolg damit hatten. Bis heute finden solche Sales Events bundesweit statt, inzwischen kann man aber in vielen Städten in Deutschland und Europa jederzeit die Motel a Miio-Keramik vor Ort anschauen, anfassen und gleich mitnehmen – in ihrer Heimatstadt betreiben Anne und Laura gleich drei Läden. *In der HOFSTATT: Sendlinger Str. 12, 80331 München-Altstadt, T: 0176-51723888, Sendlinger Str. 24, 80331 München-Altstadt, T: 28787543, Theresienstr. 25, 80333 München-Maxvorstadt, T: 28777007, motelamiio.com*

ROOM TO DREAM – slow living

Möbel im skandinavischen Stil, luftig leichte Accessoires, Decken, Kissen, Küchenutensilien, Drucke und mehr. Alles in ansprechend pastellig- hellen Farben – bereits das Hinschauen verschafft innere Ruhe. Wer ein wenig Hilfe bei der Planung oder Umsetzung für die Umgestaltung oder das Upgrade der eigenen vier Wände braucht, nutzt die professionelle Einrichtungsberatung – den ROOM GUIDE. Am Ende steht die perfekte Wohlfühl-Wohnung. Dass hier jemand mit viel ästhetischem Gespür am Werk ist, merkt man schon beim bloßen Vorbeischlendern. *Lenbachplatz 7, 80333 München-Altstadt, T: 25547301, room-to-dream.de*

Salto Möbel für Kinder

Kinderbetten, Schreibtische, Schränke, Regale – all das in großer Auswahl findet ihr mitten in München, nahe des Hauptbahnhofs. Bei Salto Möbel für Kinder dürft ihr euch auf kompetente, fachkundige Beratung freuen und einen großen Ausstellungsbereich, in dem der Nachwuchs probewohnen kann. *Seidlstr. 5, 80335 München-Maxvorstadt, T: 62232320, kindermoebel-muenchen.de*

weißglut

Aller guten Dinge sind drei. Jede der weißglut Concept Store-Dependancen lädt geschickt zum Stöbern, Staunen, Shoppen ein. Ästhetisch arrangierte Verkaufsflächen inspirieren, wie die zu erstehenden Dinge im eigenen Heim am besten in Szene gesetzt werden könnten. Das Augenmerk liegt auf den Bereichen Wohnen, Küche, Leuchten, Office, Papeterie und Geschenke – Mode spielt durchaus ebenfalls eine Rolle. Drei Filialen voller Licht, Leichtigkeit, Naturmaterialien, Keramiken, Textilien und coolen Interior-Accessoires. *Hohenzollernstr. 8, 80801 München-Schwabing, T: 38869368, Hackenstr. 1, 80331 München, T: 24291399, Theresienhöhe 5, 80339 München, T: 93922203, weissglut-shop.de*

&Living

Im ehemaligen Zuckerschnürl hat es einen Wandel gegeben: Der Concept Store, in dem früher neben String Regalen viele bunte Kinderspielsachen zu entdecken waren, ist komplett erwachsen geworden. Anders, aber nicht minder attraktiv. Die hellen Räume sind einladend wie jeher, verlockend mit dem präsentierten Angebot, das eigene Heim aufzuhübschen. Die schönen Möbel und Wohnaccessoires von ferm LIVING, string Furniture, Montana oder Fermob sind eine Bereicherung für die Familienwohnung. *Auenstr. 29, 80469 München-Isarvorstadt, T: 30703132, andliving.de*

Schatz- kammer

Alise und Florian Bartsch bringen neuen Wind in das Traditionsgeschäft, das gerade seine Ladenfläche erweitern konnte.

Die enge Verbindung zur Anthroposophie merkt man dem alteingesessenen Spielwarengeschäft an, doch seit Florian die Geschäftsführung gemeinsam mit seiner Frau Alise von seinen Eltern übernommen hat, bringt vor allem die gebürtige Niederländerin ihr Interesse auch für andere reformpädagogische Richtungen mit ein und widmet sich der Erweiterung der Ladenfläche. Die, wie die Medizinerin und Mutter einer kleinen Tochter sagt, weniger mit einer Ausweitung als einer Schärfung des Sortiments einhergehen soll. So wurde auch mehr Raum zum Spielen und Verweilen geschaffen.

Denn letzteres lässt sich ewig in dem riesigen, verwinkelten Geschäft, in dem man an jeder Ecke Schönes und Wertiges entdecken kann. Es Spielzeugladen zu nennen, ist eigentlich maßlos untertrieben, Buch- oder Bastelladen wäre jedenfalls mindestens ebenso zutreffend.

Kunst und Spiel

Leopoldstr. 48
80802 München-Schwabing
T: 3816270
kunstundspiel.de

Selbermachen

TIPP **boesner**

Die boesner-Läden verstehen sich als Orte zwischen Idee und Kunst. Kunstschaffende jedes Genres und Alter werden gut beraten – egal, wie groß oder klein das kreative Projekt ist. Zu bekommen sind Wachsmalstifte, bunte Knete, Bastelbedarf, Materialien und Farben aller Art. Neben sämtlichen Künstler:innenutensilien bietet der Münchner Fachmarkt zudem eine große Rahmenauswahl und eine gut sortierte Kunstbuchhandlung. Inspiration auf zwei Etagen! Auch in Forstinning ist Boesner die erste Adresse für alles, was das kleine oder große Künstler:innenherz begehrt. Künstlermaterial, Bistro und Inspiration auf 5.000 Quadratmetern! *Atelierstr. 18, 81671 München-Berg am Laim, T: 402879390, Römerstr. 5, 85661 Forstinning, T: 08121-93040, boesner.com*

Die Mercerie

Stricken hat ähnlich wie Töpfern eine meditative Wirkung. Um gut ausgestattet zu sein für das kommende Strickprojekt, findet man alles Nötige im Wollladen von Sabine Niebler. Mit diesem möchte die Inhaberin des Kreativshops frischen Wind in die Handarbeitsszene bringen – das gelingt ihr blendend! Wer die Mercerie betritt, taucht ein in die wundervolle Welt der Garne, Nadeln und Wolle. *Nymphenburger Str. 96, 80636 München-Nymphenburg, T: 12003316, diemercerie.com*

idee. Creativmarkt

Frei nach Pippi Langstrumpfs Motto „Ich mach mir die Welt, wie sie mir gefällt", führt für DIY-Fans kein Weg am idee. Creativmarkt vorbei. Selbermachen hat hier immer Hochkonjunktur. Um die passenden Zutaten für das kreative Hobby zu finden, ist der Hobbymarkt, zentral am Münchner Stachus gelegen, eine Top-Adresse. Denn egal, unter welche Kategorie das nächste DIY-Projekt fällt, in puncto Malen, Basteln, Stricken, Dekorieren, Schmuckkreation oder Handarbeiten hat der Laden eine große Auswahl an Material und Zubehör zu bieten. *Bayerstr. 3-5, 80335 München-Altstadt, T: 54541912, idee-shop.de*

Il Coccolino

Erlebt das pure Nähglück! Seit Stricken, Nähen und Selbermachen wieder total angesagt sind, gibt es zum Glück auch wieder mehr hübsche Nähläden und Kurzwarengeschäfte. Dazu gehört auch Il Coccolino. Bei Claudia Geiser gibt es aber noch mehr! Als Fachhändlerin für BERNINA kann dort der Traum von der eigenen Nähmaschine erfüllt werden. Außerdem gibt es vollständige Nähpakete mit Anleitung zu den von ihr entworfenen Modellen. *Agnes-Bernauer-Str. 87, 80687 München-Laim, T: 37962505, il-coccolino.de*

Ludwig Beck Kurzwaren & Wolle

Auf 210 Quadratmetern finden Do-it-Yourself-Liebhaber:innen in dem Kurzwaren-Ableger des Traditionskaufhauses alles für das große Hobby Selbermachen. Die umfangreiche Auswahl an Garnen, Wolle, Nähzubehör ist hübsch und übersichtlich präsentiert und das freundliche Team berät rund um das Thema Handarbeiten. *Burgstr. 7, 80327 München-Altstadt, T: 23691402, ludwigbeck.de*

Perlerie

Wer Perlen mag, wird die Perlerie lieben. In dem kleinen Laden erwartet euch ein farbenprächtiges Sortiment verschiedenster Perlen aus fast aller Welt. Glasperlen, aber auch Holz-, Textil-, Muschel-, Kunststoff- oder Hornperlen gibt es dort in Hülle und Fülle. Die Perlerie bietet auch Kurse und Kindergeburtstage an. Einen Reperatur-Service gibt es obendrein. *Volkartstr. 17, 80364 München-Neuhausen, T: 1689155, perlerie.net*

TIPP **Rauwerk**

Wolle aus Bayern und Europa, aus kleinen Manufakturen und vor allem ökologisch hergestellt – das ist das Programm von Christine Biedermann, Inhaberin von Rauwerk in Haidhausen. Sie führt nur Erzeugnisse handverlesener Anbieter:innen, die umweltverträglich und tierfreundlich arbeiten – etwa die handgefärbten Garne von Jule Kebelmann namens „Hey Mama Wolf" aus dem Norden sowie bayerische Wolle von Werdenfelser Schafen aus der Region um Garmisch-Partenkirchen oder vom Fuchsschaf aus der Gegend um Coburg. Und natürlich könnt ihr hier auch die original „Rauwerk-Wolle" erstehen. Diese einzigartige Qualität stammt von der Herde einer befreundeten Familie aus dem Münchner Umland und wird regional verarbeitet. *Pariser Str. 44, 81667 München-Haidhausen, rauwerk-wolle.de*

NEU **RolyPoly**

Pünktlich zum zehnjährigen Jubiläum ihres Labels konnte Gesa Götting im März 2022 in ihren Traumladen umziehen – in der Fraunhoferstraße kommen die schönen Namenskissen, Stoffe, Design-Ideen, Sewing Kits und all das Hübsche rund ums Nähen noch viel besser zur Geltung. Kurse für Kinder und Erwachsene sind weiterhin im Angebot. *Fraunhoferstr. 9, 80469 München-Isarvorstadt, T: 24244984, rolypoly-store.de*

Bunte Becher-Beute

—

Lieblings-Orte zum Keramikmalen

1

Atelier für Keramik

Kinder ab sechs Jahren, die Keramik nicht nur bemalen, sondern auch selbst töpfern möchten, finden dazu Gelegenheit bei Workshops, Kursen und Kindergeburtstagsfeiern in Désirée Oberländers schönem Keramikatelier am Englischen Garten. *Kaulbachstr. 26, 60539 München-Schwabing, T: 28788974, kinderkeramik.de*

2

dipinto di blu Keramikmalstudio

Aussuchen, Bemalen, Brennen. That's it! In Neuhausen geht das besonders einfach und entspannt dank der herzlichen Beratung durch Inhaberin Vivian Cardoso Moll. Eine große Auswahl an Rohlingen, eine umfangreiche Farbpalette sowie der helle, große Laden sorgen für Freude bei allen Keramikfreund:innen ab sieben Jahren. *Frundsbergstr. 13, 80634 München-Neuhausen, T: 20045676, dipintodiblu.de*

3

Paint your Style

Die bundesweit vertretenen Keramikmalstudios richten sich ganz besonders an Kinder. Auch hier in der Münchner Maxvorstadt können sie kreative Geburtstage feiern und an Workshops teilnehmen. *Heßstr. 90/Schleißheimer Str., 80797 München-Maxvorstadt, T: 12555600, paintyourstyle.de*

4

Keramikunst & Pinselstrich

In den schönen Räumen in Haidhausen könnt ihr aus einer Vielzahl verschiedener Keramikrohlinge auswählen und hübsche Dosen, Tassen, Kännchen mit speziellen Tonfarben nach Gusto bemalen, um sie anschließend im Laden brennen zu lassen. Auch gut geeignet für Kindergeburtstage! *Weißenburger Str. 23, 81667 München-Haidhausen, T: 61468990, keramikunst-pinselstrich.de*

5

froh + bunter

Bei einer Keramik-Malsession könnt ihr euch entweder direkt vor Ort bei froh+bunter auf Bechern, Tassen & Co. künstlerisch verewigen oder den tollen Service nutzen, dort Farben, Keramik und Zubehör zu besorgen, um in den eigenen vier Wänden mit euren Kindern kreativ zu werden. *Sebastiansplatz 11, 80331 München-Lehel, T: 38989256, froh-und-bunter.de*

SELFMADE

Das dänische Familienunternehmen Stoff & Stil hat mittlerweile 25 Shops weltweit eröffnet und ist dabei, seinen
Firmennamen in SELFMADE® zu ändern. Der neue Name
spiegelt wider, dass hier alle Menschen im Blickpunkt
stehen, die Freude an Inspiration und einem kreativen Ent-
stehungsprozess haben. Vor allem Nähbegeisterte finden
hier eine riesige Auswahl an Stoffen aller Art. Etwa 3.000
verschiedene, durch eigene Designabteilungen entworfene Stoffe sind hier ständig vorrätig, viele davon auch in
Bio-Qualität. Hinzu kommen Schnittmuster, Nähzubehör
und eben auch eine gut sortierte Auswahl an Wolle mit
passenden, kostenlosen Strickanleitungen. Workshops,
kostenlose Arbeitsplätze vor Ort und versierte Mitarbei-
ter:innen gehören ebenfalls zum modernen Ladenkonzept.
SUMA Center, Margot-Kalinke-Str. 4 80939 München,
T: 04101-6019050, selfmade.com

Stoff & Co

Kunterbunte Kinderstoffe sind ebenso fester Bestandteil
des großen durchdachten Sortiments wie schlichtere
unifarbene Varianten. Für Näh-Fans gibt es die umfangreiche und kompetente Beratung im Geschäft in Neuhausen
oder eine Service-Hotline für alle, die ihre Wunschstoffe
lieber online bestellen. *Augustenstr. 76, 80333 München-*
Maxvorstadt, T: 0172-8940421, stoff-and-co.de

Stoffzirkus

Kindersachen selber zu nähen, hat in den letzten Jahren
eine Renaissance erlobt. Gerne in fröhlichen Farben und
Mustern. Passende Stoffe und Näh-Accessoires wie
Patches oder Bänder führt der Laden in Haidhausen. Daneben individualisierte Kuschelkissen oder selbstbe-
zogene Lampenschirme. Neu ist: Seit 2021 gibt es eine
kleine Stoffzirkus-Eigenproduktion an Stoffen. Ein
Gemeinschaftsprojekt mit der fantastischen Popart-
Künstlerin Kelly Gilleran. *Metzstr. 1, 81667 München-Haid-*
hausen, T: 95890215, stoffzirkus.de

Wolle Rödel

Bei Wolle Rödel schlagen Handarbeitsherzen höher, denn
hier gibt es sehr viel Wolle, schicke Stoffe und ein großes
Sortiment für Stick- und Häkelfans. Außerdem bieten die
beiden Münchner Filialen neben den richtigen Materialien
auch Strickmagazine und -bücher mit vielfältigen Modellen und den dazugehörigen Anleitungen inklusive Tipps
und Tricks. Von warmhaltender Schurwolle über feine
Babywolle bis hin zum allergikerfreundlichen Baumwoll-
garn – bei Wolle Rödel gibt es alles in großer Auswahl,
in unterschiedlichsten Farben, Strukturen und Stärken.

Rosental 9, 80331 München-Rosental, im Mathäser (im idee.
Creativmarkt), Bayerstr. 3, 80335 München-Schwanthaler-
höhe, wolle-roedel.com

Sportausrüstung

Boneless Skateshop

Skaten ist kein Sport, Skaten ist eine Lebenseinstellung.
Im Boneless Skateshop in der Innenstadt finden Brettbe-
geisterte alles rund um das Thema – egal ob Long- oder
Skateboard, Rollen, Achsen, Helme oder das textile Zubehör. Selbstverständlich haben die Macher:innen des
Ladens auch ihre eigene coole Edition an Hoodies, Shirts
und Kappen. Bei der Auswahl der Marken wird, wenn
möglich, auf kleine und heimische Brands geachtet. An
der exzellenten Beratung erfreuen sich Kund:innen seit
über 15 Jahren. *Herzogspitalstr. 7, 80331 München-Altstadt,*
T: 97248302, boneless-muenchen.de

Globetrotter

Bei Globetrotter beginnt das Abenteuer bereits mit dem
Einkauf. Der Fun-Faktor beim Sport- und Outdooraus-
stattungsgeschäft im Tal ist riesig! Vorsicht: Kinder werden
den Laden nur ungerne wieder verlassen. Im obersten
Stock lockt die Kletterwand, ganz unten das Becken, in
dem je nach Saison Kanus schwimmen oder Schlitten
stehen. Die Kinderschuh- und Bekleidungsabteilung gleicht
wahrlich einem Spielplatz. Perfekt, dass auch die Auswahl
und Beratung überzeugen. Vom coolen Rucksack über
professionelle Outdoor-Ausrüstung und Funktionskleidung
bis hin zum Hausschuh, Zelt oder Ski gibt es einfach alles
Nötige und Nützliche für unternehmungslustige Familien.
Isartorplatz 8-10, 80331 München-Isarvorstadt, T: 44455570,
globetrotter.de

shrn – Skateboard-Shop

Wenn der Wunsch nach einem Skateboard beim Nachwuchs laut wird, findet ihr eine gute Auswahl und Beratung
bei den coolen Leuten von shrn – was übrigens für Soo-
HotRightNow steht – in der Nähe vom Gärtnerplatz.
Klenzestr. 16, 80469 München-Isarvorstadt, T: 26010419,
soohotrightnow.com

Sport Bittl

Je größer die Auswahl, umso schwieriger die Kaufentschei-
dung? Könnte passieren, wenn man es mit vorrangig
hochwertiger Markenware zu tun hat wie bei Sport Bittl.
Speziell für Kinder gibt es eine riesige Auswahl und der

Sportausstattungs-Gigant ist auch die richtige Adresse für sensationelle Angebotspreise. *Georg-Reismüller-Str. 5, 80999 München-Allach, T: 892190, Fürstenrieder Str. 18, 80687 München-Laim, T: 5467670 sport-bittl.de*

Sport Kaindl

Auch wenn die eine oder der andere den Chiemsee als das bayrische Meer betitelt, für Tauchbegeisterte geht es dann doch meist etwas weiter in die Ferne, um dort in die Tiefe abzutauchen. Vorher aber erstmal zu Sport Kaindl, Münchens Profi im Diving-Bereich. Neben umfassender Beratung zum Tauchsport gibt es freilich auch ein umfang-reiches Warenangebot an genereller Sportausstattung. Freut euch auf besondere Service-Angebote rund um den Tauchsport, das nötige Unterwasser-Equipment und Angebote zur Tauchsport-Ausbildung. *Ismaninger Str. 136, 81675 München-Bogenhausen, T: 981848, sport-kaindl.de*

Sport Münzinger

Fußball gehört zu München wie die Brezel und das Okto-berfest. Ganz klar, dass am Marienplatz ein Sportladen sein Zuhause hat, der sich um alles kümmert, was mit dem runden Leder zu tun hat. Münzinger ist der Fußball-Fanar-tikel-Spezialist Münchens, eröffnet im Jahre 1889. Alle wichtigen Trikots, natürlich voran die des FC Bayern sowie besondere Sneakers und etwas abseits vom Mainstream gelegene Marken sind dort erhältlich. *Marienplatz 8, 80331 München-Altstadt, T: 290300, sport-muenzinger.de*

Sporthaus Schuster

Von alpinem Trailrunning, über Biken, Bouldern, Expeditio-nen, Hochtouren, Schwimmen, Skitouren – Sportschuster hat die passende Ausrüstung für euch und eure Kinder. Besonders für die großen Outdoor-Abenteuer sportlicher Natur ist das Sporthaus Schuster eine der besten Adres-sen in der Münchner Innenstadt. Speziell Bergsportelnde werden hier fachkundig für alle Disziplinen beraten – und das schon seit 1913. *Rosenstr. 1-5, 80331 München-Altstadt, T: 237070, sport-schuster.de*

SportScheck

Gut erreichbar und gut beraten. Für Sportler:innen aller Altersklassen ist der SportScheck ein guter Anlaufpunkt, wenn es um die passende Ausrüstung geht. Seitdem Sportswear endgültig den Mainstream erreicht hat, lohnt sich ein Besuch doppelt. Denn Yoga-Leggings und Jog-ging-Hoodie dürft ihr inzwischen gut und gerne allday long tragen – allerspätestens seitdem wir im Homeoffice-Zeitalter angekommen sind. *Sendlinger Str. 6, 80331 Mün-chen-Altstadt, T: 0180-55050, sportscheck.com*

Impressum

Erscheinungsdatum: 18.05.2022, Redaktionsschluss: 22.03.2022
1. Auflage, ISBN 978-3-8321-6023-4

Herausgeberin

HIMBEER Verlag UG, Käthe-Niederkirchner-Str. 7, 10407 Berlin, himbeer-verlag.com
Redaktionsleitung: Anja Ihlenfeld (V.i.S.d.P.), *Artdirektion:* Claudia Steigleder, *Anzeigenleitung:* Doro Böttcher, *Druck:* Thieme Meißen GmbH, Zeschendorfer Str. 91, 01662 Meißen

Mitwirkende

Grafik: Miriam Kadel, *Bildredaktion:* Gabriele Boulanger, *Foto:* Emily Kornya, Manuel Miethe, Denis Pernath, *Text/Lektorat:* Vanessa Cwiklinski, Anja Ihlenfeld, Susanne Ikes, Juliane Jacoby, Antje Kölling, Tanja Reuter, Elisa Rosenthal, Sebastian Schulke, Sabine Neddermeyer, *Sales:* Doro Böttcher, Jenny Garcia, Valerija Pintschuk, Nina Scheele, A-Na Van Thi, Wenke Vendt, Andrea Winter

Bildnachweise

Cover: © HIMBEER Verlag, Claudia Steigleder, 2: © München Tourismus, Sigi Müller; 3 o.r.: © Emily Kornya, u.l.: © Rolf Demmel; 4 l.o.: © Bettina Otte, u.r.: © Bruno Axhausen; 5: o.r.: © Silke Weinsheimer, u.l.: © Bazaar Noir GbR; 6: © Adobe Stock, Tom Baur; 7: © München Tourismus, Redline Enterprises, 8 o.: © München Tourismus, Jörg Lutz, u.: © Unsplash, Daniel Sessler; 9 l: © München Tourismus, Christian Kasper, r.: © Ludwig & Lola ® Stadtführungen in München; 10: © München Tourismus, Anna-Lena Zintel; 11 o.: © München Tourismus, Luis Gervasi, u.: Schloss Schleißheim Kinderführung © Bayerische Schlösserverwaltung; 12: o.r.: © München Tourismus, Christa Tkaczyk, u.l.: Residenz Museum © Bayerische Schlösserverwaltung; 13: © Sara Kurig; 14: Alte Pinakothek © Museumspädagogisches Zentrum; 15 o.l.: © Staatliche Antikensammlungen und Glyptothek München, Foto: Ulrich Hofstätter, u.r.: © München Tourismus, Peter Hutzler; 16: © Pexels, Alex Green; 17 o.r. und m.r.: © Kartoffel-kombinat; 18 o.l.: © Pexels, Markus Spiske, u.l.: © Sonja Herpich/ Bioland; 19: © Sonja Herpich/ Bioland; 20: © Unsplash, Skylar Jay; 21: © Kartoffelkombinat; 22: © Pexels, Rodnae Productions; 23: © Marc Haug, u.: © Unsplash, Annie Spratt; 24: © Depositphotos, sbworld 7; 25 o.l.: © Bildungszentrum Burg Schwarneck, u.r.: © Depositphotos, bitpics; 26 u.l.: © Johanna Weber, u.r.: © Depositphotos, Shalith 79, 27: © OHNE der verpackungs-freie Supermarkt GmbH; 28-34: © Manuel Miethe; 35: © Pexels, Teona Swift, 36: © Stefanie Seybold; 37 l.: © Sophia Böhm, r.: © Stefanie Seybold; 38-47: © Emily Kornya; 48: © Unsplash, Patricia Prudente; 49: Parkcafé München GmbH, Chris Lehner; 50-53: © Claudia Steigleder; 55 o. und u.: © vkr; 59: © Pexels, cottonbro; 60: © München Tourismus, Werner Böhm; 64: © Paul Krehan; 67: © Unsplash, Felix Kout-chinski; 70: © BIOTOPIA – Naturkundemuseum Bayern, Foto: Andreas Heddergott; 73: © o. und u.: © Kinderkunsthaus; 75: Bayerische Staatsoper: © W. Hösl; 78-79: © GMG, Andreas Merz; 80: © Deutsches Museum; 83: © Rigg/Adobe Stock; 84: © Depositphotos, Andrew Lozovyi; 87 o.: © Villa Stuck, Tonya Pullich, u.: © Villa Stuck, Barbara Donaubauer; 91: © Claudia Steigleder; 93 o.: © Unsplash, Markus Spiske, u.: © Unsplash, Ahmed Zayan; 96: © Bettina Otte; 97: © Buchheim Museum; 98 o.: © Pexels, Karolina Grabowska, u.: © Bettina Otte; 100-101: © Unsplash, Pierre Gui; o.: © FC Bayern München AG, u.: © FC Bayern Museum; 108: © Bayerische Schlös-serverwaltung, www.burg-trausnitz.de; 109: © „Die Förderer" e.V.; 110 o.: © Depositphotos, Vadim Vasenin, u.: © Unsplash, Aleksandra Tanasienko; 115: © De-positphotos, beatabecla; 118: © Pexels, Duy Dinh; 122: © 2022 / sternenpark-winklm-oosalm.de; 123: © Chiemgau Tourismus e.V.; 124 o. und u.: © TriassicPark, Foto: de-francesco.at; 126: © Marc Haug, u.: © Unsplash, Annie Spratt; 130-131: © erlebe. bayern – Gert Krautbauer; 132: © Silke Weinsheimer; 134-139: © Manuel Miethe; 142-143: © Unsplash, Patricia Prudente; 145 o. und u.: © Stattreisen München e.V.; 146: © Anja Ihlenfeld; 148: © Schlierseeschifffahrt Mayr GbR; 149: © Ulrich Strelzing, www.auf-den-berg.de; 150 u.: © Markus Wasmeier Freilichtmuseum Schliersee, u.: © servus-schliersee.de; 153: © Bruno Axhausen, 156: www.bayern.by – Florian Trykowski; 157: © Franz Marc Museum, Foto: Doris Leuschner; 158 o.: © Bezirk Ober-bayern, Archiv FLM Glentleiten, Foto: Ehn., u.l.: © Unsplash, Tommy Krombacher; 161: © Unsplash, Ben Weber; 164: © Claudia Steigleder; 165: © Unsplash, Christian Bowen; 168 o.l.: © Kekz® GmbH, o.m.: © Merle Kids, m.l.: © Hänska, m.l.: © Erlebnis Akademie AG/Baumwipfelpfad Bayerischer Wald, m.m.: © step by Step, m.r.: © Lec-lerc Baby, u.l.: © boesner, u.m.: © nyani/Baby KingKong, u.r.: © Kundschafter; 169 o.l.: © nauli & stories, o.m.: © Kindsgut, o.r.: © Stapelsteine, m.l.: © GMT for Kids, m.m.: © Mixtvision Verlag, m.r.: © Toddys by siku, u.l.: © B. Colombel, u.m.: © canopist, u.r.: © Savana Calcados; 172: © Pexels, Katerina Holmes; 175: © Lena Scherer; 178-179: © Denis Pernath; 182: © Pexels, cottonbro; 185: © Anne Freitag; 186-187: © Denis Pernath; 191: © Unsplash, Hannah Tasker; 192-193: © Denis Pernath; 196: © Patrycia Lukas; 198-199: © Denis Pernath; 201: © Depositphotos, Artur Verkhovetskiy; 204 o.l.: © Luzie Müller, m.l.: © Denis Pernath, m.r.: © Scott Davidson; u.: © Andrea Winter, u.r.: © Nina Scheele; 205 o.l.: © Schulke, o.r.: © Markus Post; u.l.: © Claudia Steigleder, u.r.: © Marius Mestermann

Sabine Neddermeyer

Die freie Journalistin ist eine unserer Lieblingsautor:innen, weil sie sich immer mit vollem Engagement auf neue Themen und Gesprächspartner:innen einlässt. Und sie stöbert überall die besten Storys auf. *sabko.de*

Denis Pernath

Er liebt seine Stadt und kennt sie schon aus allen Blickwinkeln. Aber bei den Shootings für diesen Guide hat der gebürtige Münchner doch noch ein paar tolle neue Leute und Ladenkonzepte kennengelernt. *pernath.de*

Andrea Winter

Als Münchner HIMBEER-Urgestein hat Andrea immer den richtigen Riecher, wer und was für unsere Leser:innen und uns spannend sein könnte. Ursprünglich Fotografin ist sie heute ein echtes Sales-Ass.

Tanja Reuter

Yogalehrerin und Zweifachmama Tanja lebt am Starnberger See, unterrichtet dort und in München – so spürt sie für uns die besten Tipps in Stadt und Umland für Familien auf. *tanjareuteryoga.de*

Unser fantastisches HIMBEER Team

Auf sie ist auch in stürmischen Zeiten Verlass: Jenny Garcia, Susanne Ikes, Doro Böttcher, Nina Scheele, Gabriele Boulanger, Antje Kölling, Elisa Rosenthal, Valerija Pintschuk, Vanessa Cwiklinski (es fehlen: Juliane Jacoby, Anett Regensburger, A-Na Van Thi und Wenke Vendt).

Wir

Dieser Guide ist das Gemeinschaftswerk toller Menschen, die mit Kamera, Kreativität und Können daran mitgewirkt haben.

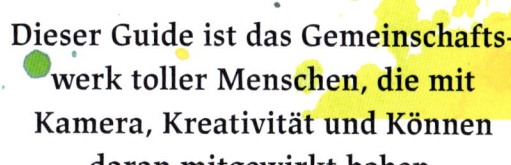

Sebastian Schulke

Der freie Autor bezeichnet sich selbst als „Himbeere mit Bart", so lange schreibt er inzwischen schon für uns. Gerne über Ausflüge mit seinen Kindern in die Berge, an die Seen, in die Wälder und Felder oder zu geheimnisvollen Orten. Aber auch in der sportlichen Szene der Stadt kennt er sich bestens aus und hat für den Guide die besten Aktiv-Tipps in München zusammengetragen.

Miriam Kadel

Diesen Guide mit uns zu gestalten, ist kein Klacks, aber die freie Grafikerin, Web- und Motion-Designerin hatte schon vorher unter Beweis gestellt, dass sie auch in stressigen Phasen die Ruhe weg hat und immer gut gelaunt bleibt. *miriamkadel.de*

Manuel Miethe

Mit seinem frischen Blick auf die Dinge ist Manuel für uns immer wieder der richtige Fotograf, egal, ob wir ihn ins Grüne oder zu Babys schicken. *manuelmiethe.de*

Emily Kornya

Die gebürtige Kanadierin ist in der internationalen Kids Fashion Welt zu Hause und hat ein super Händchen für Styling und besondere Bilder. *emilykornya.com*

Index